COURS

DE GÉOMÉTRIE

ET

DE TRIGONOMÉTRIE

AVEC DE NOMBREUX EXERCICES

A L'USAGE DES COLLÉGES, ET DES ÉTABLISSEMENTS D'INSTRUCTION PRIVÉE,

PAR

UN FRÈRE DES ÉCOLES CHRÉTIENNES.

PARIS
LIBRAIRIE DE P. LETHIELLEUX,
Rue Bonaparte, 66.

LEIPZIG
L. A. KITTLER, COMMISSIONNAIRE,
Querstrasse, 34.

H. CASTERMAN
TOURNAI.

COURS

DE

GÉOMÉTRIE ET DE TRIGONOMÉTRIE.

COURS

DE GÉOMÉTRIE

ET

DE TRIGONOMÉTRIE

AVEC DE NOMBREUX EXERCICES

À L'USAGE DES COLLÉGES, ET DES ÉTABLISSEMENTS D'INSTRUCTION PRIVÉE,

PAR

UN FRÈRE DES ÉCOLES CHRÉTIENNES.

PARIS

LIBRAIRIE DE P. LETHIELLEUX,
Rue Bonaparte, 66.

LEIPZIG

L. A. KITTLER, COMMISSIONNAIRE,
Querstrasse, 34.

H. CASTERMAN

TOURNAI.

1864

AVERTISSEMENT.

Cet ouvrage est principalement destiné aux jeunes gens qui aspirent aux écoles spéciales ; il peut également servir à ceux qui n'ont besoin que des premiers éléments de Géométrie et de Trigonométrie rectiligne. Les uns devront étudier les matières dans l'ordre où elles se présentent ; les autres se borneront à l'étude des parties qui conviennent le mieux au but qu'ils veulent atteindre.

En composant ces éléments, je me suis attaché à distribuer les matières dans un ordre naturel et régulier, de manière à rendre facile à saisir l'enchaînement des divisions et des propositions entre elles ; des propositions directes, j'ai rapproché leurs réciproques, afin de réduire le nombre des énoncés qu'il importe de retenir ; j'ai préféré la forme de démonstration directe à la réduction à l'absurde, excepté pour prouver les réciproques de théorèmes déjà établis ; sans nuire à la clarté des raisonnements, j'ai toujours cherché à proportionner l'étendue des développements aux difficultés et à l'importance du sujet à traiter ; enfin, j'ai donné, dans le texte, les solutions des questions les plus propres à mettre l'élève à même de résoudre avec facilité les problèmes placés à la fin de chaque livre.

Plusieurs parties de cet ouvrage sont traitées d'une manière différente ou plus abrégée que celle en usage, notamment tout ce qui concerne la mesure et l'équivalence des figures. Ainsi, la démonstration de la mesure du prisme triangulaire n'exige qu'une seule proposition préalablement établie, tandis que celle donnée dans la plupart des traités en demande cinq, offrant de nombreuses difficultés de construction que j'ai voulu éviter.

Les propriétés relatives au cercle et à la mesure des trois corps ronds sont démontrées par des considérations de limites, qui, dans chaque cas particulier, se réduisent à l'application d'une même proposition rigoureusement prouvée (n° 120) et du principe énoncé dans le n° 19. Cette marche simple et rigoureuse, qui n'offre, je le pense, rien au-dessus de la portée d'une intelligence ordinaire, remplace avec avantage, soit la réduction à l'absurde, soit les infiniment petits.

Pour démontrer la proportionnalité des grandeurs géométriques dans le cas incommensurable, il m'a paru essentiel de prouver d'abord, d'une manière générale, que le rapport entre deux grandeurs incommensurables n'est autre chose que la limite du rapport rationnel qui peut en approcher indéfiniment. Ce principe posé, il suffira, pour conclure que deux rapports incommensurables sont égaux, de démontrer que chacun d'eux est la limite d'un même rapport rationnel.

Ma démonstration du théorème relatif au plus court chemin entre deux points de la surface d'une sphère, démonstration directe et indépendante des propriétés du triangle sphérique, permet de réunir dans une même étude les propriétés analogues du polygone sphérique et de l'angle polyèdre. Si l'on veut profiter de cette simplification, on pourra, après avoir étudié le n° 227, passer au livre VI, qui répond au livre VII de Légendre.

[illegible]

[illegible]
[illegible]
[illegible]
[illegible]
[illegible]
[illegible]
[illegible]
[illegible]

[illegible]
[illegible]
[illegible]
[illegible]
[illegible]
[illegible]
[illegible]
[illegible]
[illegible]

TABLE.

COURS DE GÉOMÉTRIE.

GÉOMÉTRIE PLANE.

LIVRE I.

LA LIGNE DROITE ET LES POLYGONES.

LIVRE II.

LA LIGNE DROITE ET LA CIRCONFÉRENCE.

LIVRE III.

LES FIGURES CONSIDÉRÉES SOUS LE RAPPORT DE LEUR SIMILITUDE.

LIVRE IV.

LES FIGURES CONSIDÉRÉES SOUS LE RAPPORT DE LEUR ÉTENDUE.

GÉOMÉTRIE DANS L'ESPACE.

LIVRE V.

LA DROITE ET LE PLAN CONSIDÉRÉS DANS L'ESPACE.

LIVRE VI.

LE PLAN ET LES POLYGONES SPHÉRIQUES.

LIVRE VII.

LES POLYÈDRES.

LIVRE VIII.

LES TROIS CORPS RONDS.

COURS DE TRIGONOMÉTRIE.

COURS

DE GÉOMÉTRIE.

⚊⚊⚊⚊

Définitions et notions générales.

1. — La *Géométrie* est la science de l'*étendue*.

L'étendue est une portion déterminée de l'espace indéfini ; on la rapporte à trois directions principales, nommées *dimensions* : la longueur, la largeur et l'épaisseur ou hauteur.

2. — Le *volume* ou l'étendue d'un corps est la place occupée par ce corps.

3. — La *surface* d'un corps est la limite qui sépare le volume de ce corps, de l'espace environnant. La surface considérée indépendamment du volume qu'elle termine, se définit : une étendue qui a deux dimensions, longueur et largeur, sans épaisseur.

4. — Le lieu de l'*intersection* ou de la *rencontre* de deux surfaces quelconques s'appelle *ligne*. La ligne considérée isolément se définit : une étendue qui n'a qu'une seule dimension, la longueur.

5. — Le lieu de l'intersection ou de la rencontre de deux lignes, se nomme *point*. Le point géométrique n'a aucune dimension.

6. — La *ligne droite* est le plus court chemin d'un point à un autre. On dit : la *droite* AB (*fig.* 1), pour désigner la ligne droite qui joint le point A au point B.

On admet, comme vérité évidente, que *d'un point* A *à un autre* B *on ne peut mener qu'une seule droite* AB ; d'où il suit que cette droite mesure la *vraie distance* entre ces deux points.

Concevons une suite de points C, D, E,..... tels, que la droite qui joint le point A au point C, passe par le point B ; la droite AD par le point C ; la droite AE par le point D ; ainsi des autres. La suite indéfinie de tous les points consécutifs ainsi déterminés formera évidemment une ligne droite indéfinie BZ, qu'on appelle le *prolongement* de la droite AB. Considérons maintenant un point M, situé hors de ce prolongement ; si l'on fait tourner la droite ABZ, autour du point A, jusqu'à ce qu'elle occupe la position AMZ', les droites ABZ, AMZ' n'auront de commun que le point A ; par conséquent, puisqu'il n'y a qu'une seule droite du point A au point M, la droite AB ne peut avoir un prolongement qui passe par le point M, c'est-à-dire qui soit différent de BZ. De là résultent les conséquences suivantes :

1° La droite qui joint deux points donnés, a un prolongement unique et indéfini, à chacune de ses extrémités ; 2° par deux points donnés on ne peut mener qu'une seule droite, en d'autres termes, deux points donnés déterminent la *position* d'une droite indéfinie ; 3° deux droites qui ont deux points communs, coïncident dans toute leur étendue indéfinie ; 4° deux droites ne peuvent se couper qu'en un seul point, car si elles avaient deux points communs, elles ne feraient qu'une seule et même droite.

7. — Une *ligne courbe* est une ligne dont aucune portion n'est droite (*fig.* 2).

8. — Le *plan* est une surface indéfinie dans laquelle une droite, menée par deux points quelconques pris dans cette surface, est contenue tout entière.

Il suit de là qu'une droite ne peut être en partie dans un plan, en partie au dehors.

Si l'on conçoit un plan quelconque passant par deux points fixes A, B (*fig.* 3), et qu'on le fasse tourner autour de la droite indéfinie AB, jusqu'à ce qu'il passe par un troisième point fixe C, la *position* de ce plan sera déterminée; donc deux plans qui ont trois points communs, non en ligne droite, coïncident dans toute leur étendue.

9. — Une *surface courbe* est celle dont aucune portion n'est plane.

10. — Les corps que l'on considère en géométrie élémentaire et qui seront définis plus loin, sont : le *polyèdre*, le *cylindre*, le *cône* et la *sphère*, dont les surfaces sont dites *polyédrique, cylindrique, conique* et *sphérique*.

11. — Les figures géométriques jouissent de propriétés importantes qui résultent, soit de leur construction ou nature particulière et distincte, soit de leur comparaison. L'étude de ces propriétés est le but de la géométrie, qui se divise en deux parties : *géométrie plane* ou à deux dimensions, qui traite des figures tracées dans un même plan, et qu'on appelle *figures planes;* et *géométrie dans l'espace* ou à trois dimensions, qui s'occupe des *figures dans l'espace,* c'est-à-dire dont toutes les parties ne sont pas situées dans un même plan.

Termes usités en Géométrie.

12. — Un *axiome* est une vérité évidente par elle-même.

Exemples : Le tout est plus grand que sa partie ; d'un point à un autre, on ne peut mener qu'une seule ligne droite ; deux quantités égales à une troisième sont égales entre elles ; etc.

13. — Un *théorème* est une vérité non évidente par elle-même, mais démontrable.

L'énoncé d'un théorème renferme une *hypothèse* ou supposition faite sur un sujet, et une *conclusion,* qui est la conséquence de l'hypothèse. Par exemple : dans toute proportion (hypothèse), le produit des deux extrêmes est égal à celui des deux moyens (conclusion).

14. — La *réciproque* d'un théorème est un second théorème énoncé en sens inverse du premier, de manière que la conclusion et l'hypothèse du théorème direct deviennent respectivement l'hypothèse et la conclusion du théorème réciproque.

Le théorème énoncé précédemment a pour réciproque : si quatre nombres sont tels que le produit des deux extrêmes est égal à celui des moyens (hypothèse), le rapport des deux premiers nombres sera égal à celui des deux derniers (conclusion).

15. — Un *lemme* est une vérité employée subsidiairement pour la démonstration d'un théorème.

Le nom de proposition s'applique aux théorèmes, aux réciproques, et aux lemmes.

16. — Un *corollaire* est une conséquence qui découle d'une ou de plusieurs propositions.

17. — Un *problème* est une question proposée qui exige une *solution*.

18. — Le raisonnement que l'on fait, soit pour rendre évidente la conclusion d'une proposition, soit pour arriver à la solution d'un problème, s'appelle *démonstration*. Une démonstration, pour être rigoureuse, doit s'appuyer sur un axiome, ou sur une ou plusieurs vérités déjà établies. On emploie particulièrement, en géométrie :

1° La démonstration par la *superposition*, pour prouver l'égalité de deux grandeurs géométriques ;

2° La démonstration *directe*, qui déduit la conclusion de l'hypothèse en s'appuyant sur des vérités déjà démontrées ;

3° La démonstration *indirecte*, ou *réduction à l'absurde*, qui prouve que toute hypothèse contraire à la conclusion de la proposition qu'il s'agit de démontrer, est fausse ou mène à l'absurde. Ce mode de démonstration s'emploie avantageusement pour démontrer les propositions réciproques.

19. — On appelle *limite* d'une grandeur *variable*, une grandeur *constante* dont la variable peut approcher d'aussi près qu'on voudra, sans jamais lui devenir égale.

Par exemple : si l'on suppose que le nombre n augmente indéfiniment, l'unité sera la limite de la fraction variable $\dfrac{3+n}{5+n}$; car la différence $1 - \dfrac{3+n}{5+n}$ ou $\dfrac{2}{5+n}$, pourra devenir aussi petite que l'on voudra.

Dans les applications de la méthode des limites, on admet ce principe :

Une relation établie entre quantités constantes et quantités variables ne cesse pas d'être vraie, quand on y remplace les variables par leurs limites respectives.

N. B. — Le lecteur qui voudra se borner aux simples éléments de Géométrie, pourra passer les parties marquées d'une astérisque (*), ainsi que les appendices.

GÉOMÉTRIE PLANE.

LA LIGNE DROITE ET LES POLYGONES.

---

§ I. Angles, perpendiculaires, obliques.

20. — On appelle *angle*, l'écartement plus ou moins grand de deux droites indéfinies qui se rencontrent (*fig.* 4). Les deux droites AB, AC, qui forment l'angle en sont les *côtés*, et leur point de rencontre A en est le *sommet*.

L'angle se désigne par trois lettres BAC ou CAB, en mettant la lettre du sommet au milieu des deux autres. Il se désigne par la lettre du sommet A, lorsqu'il n'en peut résulter aucune équivoque. Un angle est une véritable grandeur, car il est susceptible d'augmentation ou de diminution.

On nomme *bissectrice* d'un angle, la droite qui le divise en deux parties égales.

21. — Une droite CD (*fig.* 5) est dite *perpendiculaire* sur une autre AB, lorsqu'elle fait avec celle-ci deux *angles adjacents* égaux entre eux ACD, DCB, et alors chacun de ces deux angles se nomme un *angle droit*.

Une droite CD′ qui fait avec une autre AB deux angles adjacents inégaux ACD′, D′CB, est une *oblique* à AB ; et alors l'angle ACD', plus grand qu'un angle droit, est un angle *obtus,* l'angle D'CB, plus petit qu'un droit, est un angle *aigu.*

On appelle *angles supplémentaires,* deux angles dont la somme est égale à deux angles droits ; et *angles complémentaires,* deux angles dont la somme vaut un angle droit.

PROPOSITION PREMIÈRE.

22. — Théorème. *Tous les angles droits sont égaux entre eux (fig.* 6).

Soient les perpendiculaires CD sur AB et GH sur EF ; je dis que l'angle droit ACD sera égal à l'angle droit EGH.

Car si l'angle ACD était plus petit ou plus grand que EGH, puisque les angles droits adjacents sont égaux, il faudrait aussi que l'angle DCB fût plus petit ou plus grand que HGF ; mais alors, si l'on applique la figure ADB sur EHF, de manière que le point C tombe en G et la droite AB sur EF, la perpendiculaire CD devrait tomber à la fois dans chacun des angles EGH, HGF, ce qui est impossible. Donc l'angle droit ACD=HGF.

Corollaires. I. Si un angle ACD est droit, ses deux adjacents DCB, ACE sont aussi droits, et les deux droites AB, DE sont perpendiculaires entre elles (*fig.* 5).

II. Par un même point d'une droite, on ne peut élever qu'une perpendiculaire à cette droite.

PROPOSITION II.

23. Théorème. — *La somme de deux angles adjacents* ACD, DCB, *formés par deux droites qui se rencontrent, est égale à deux angles droits (fig.* 7).

Car, élevant au point C la perpendiculaire CE sur AB, on a l'angle ACD $=$ ACE $+$ ECD, et l'angle DCB $=$ ECB $-$ ECD ; donc la somme ACD $+$ DCB est égale à la somme des angles droits ACE, ECB.

Réciproque. *Si deux angles* ACD, DCB, *qui ont même sommet et un côté commun* CD, *sont supplémentaires, leurs côtés extérieurs* AC, CB *seront en ligne droite.*

Car si CB′ était le prolongement de AC, les deux angles inégaux DCB, DCB′ auraient chacun pour supplément le même angle ACD, ce qui est impossible ; donc AC ne peut avoir que CB pour prolongement.

Corollaires. I. *Tous les angles consécutifs* AOB, BOC, COD, formés du même côté d'une droite AD, valent ensemble deux angles adjacents AOB, BOD, ou deux angles droits (*fig*. 8).

II. La somme de tous les angles AOB, BOC,... formés autour d'un point O, vaut quatre angles droits (*fig*. 8).

PROPOSITION III.

24. — **Théorème**. *Lorsque deux droites se coupent, les angles opposés par le sommet sont égaux* (*fig*. 9).

En effet, les angles opposés au sommet ACE, DCB, ont chacun pour supplément le même angle ACD (23) ; donc ces deux angles sont égaux. De même, les angles ACD, BCE, qui ont chacun pour supplément le même angle DCB, sont égaux.

Réciproques. 1° *La ligne* AB *étant droite, si l'angle* ACE=DCB, *la ligne* DE *sera aussi une droite.*

Car on aura ACD+DCB=2 *dr*. (23), ou mettant ACE à la place de son égal DCB, ACD+ACE=2 *dr*. ; donc (23 Réc.) DE est une ligne droite.

2° *Si l'angle* ACE=DCB *et* ACD=BCE, AB *et* DE *seront deux lignes droites.*

Car on aura ACE+ACD=DCB+BCE=2 *dr*. (23, c. II.) ; donc, (23 R.) les deux lignes AB, DE, sont droites.

PROPOSITION IV.

25. — **Théorème**. *D'un point* A *donné hors d'une droite* EF, *on ne peut abaisser qu'une perpendiculaire sur cette droite (fig. 10)*.

Au point C, pris à volonté sur EF, je fais l'angle FCA′ égal à FCA ; je prends CA′=CA et je joins AA′, qui rencontre EF en B.

1° *La droite* AA′ *sera perpendiculaire sur* EF. En effet, puisque l'angle FCA=FCA′, si l'on plie la figure suivant la droite EF, pour appliquer ABC sur BCA′, le côté CA couvrira son égal CA′, et ainsi, le point A tombant en A′, l'angle ABC coïncidera avec son adjacent CBA′ ; donc ABC est un angle droit, et la droite AA′ est une perpendiculaire sur EF.

2° *La droite* AA′ *sera la seule perpendiculaire que l'on peut mener du point* A *sur la droite* EF. Car, une autre droite ACD, menée par le point A, ne pouvant rencontrer BA′, on aura l'angle BCD>BCA′, et par conséquent ACE>BCA ; donc BCA est un angle aigu, et la droite AC est oblique à EF. Donc, par un point donné hors d'une droite, on ne peut mener qu'une seule perpendiculaire à cette droite.

Remarque. Si d'un point A on mène la perpendiculaire AB et une oblique AC sur une droite EF, la distance du pied de la perpendiculaire au pied de l'oblique, se nomme la *projection* de l'oblique sur la droite EF.

PROPOSITION V.

26. — **Théorème**. *Si d'un point* A *donné hors d'une droite* EF, *on mène sur cette droite la perpendiculaire* AB *et différentes obliques* AC, AD, AF :

1° *La perpendiculaire* AB *sera plus courte que toute oblique (fig. 10)*.

En effet, puisque l'angle ABC est droit, si l'on plie la figure suivant BC, le point A tombera sur AB prolongée en un point A', et on aura AB=BA', AC=A'C; or, la ligne droite ABA' ou 2. AB, étant le plus court chemin de A en A', est plus petite que la ligne brisée ACA' ou 2.AC; donc aussi AB>AC, c'est-à-dire la perpendiculaire AB est plus courte que toute oblique.

2° *Deux obliques* AC, AD, *qui ont des projections égales,* BC, BD, *sont égales (fig.* 11).

Car si l'on plie la figure suivant AB, l'angle droit ABC coïncidera avec l'angle droit ABD, et comme BC=BD, le point C tombera en D; donc l'oblique AC=AD.

3° *De deux obliques* AC, AF, *celle qui a la plus grande projection est la plus longue (fig.* 11).

Soit BF>BC; je dis que AE>AC. Je prends BD=BC, et je tire l'oblique AD, qui sera égale à AC; au point D, j'élève sur EF la perpendiculaire DI, ce qui donnera AI+ID>AD, et, à fortiori, AF>AD, puisque l'oblique IF>ID; donc aussi AF>AC.

Corollaires. I. La perpendiculaire est la *vraie distance* d'un point à une droite, puisqu'elle est plus courte que toute oblique partant du même point.

II. D'un point à une droite, on ne peut mener trois droites égales; car deux obliques situées d'un même côté de la perpendiculaire sont inégales.

Remarque. Les réciproques sont faciles à démontrer par la réduction à l'absurde.

PROPOSITION VI.

27. — **Théorème**. *Tout point de la perpendiculaire élevée sur le milieu d'une droite, est également distant des deux extrémités de cette droite; et tout point situé hors de cette perpendiculaire, est inégalement distant des mêmes extrémités (fig.* 12).

1° Soit C un point de EF perpendiculaire sur le milieu de

AB. Les obliques CA, CB sont égales, comme ayant des projections égales, AI, IB. Il en est de même des obliques EA, EB ; etc. Donc, tout point de EF est également distant des extrémités A et B.

2° Soit D un point quelconque pris hors de cette perpendiculaire ; l'oblique DA, qui coupe la perpendiculaire au point E, sera plus longue que DB. Car, menant EB, on a EB=EA, et par suite DA=DE+EB ; mais DE+EB>DB ; donc DA>BD. Donc, tout point pris hors de la perpendiculaire est inégalement distant des extrémités A et B.

Réciproque. *La droite menée par deux points E, F également distants des deux extrémités d'une droite AB, est perpendiculaire sur le milieu de AB.*

Car la perpendiculaire élevée sur le milieu de la droite AB contient tous les points également distants des points A et B ; donc cette perpendiculaire se confond avec la droite menée par les points E, F.

§ II. Parallèles.

28. — Deux droites situées dans un même plan sont dites *parallèles*, lorsque, étant prolongées indéfiniment, elles ne peuvent se rencontrer.

Deux droites parallèles AB, CD (*fig.* 13) font avec une droite EF qui les coupe, et que l'on nomme *sécante* ou *transversale*, huit angles qui prennent deux à deux les noms suivants :

Les angles AGH et GHD ; BGH et GHC sont dits *alternes-internes* ;

Les angles AGE et DHF, BGE et CHF, *alternes-externes* ;

Les angles AGE et CHG, BGE et DHG etc., *internes-externes* ou *correspondants* ;

Les angles AGH et CHG, BGH et DHG, *internes d'un même côté.*

PROPOSITION VII.

29. — **Théorème**. *Deux droites AD, BC perpendiculaires à une troisième AM sont parallèles. (fig. 14).*

Car si ces droites se rencontraient en un point O, il y aurait deux perpendiculaires OA, OB, abaissées d'un même point O sur la droite AM, ce qui est impossible (25).

PROPOSITION VIII.

30. — **Théorème**. *Par un point A donné hors d'une droite BC, 1° on peut mener une parallèle à cette droite ; 2° on n'en peut mener qu'une seule (fig. 14).*

Car, 1° si l'on mène les perpendiculaires AB sur BC et ensuite AD sur AB, la droite AD sera une parallèle à BC (29).

2° Soit AH une oblique quelconque sur AB ; je dis que cette droite AH suffisamment prolongée rencontrera BC.

En effet, concevons l'angle DAM partagé en un nombre m de parties égales assez petites pour qu'une ligne de division AI tombe dans l'angle DAH ; m fois l'espace illimité A, compris entre les droites AD, AH indéfiniment prolongées, sera plus grand que l'espace illimité D, compris entre AD, AM également prolongées. Or, si sur le côté indéfini AM on forme m bandes égales à DABC, comme l'indique la figure, m fois l'espace illimité B de la 1re bande sera moindre que D ; donc A$>$B. Il suit de là que l'oblique AH ne peut demeurer contenue entre les droites AD, BC ; donc AH suffisamment prolongée rencontrera CD.

Donc, par un point donné, on ne peut mener qu'une seule parallèle à une droite.

Corollaire. Deux droites, A, B, parallèles à une troisième C, sont parallèles entre elles. Car si elles se rencontraient, il y aurait deux parallèles A, B, menées d'un même point à une même droite C, ce qui est impossible.

PROPOSITION IX.

31. — **Théorème**. *Deux parallèles* AB, CD *ont leurs perpendiculaires communes, et sont partout également distantes* (*fig.* 15).

En effet, 1° soit la droite CA menée par le point C perpendiculairement à CD. Cette droite CA devra rencontrer AB, puisque par le point C on ne peut mener qu'une parallèle à une même droite (30) ; elle sera en outre perpendiculaire sur AB, car autrement la perpendiculaire à AC menée par le point A, serait une seconde parallèle à CD, ce qui est impossible.

2° Soient AC, BD, deux droites respectivement perpendiculaires aux deux parallèles AB, CD ; je dis que AC=BD. Par le point E milieu de CD, je mène EF perpendiculaire sur les deux parallèles, et je plie la figure suivant EF, pour rabattre la partie EFAC sur EFBC ; à cause des angles droits et de EC=ED, la droite FA prendra la direction FB, EC s'appliquera sur son égale ED, et CA prendra la direction DB ; donc CA coïncidera avec DB. Donc AC=BD.

Corollaire. La *distance* entre deux parallèles se mesure par la perpendiculaire comprise entre elles.

PROPOSITION X.

32. — **Théorème**. *Deux parallèles font avec une transversale* (*fig.* 16) :

1° *Des angles alternes-internes égaux.*

Soient les deux angles alternes-internes AGH et GHD. Par le point O milieu de GH, je mène la droite MN perpendiculaire sur CD, elle le sera aussi sur AB (31). Si, dans le plan de la figure, on fait tourner la partie OGM autour du point O, jusqu'à ce que la droite OG vienne coïncider avec son égale OH, à cause de l'angle GOM=HON, la droite OM prendra la direction ON ; et comme par le point H on ne peut mener qu'une perpendiculaire à ON, il s'ensuit que le point M tombera en N ; donc l'angle OGM coïncidera avec l'angle OHN. Donc l'angle AGH=GHD.

Les deux angles alternes-internes BGH et CHG sont aussi égaux, car ils sont supplémentaires des deux premiers.

2° *Des angles alternes-externes égaux.*

Car ces angles, BGE et CHF par exemple, sont opposés par le sommet aux angles alternes-internes AGH et GHD, qui sont égaux, d'après ce que l'on vient de démontrer ; donc BGE=CGF. De même, AGE=DHF.

3° *Des angles correspondants égaux.*

Car l'angle BGE est égal à AGH, et par conséquent à son correspondant DHG. De même BGH=DHF, etc.

4° *Des angles internes* ou *externes d'un même côté supplémentaires.*

Car BGH a pour supplément AGH, qui égale GHD ; donc, la somme BGH+GHD=2 *dr.* De même, AGH+CHG= 2 *dr.*, etc.

Corollaire. *Deux parallèles font avec une transversale huit angles qui sont deux à deux égaux ou supplémentaires.*

PROPOSITION XI.

33. — **Réciproque**. *Deux droites sont parallèles, lorsqu'elles font avec une transversale (fig. 16):*

1° *Des angles alternes-internes égaux AGH et GHD.*

En effet, si par le point O milieu de GH, on mène la perpendiculaire OM sur AB, et que, dans le plan de la figure, on fasse tourner la partie OGM, autour du point O, jusqu'à ce que OG vienne coïncider avec son égale OH, à cause de l'angle OGM=OHN, la droite GM prendra la direction HN ; et à cause de l'angle GOM=HON, OM prendra la direction ON ; donc le point M, devant se trouver à la fois sur HN et sur ON, tombera sur leur intersection N ; donc l'angle droit OMG est égal à ONH. Donc, les deux droites AB, CD sont perpendiculaires à une même droite MN, et par conséquent elles sont parallèles (29).

2° *Des angles alternes-externes égaux* BGE *et* CHF.

Car alors les angles alternes-internes AGH et GHD, qui leur sont opposés par le sommet, sont égaux ; et ainsi, par ce qu'on vient de démontrer, les deux droites AB, CD sont parallèles.

3° *Des angles correspondants égaux* BGE *et* DHG.

Car, dans cette hypothèse, l'angle AGH, égal à BGE, est aussi égal à son alterne-interne GHD, ce qui rentre encore dans le 1er cas.

4° *Des angles internes d'un même côté supplémentaires.*

Car si la somme BGH$+$GHD$=$2 *dr*., les deux angles alternes-internes AGH et GHD seront égaux comme ayant chacun pour supplément le même angle BGH.

Corollaire. Il suit des deux propositions précédentes, que deux droites pour lesquelles une quelconque des quatre propriétés énoncées n'a pas lieu, ne sont point parallèles. Par exemple, si deux droites font avec une sécante des angles alternes-internes inégaux, ces deux droites suffisamment prolongées se rencontreront.

Car si elles étaient parallèles, les angles alternes-internes seraient égaux.

Réciproquement, deux droites non parallèles font avec une sécante, des angles alternes inégaux. Car si ces angles étaient égaux, les deux droites seraient parallèles.

PROPOSITION XII.

34. — **Théorème**. *Lorsque deux droites se coupent, leurs perpendiculaires respectives se coupent aussi (fig. 17).*

Soient les droites AB, BC qui se coupent en B. Si leurs perpendiculaires respectives AD, CE étaient parallèles, la droite ABF serait perpendiculaire à EC (34) ; ce qui est impossible, puisqu'il y aurait deux perpendiculaires BC, BF, menées du même point B sur la même droite EF. Donc, AD et CE suffisamment prolongées se rencontreront.

Remarque. On peut déduire cette conclusion du corollaire précédent, en menant une transversale par les points A, C.

PROPOSITION XIII.

35. — *Théorème. Deux angles sont égaux, lorsqu'ils ont les côtés parallèles chacun à chacun, et dirigés à la fois dans le même sens ou en sens contraire (fig. 18).*

En effet, 1° les deux angles ABC, DEF, dont les côtés parallèles BA et ED, BC et EF, sont dirigés dans le même sens, à partir des sommets A, D, sont égaux chacun au même angle correspondant DIC (32, 3°) ; donc l'angle ABC=DEF.

2° Les angles ABC, GEH, dont les côtés parallèles ont des directions contraires, sont égaux chacun au même angle DIC ; donc l'angle ABC=GEH.

Remarque. *Deux angles, tels que ABC, DEG, dont deux des côtés parallèles BA et ED ont même direction et les deux autres BC et EG des directions contraires, sont supplémentaires* ; car ABC étant égal à DEF, la somme ABC+DEG =2 dr.

PROPOSITION XIV.

36. — *Théorème. Deux angles* de même espèce *sont égaux, lorsqu'ils ont les côtés perpendiculaires chacun à chacun (fig. 19).*

1° Soient les angles ABC, DEF, tous deux *aigus*, dont les côtés sont perpendiculaires chacun à chacun, AB à ED et BC à EF. Par le point E, je mène les droites EG, EH respectivement parallèles aux côtés de l'angle ABC ; ces droites seront en même temps perpendiculaires aux côtés de l'angle DEF (31). On aura donc l'angle ABC=GEH, et à cause des angles droits FEH, DEG, l'angle DEF=GEH ; donc l'angle ABC=DEF.

2° Soient les angles ABC′, DEF′, tous deux *obtus*, qui ont leurs côtés respectivement perpendiculaires. Les suppléments ABC, DEF, de ces deux angles étant tous deux aigus, sont égaux ; donc l'angle ABC′=DEF′.

Remarque. On peut toujours reconnaître, à la simple inspection de la figure, si deux angles qui ont les côtés respectivement perpendiculaires, sont tous deux aigus, ou tous deux obtus, ou supplémentaires : *ils sont tous deux aigus*, lorsque chacun des côtés de l'un rencontre à la fois les deux côtés de l'autre ou ces deux côtés prolongés en sens inverse ; *ils sont tous deux obtus*, lorsque leurs suppléments satisfont à la même condition ; *ils sont supplémentaires*, lorsque l'un d'eux et le supplément de l'autre tombent dans un des deux cas précédents, comme les deux angles ABC, DEF′.

§ III. Triangles.

37. — Un *polygone* est une portion de plan terminée de toutes parts par des droites, qui en sont les *côtés* (*fig.* 20).

Les côtés pris ensemble forment le contour ou *périmètre* du polygone. Les angles que font entre eux les côtés, et les sommets de ces angles, sont les angles et les sommets du polygone. Un polygone se désigne par les lettres placées à ses sommets , ainsi on dit : le polygone ABCDE.

Une droite, telle que AC, qui joint deux sommets non consécutifs, se nomme *diagonale* du polygone.

38. — Un *triangle* est un polygone de trois côtés.
Les diverses espèces de triangles sont :
Le triangle *équilatéral*, qui a ses trois côtés égaux (*fig.* 21) ;
Le triangle *isocèle*, qui a seulement deux côtés égaux (*fig.* 22) ;
Le triangle *scalène*, qui a ses trois côtés inégaux (*fig* 23) ;
Le triangle *rectangle*, qui a un angle droit (*fig.* 24).

Dans le triangle rectangle, le côté opposé à l'angle droit s'appelle *hypoténuse*.

On appelle triangle *obliquangle*, celui qui n'a pas d'angle droit.

39. — La *hauteur* d'un triangle est la perpendiculaire abaissée d'un sommet sur le côté opposé, prolongé s'il est nécessaire ; ce côté prend alors le nom de *base*. Ainsi, CD perpendiculaire sur le côté AB prolongé, est une hauteur du triangle ABC (*fig.* 23) ; BE est la hauteur correspondante à la base AC.

Dans le triangle isocèle, on appelle particulièrement base, le côté qui n'est point égal aux deux autres.

La droite qui joint un sommet d'un triangle au milieu du côté opposé, se nomme *médiane*.

PROPOSITION XV.

40. — **Théorème**. *La somme des trois angles de tout triangle est égale à deux angles droits* (*fig.* 25).

Soit ABC un triangle quelconque. Si l'on prolonge le côté BC, et que, par le point C, on mène la droite CE parallèle au côté AB, on aura l'angle A$=$ACE, comme angles alternes-internes (32, 1°), et l'angle B$=$ECD, comme angles correspondants (32, 3°) ; donc A$+$B$=$ACE$+$ECD$=$ACD. Ajoutant de part et d'autre l'angle C ou ACB du triangle proposé, et observant que la somme des deux angles adjacents ACB, ACD vaut deux angles droits, il viendra

$$A+B+C=2\ dr.$$

Corollaires. I. *Dans tout triangle, un angle extérieur, formé en prolongeant un côté quelconque, est égal à la somme des deux angles intérieurs non adjacents.*

II. Dans tout triangle, chacun des trois angles est égal au supplément de la somme des deux autres ; par exemple, A$=$2 $dr.$$-$(A$+$B).

III. Les deux angles aigus d'un triangle rectangle sont compléments l'un de l'autre.

IV. Un triangle ne peut avoir qu'un angle droit ou obtus.

V. Si deux triangles ont deux angles égaux chacun à

chacun, le troisième de l'un sera égal au troisième de l'autre, et les deux triangles seront *équiangles* entre eux.

PROPOSITION XVI.

41. — **Théorème**. *Lorsque deux triangles ont deux côtés égaux chacun à chacun comprenant deux angles inégaux, au plus grand de ces angles est opposé le plus grand des troisièmes côtés (fig. 26).*

Soient les deux triangles ABC, A'B'C'. Si l'on place le triangle A'B'C' sur ABC, de manière que le côté A'B' coïncide avec son égal AB, et que le côté A'C', égal à AC, tombe dans l'angle BAC>B'A'C', le sommet C' tombera en un point D au dedans du triangle ABC, ou sur le côté BC, ou hors du triangle. Dans chacun de ces trois cas, à cause de AC=A'C' =AD, la perpendiculaire élevée sur le milieu de la droite CD devant passer par le point A (27), coupera le côté BC ; donc BC>BD ou BC>B'C' (27, 2°). Donc, au plus grand des deux angles inégaux est opposé le plus grand des troisièmes côtés.

Réciproque. *Si deux triangles ont deux côtés égaux chacun à chacun et les troisièmes côtés inégaux, au plus grand de ceux-ci est opposé un plus grand angle.*

Soient les triangles ABC, A'B'C'. Si l'on place le triangle A'B'C' en ABD, comme il vient d'être dit, la perpendiculaire élevée sur le milieu de CD rencontrera le côté BC>BD (27, 2°), et par conséquent les points B et D se trouveront toujours du même côté de cette perpendiculaire ; donc AD sera situé dans l'angle BAC. Donc l'angle BAC est plus grand que BAD ou B'A'C'.

Corollaires. I. Si deux côtés AB, AC d'un triangle ABC restent constants en même temps que l'angle compris A augmente ou diminue, le côté opposé à cet angle variera dans le même sens, et réciproquement.

II. La somme de deux côtés d'un triangle est plus grande

que la somme des droites menées d'un point intérieur aux extrémités du 3ᵉ côté.

PROPOSITION XVII.

42. — **Théorème**. *Deux triangles sont égaux, lorsqu'ils ont les trois côtés égaux chacun à chacun (fig. 27).*

Soient les deux triangles ABC, A'B'C', dans lesquels on suppose le côté AB=A'B', AC=A'C' et BC=B'C' ; je dis que l'on pourra faire coïncider ces deux triangles par la superposition.

En effet, soit placé le triangle A'B'C', de manière que le côté A'B' couvre exactement son égal AB, et que le sommet C' tombe en un point D ; on aura AC=A'C'=AD et BC=B'C'=BD. Les points A et B étant ainsi chacun également distants des points C et D, le côté AB sera perpendiculaire sur le milieu de la droite CD (27, R) ; par conséquent, si l'on fait tourner le triangle ABC autour de AB, pour le rabattre sur ABD, la perpendiculaire IC s'appliquera sur son égale ID, et, le point C tombant en D, les côtés AC, BC, coïncideront respectivement avec AD, BD. Donc, le triangle ABC est égal au triangle ABD, qui n'est autre que A'B'C'.

Corollaire. Un triangle est *déterminé* par ses trois côtés, c'est-à-dire qu'avec trois longueurs données, on ne peut décrire qu'un seul triangle.

Remarque. Cette proposition peut se conclure de la précédente.

PROPOSITION XVIII.

43. — **Théorème**. *Deux triangles sont égaux, lorsqu'ils ont un angle égal compris entre deux côtés égaux chacun à chacun (fig. 28).*

Soient les deux triangles ABC, DEF, où l'on suppose l'angle A=D, le côté AB=DE et AC=DF ; je dis qu'on aura triangle ABC=triangle DEF.

Car si l'on place le triangle ABC sur le triangle DEF, de

manière que le côté AB couvre exactement son égal DF, comme l'angle A=D, le côté AC s'appliquera sur son égal DF, et le point C tombera en F ; par suite le côté BC coïncidera avec EF. Donc triangle ABC=triangle DEF.

Corollaire. Un triangle est déterminé par deux côtés et l'angle compris donnés de grandeur.

PROPOSITION XIX.

44. — **Théorème**. *Deux triangles sont égaux, lorsqu'ils ont un côté égal adjacent à deux angles égaux chacun à chacun (fig. 28).*

Soient les deux triangles ABC, DEF, où AB=DE, l'angle A=D et l'angle B=E ; on aura triangle ABC=triangle DEF.

Je place le premier triangle sur le second, de manière que le côté AB coïncide avec son égal ; puisque l'angle A=D, le côté AC s'appliquera sur DF ; et comme l'angle B=E, le côté BC s'appliquera sur EF ; donc le sommet C, devant se trouver à la fois sur les côtés DF et EF, tombera sur leur intersection F. Donc les deux triangles coïncident et sont égaux.

Corollaires. I. Un triangle est déterminé par un côté et deux angles donnés de grandeur.

II. *Deux triangles rectangles sont égaux*, quand ils ont un côté égal et un angle aigu égal.

PROPOSITION XX.

45. — **Théorème**. *Deux triangles rectangles sont égaux, lorsqu'ils ont l'hypoténuse égale et un côté égal (fig. 29).*

Soient les deux triangles ABC, DEF, rectangles en A et en D, tels que l'hypoténuse BC=EF, et le coté AB=DE. Soit placé le premier triangle sur le second, en faisant d'abord coïncider le côté AB avec son égal DE ; à cause de l'angle droit A=D, le côté AC prendra la direction DF, et le sommet C tombera en F ; autrement il y aurait deux obliques égales à EF menées par le point E du même côté de la perpendiculaire ED. Donc les deux triangles proposés sont égaux.

Corollaire. Un triangle rectangle est déterminé par deux côtés donnés.

Remarque. Cette dernière proposition n'est qu'un cas particulier de celle-ci : *deux triangles sont égaux, lorsqu'ils ont deux côtés et l'angle opposé à l'un d'eux égaux chacun à chacun, si toutefois l'angle opposé à l'autre côté est de même nature dans les deux triangles.*

46. — Corollaire général. Il résulte des quatre propositions précédentes, que dans chacun des cas où deux triangles sont égaux, les trois côtés et les trois angles de l'un de ces triangles sont respectivement égaux aux trois côtés et aux trois angles de l'autre triangle ; et ce sont toujours les côtés égaux qui sont opposés à des angles égaux, et réciproquement.

PROPOSITION XXI.

47. — Théorème. *Dans tout triangle isocèle, les angles opposés aux côtés égaux sont égaux (fig. 30).*

Soit ABC un triangle dans lequel le côté $AB=BC$; je dis qu'on aura l'angle $B=C$.

En effet, si, du sommet A, on abaisse sur la base BC la perpendiculaire AD, les deux triangles ADB, ADC, rectangles en D, auront l'hypoténuse égale, $AB=AC$, et un côté commun AD, et seront égaux (45) ; donc, les angles B, C, opposés au côté commun AD, sont égaux.

Réciproque. *Un triangle qui a deux angles égaux, est isocèle.*

Soit l'angle $B=C$; on aura $AB=AC$. Du sommet A, je mène sur le côté opposé BC la perpendiculaire AD. Les deux triangles ADB, ADC, sont égaux comme ayant un côté commun AD adjacent à deux angles égaux chacun à chacun, savoir : l'angle droit $ADB=ADC$, et l'angle $BAD=CAD$, comme ayant

pour compléments respectifs des angles égaux B, C (40, c. III);
donc, les côtés AB, AC, opposés à des angles égaux, sont
égaux et le triangle ABC est isocèle.

Corollaires. I. *Dans un triangle isocèle, la base et l'angle
opposé sont divisés chacun en deux parties égales par la hauteur correspondante à la base*, et réciproquement.

II. Tout triangle équilatéral est aussi équiangle, c'est-à-dire
qu'il a ses trois côtés égaux, et réciproquement. Donc chaque
angle d'un triangle équilatéral est le tiers de deux angles
droits, ou les deux tiers d'un angle droit.

PROPOSITION XXII.

48. — **Théorème.** *Si deux côtés d'un triangle sont inégaux, le plus grand est opposé à un plus grand angle (fig. 34).*

Soit le côté AC>AB ; on aura l'angle ABC>C. Sur le
milieu du troisième côté BC, j'élève la perpendiculaire DI, qui
rencontrera le plus grand des deux autres côtés en un point I,
et je joins IB. Le triangle IBC est isocèle, IB=IC (27); donc
l'angle IBC est égal à l'angle C (47), et par conséquent l'angle
ABC est plus grand que l'angle C.

Réciproque. *Si deux angles d'un triangle sont inégaux,
au plus grand est opposé un plus grand côté.*

Soit l'angle ABC>C ; on aura AC>AB. Car si l'on fait
l'angle CBI=C, on aura IB=IC (47. R.), et par suite AI+
IB=AC ; mais la ligne brisée AI+IB>AB ; donc AC est plus
grand que AB.

PROPOSITION XXIII.

49. — **Théorème.** Dans tout triangle, 1° *les perpendiculaires élevées sur les milieux des trois côtés, concourent en un
même point également distant des trois sommets (fig. 32).*

En effet, les perpendiculaires élevées sur les milieux de
deux côtés AB, BC, se coupent en un point O (34), lequel sera
également distant des sommets A et B, comme appartenant à

la perpendiculaire DO élevée sur le milieu de AB (27) ; et des sommets B et C, comme appartenant à la perpendiculaire élevée sur le milieu de BC ; donc, les distances OA, OC étant égales, le point O appartient aussi à la perpendiculaire élevée sur le milieu F du côté AC (27). Donc, etc.

2° *Les bissectrices des trois angles concourent en un même point également distant des trois côtés (fig 33).*

Soit O le point de rencontre des bissectrices de deux angles A et B du triangle ABC ; ce point sera à égale distance des trois côtés. Car si l'on mène les perpendiculaires OD, OE, OF respectivement sur AB, BC, AC, les triangles rectangles OAD et OAF seront égaux comme ayant un côté commun OA, adjacent à deux angles égaux chacun à chacun : l'angle $OAD = OAF = \frac{1}{2} A$, et l'angle $AOD = AOF$, comme étant les compléments respectifs des deux premiers ; donc $OD = OF$. On démontrera de même que $OD = OE$; donc $OD = OE = OF$. Il s'ensuit que les triangles OCE et OCF sont égaux (42) ; donc l'angle $OCE = OCF$, et ainsi CO est la bissectrice de l'angle C du triangle ABC. Donc, etc.

Corollaires. I. Dans un triangle rectangle, *le point de concours des trois perpendiculaires est le milieu de l'hypoténuse.*

II. Les bissectrices d'un angle et des suppléments des deux autres angles concourent également en un même point, situé à même distance des trois côtés (à démontrer).

III. La bissectrice d'un angle a chacun de ses points également distant des côtés de cet angle.

§ IV. Quadrilatères.

50. — Un *quadrilatère* est un polygone de quatre côtés (*fig.* 34).

La somme des quatre angles de tout quadrilatère est égale à 4 *dr.* Car une diagonale AC le divise en deux triangles ABC, ACD, dont la somme des six angles est celle des quatre angles du quadrilatère ; or, les trois angles de chacun de ces triangles valent ensemble 2 *dr.*, donc la somme des quatre angles du quadrilatère vaut 4 *dr.*

51. — Parmi les quadrilatères, on distingue :
Le *parallélogramme,* qui a ses côtés opposés parallèles (*fig.* 35) ;
Le *rectangle,* qui a ses angles droits et ses côtés inégaux (*fig.* 36) ;
Le *carré,* qui a ses angles droits et ses côtés égaux (*fig.* 37) ;
Le *losange,* qui a ses côtés égaux et ses angles inégaux (*fig.* 38) ;
Le *trapèze,* qui a seulement deux côtés parallèles, nommés *bases* (*fig.* 42).

52. — La *hauteur* d'un parallélogramme est la perpendiculaire menée entre deux côtés opposés, nommés alors *bases :* telle est DH (*fig.* 35).
La *hauteur* d'un trapèze est la perpendiculaire commune aux deux bases : telle est DI (*fig.* 42).

PROPOSITION XXIV.

53. — **Théorème.** *Les angles opposés d'un parallélogramme sont égaux* (*fig* 35).
En effet, les côtés AD, BC, étant parallèles, les angles A, B internes d'un même côté de la sécante AB, sont supplémentaires. De même, les angles B, C internes d'un même côté de la sécante BC, sont supplémentaires. Donc les angles A, C ont chacun pour supplément le même angle B, et sont égaux. Les angles B, D ont aussi chacun pour supplément le même angle A ; donc l'angle B=D.

Réciproque. *Un quadrilatère dont les angles opposés sont égaux, est un parallélogramme.*
Car si l'angle A=C et l'angle B=D, on aura A+B=C+D=2 *dr.* (50) ; donc les angles A, B, internes du même côté de la transversale AB, sont formés par des parallèles,

AD, BC (33, 4°). De même, A+D=2 *dr*.; donc AB est parallèle à CD. Donc le quadrilatère ABCD est un parallélogramme (51).

PROPOSITION XXV.

54. — **Théorème**. — *Les côtés opposés d'un parallélogramme sont égaux (fig. 39).*

Soit ABCD un parallélogramme quelconque. Je mène la diagonale AC. Les triangles ABC, ACD seront égaux comme ayant un côté commun AC adjacent à deux angles égaux chacun à chacun : l'angle BAC=ACD, à cause des parallèles AB, CD, et l'angle BCA=DAC, à cause des parallèles AD, BC (32, 1°); donc, dans ces triangles, les côtés AB, CD, opposés aux angles égaux BCA, DAC, sont égaux, et de même les côtés BC, AD, opposés aux angles égaux BAC, ACD, sont égaux (46). Donc, etc.

Réciproque. *Un quadrilatère dont les côtés opposés sont égaux, est un parallélogramme.*

Car si AB=CD et BC=AD, les triangles ABC, ACD, qui ont la diagonale AC pour côté commun, seront égaux comme ayant les trois côtés égaux chacun à chacun ; donc, dans ces triangles, les angles BAC, DCA, opposés aux côtés égaux BC, AD, sont égaux (46) ; donc le côté AB est parallèle CD (33, 1°). De même, les angles BCA, DAC sont égaux, et, par suite, BC est parallèle à AD. Donc, le quadrilatère ABCD est un parallélogramme (51).

Corollaires. *Deux parallèles comprises entre deux autres parallèles, sont égales. — Le losange est un parallélogramme.*

PROPOSITION XXVI.

55. — **Théorème**. *Un quadrilatère dont deux côtés opposés sont égaux et parallèles, est un parallélogramme (fig. 39).*

Soit le côté AB égal et parallèle à CD. Si l'on mène AC,

les triangles ABC, ACD seront égaux comme ayant un angle égal, BAC=ACD (32), compris entre deux côtés égaux chacun à chacun, AC commun, et AB=CD, par hypothèse ; donc le côté BC=AD (46). Donc le quadrilatère proposé ayant ses côtés opposés égaux, est un parallélogramme (54, R).

PROPOSITION XXVII.

56. — **Théorème**. *Les diagonales d'un parallélogramme se coupent mutuellement en deux parties égales (fig. 40).*

Soit O le point d'intersection des deux diagonales AC, BD. Les triangles OAB, OCD sont égaux comme ayant un côté égal AB=CD (54) adjacent à deux angles égaux chacun à chacun, l'angle OAB=OCD et l'angle OBA=ODC, comme alternes-internes (32) ; dans ces triangles, le côté OA, opposé à l'angle OBA, est égal au côté OC opposé à l'angle ODC=OBA (46), et de même OB=OD. Donc le point O est le milieu de chaque diagonale. Ce point s'appelle le *centre* du parallélogramme.

Réciproque. *Le quadrilatère dans lequel les diagonales se coupent mutuellement en deux parties égales, est un parallélogramme (à démontrer).*

Corollaires. I. Les diagonales d'un rectangle sont égales.

II. Les diagonales d'un losange sont perpendiculaires entre elles.

III. Les diagonales du carré sont égales et perpendiculaires entre elles.

PROPOSITION XXVIII.

57. — **Théorème** *Deux parallélogrammes sont égaux, lorsqu'ils ont un angle égal compris entre deux côtés égaux chacun à chacun.* — A démontrer par superposition.

Corollaire. Un parallélogramme est déterminé par deux côtés et l'angle compris.

PROPOSITION XXIX.

58. — **Théorème**. *Deux trapèzes sont égaux, lorsqu'ils ont les quatre côtés égaux chacun à chacun.*

A démontrer par superposition, en décomposant chaque trapèze en un triangle et un parallélogramme.

Corollaire. Un trapèze est déterminé par ses quatre côtés.

Remarque. Le trapèze *isocèle*, c'est-à-dire celui dont les côtés non parallèles sont égaux, jouit des propriétés du n° 47 (à démontrer).

PROPOSITION XXX.

59. — **Lemme**. *Dans tout triangle, la droite DE qui joint les milieux de deux côtés, est parallèle au troisième côté et en vaut la moitié (fig. 41).*

Soit prolongée DE de EH=DE. Les triangles ECH, EAD seront égaux comme ayant un angle égal compris entre côtés égaux chacun à chacun ; donc CH=AD=DB, et l'angle ECH =EAD. Ainsi CH est égale et parallèle à BD, et la figure BCHD est un parallélogramme (55). Donc DE est parallèle à BC, et de plus DE$=\frac{1}{2}$DH$=\frac{1}{2}$BC.

Réciproque. *Dans tout triangle, la droite parallèle à un côté, menée par le milieu d'un second côté, passe par le milieu du troisième (à démontrer).*

PROPOSITION XXXI.

60. — **Théorème**. *Dans tout trapèze, la droite MN qui joint les milieux des côtés non parallèles, est parallèle aux bases et égale à leur demi-somme (fig. 42).*

Car si par les points D, N, on mène la droite DNH jusqu'à sa rencontre avec la base AB prolongée, les triangles NCD, NBH auront un côte égal CN=NB adjacent à deux angles égaux chacun à chacun ; donc ces triangles seront égaux, et CD=BH. Mais, dans le triangle DAH, la droite MN, qui joint les milieux de deux côtés, est parallèle à AH et égale à $\frac{1}{2}$ AH, donc aussi MN=$\frac{1}{2}$ (AB+CD).

Remarque. *Dans tout trapèze, la droite qui joint les milieux des diagonales, est parallèle aux bases et égale à leur demi-différence* (à démontrer).

§ V. Polygones

61. — Les polygones de cinq, de six, de huit, de dix, de douze, de quinze côtés se nomment : *pentagone, hexagone, octogone, décagone, dodécagone, pentédécagone*. Les autres polygones se désignent par le nombre de leurs côtés.

Un polygone est dit *équiangle* ou *équilatéral,* lorsque tous ses angles ou tous ses côtés sont égaux.

Un polygone qui est à la fois équiangle et équilatéral, est un *polygone régulier*.

Deux polygones sont *équilatéraux* ou *équiangles entre eux,* lorsqu'ils ont les côtés ou les angles égaux chacun à chacun et placés dans le même ordre.

Remarque. On ne considère que les *polygones convexes,* c'est-à-dire qui n'ont pas d'angles *rentrants,* ou dont le périmètre ne peut être coupé en plus de deux points par une droite quelconque.

PROPOSITION XXXII.

62. — **Théorème**. *La somme des angles intérieurs d'un polygone quelconque est égale à autant de fois deux angles droits qu'il y a de côtés moins deux* (fig. 43).

En effet, si, d'un même sommet A, on mène à tous les autres sommets les diagonales AC, AD, AE, on formera autant de triangles qu'il y a de côtés non adjacents à l'angle A, et par conséquent autant qu'il y a de côtés moins deux. Mais la somme des angles de chacun de ces triangles vaut deux angles droits; donc la somme des angles de tous les triangles, c'est-à-dire la somme des angles du polygone proposé, est égale à autant de fois deux angles droits qu'il y a de côtés moins deux.

Corollaires. I. La somme des angles d'un polygone de n côtés est égale à 2 $dr.$ multipliés par $n-2$, ou 2 $(n-2)$ $dr.$

II. La somme des angles *extérieurs* formés chacun par un côté avec le prolongement du côté contigu, est égale à 4 $dr.$ Car chaque angle extérieur, tel que BCH, étant le supplément de l'angle intérieur adjacent BCD, la somme des angles intérieurs et extérieurs du polygone de n côtés vaudra $2n$ $dr.$ Retranchant la somme $(2n-4)$ $dr.$ des angles intérieurs, il restera 4 $dr.$ pour la somme des angles extérieurs.

PROPOSITION XXXIII.

63. — Théorème. *Deux polygones de n côtés sont égaux, lorsqu'ils ont* $(n-1)$ *côtés égaux chacun à chacun, et qu'il en est de même des* $(n-2)$ *angles compris entre ces côtés* (à démontrer par superposition).

Corollaire. Un polygone de n côtés est déterminé par $(n-1)$ côtés et les angles que ces côtés font entre eux. — En général, un polygone de n côtés est déterminé par $(2n-3)$ éléments, angles ou côtés (à vérifier). Ce nombre se réduit à 5 pour le quadrilatère, à 7 pour le pentagone, etc. ; à 3 ou à 4 pour un parallélogramme ou un trapèze, à cause du parallélisme des côtés.

Théorèmes à démontrer.

1. Dans un triangle isocèle, la hauteur correspondante à l'un des côtés égaux, est égale à la somme des perpendiculaires abaissées sur ces côtés d'un point quelconque de la base, ou à la différence de ces perpendiculaires, si le point est situé sur la base prolongée.

2. La hauteur d'un triangle équilatéral est égale à la somme des perpendiculaires menées sur les trois côtés d'un point intérieur quelconque.

3. Dans un triangle rectangle, la médiane correspondante à l'hypoténuse vaut la moitié de celle-ci, et réciproquement.

4. Deux triangles rectangles sont égaux, lorsqu'ils ont, 1° l'hypoténuse et la hauteur correspondante égales chacune à chacune ; 2° un côté égal et le périmètre égal (2 cas).

5. Deux triangles isocèles sont égaux, lorsqu'ils ont même périmètre et même hauteur.

6. Deux triangles scalènes sont égaux, lorsqu'ils ont, 1° un côté égal et les hauteurs menées de ses extrémités égales chacune à chacune ; 2° deux angles et le périmètre égaux chacun à chacun ; 3° le périmètre égal, même hauteur et un angle égal.

7. Les trois médianes d'un triangle se coupent en un même point, au tiers de chacune à partir du côté correspondant. — Ce point s'appelle le *centre de gravité* du triangle.

8. La distance du centre de gravité d'un triangle à une droite quelconque, est le tiers de la somme des distances des trois sommets à la même droite. — A cause de cette propriété, le centre de gravité d'un triangle prend le nom de *centre des moyennes distances*.

9. Les milieux des côtés d'un quadrilatère quelconque sont les sommets d'un parallélogramme, dont chaque diagonale coupe en deux parties égales la droite qui joint les milieux des diagonales de ce quadrilatère.

10. Deux parallélogrammes sont égaux, lorsqu'ils ont, 1° un côté égal et les diagonales respectivement égales ; 2° la hauteur et les diagonales égales chacune à chacune.

11. Deux trapèzes sont égaux, lorsqu'ils ont un angle égal, les bases égales chacune à chacune et même hauteur.

12. Les bissectrices des angles intérieurs ou extérieurs d'un parallélogramme se coupent suivant un parallélogramme.

13. Si par les extrémités d'une droite AB, on mène deux parallèles AC, BD en sens contraire, l'une double de l'autre, la droite CD divisera AB en deux parties, dont l'une sera le tiers de AB.

14. Les trois hauteurs d'un triangle quelconque concourent en un même point. — Par les trois sommets, mener des parallèles aux côtés....

LIVRE II.

LA LIGNE DROITE ET LA CIRCONFÉRENCE.

§ I. Droites sécantes et tangentes.

64. — La *circonférence* est une ligne courbe fermée,
dont les points sont également distants d'un point intérieur
nommé *centre*.

Le *cercle* est la surface plane terminée par la circonférence.

Toute droite OA, OB, menée du centre O à un point quelconque de la circonférence, se nomme *rayon*; toute droite,
BC, menée par le centre et terminée de part et d'autre à la
circonférence, s'appelle *diamètre* (*fig.* 44).

Tous les rayons d'un même cercle sont égaux; tous les
diamètres sont aussi égaux, et doubles du rayon.

65. — On appelle *arc*, une portion quelconque de la circonférence; *corde* ou *sous-tendante* de l'arc, la droite qui joint
les extrémités de cet arc.

A une même corde DE (*fig.* 44) répondent toujours deux arcs
DME, DAE; mais on ne considère ordinairement que le plus
petit de ces arcs.

Une *sécante* est une droite indéfinie, GH (*fig.* 45), qui
coupe la circonférence en deux points quelconques.

Une *tangente* est une droite, telle que CE (*fig.* 45), qui n'a
qu'un point M commun avec la circonférence. Ce point commun se nomme point de *contact*. — La tangente au point M
se définit aussi: la *position limite* que prend une sécante MM′,

qui tourne autour du point M jusqu'à ce que le point M′ se réunit avec M.

PROPOSITION PREMIÈRE.

66. — **Théorème**. *Une droite ne peut rencontrer une circonférence en plus de deux points (fig. 45).*

Car, du centre O, on ne peut mener sur la sécante GH que deux obliques égales au rayon OA (26, c. II). Ainsi, un point D de GH, autre que A et B, sera intérieur ou extérieur au cercle.

PROPOSITION II.

67. — **Théorème**. *Par trois points A, B, C, non en ligne droite, on peut toujours faire passer une circonférence, mais on n'en peut faire passer qu'une (fig. 46).*

Car les perpendiculaires élevées sur les milieux des droites AB, BC concourent en un point unique O, également distant des trois points A, B, C (49); donc la circonférence décrite du centre O et du rayon OA, passera par les trois points donnés, et sera la seule qui puisse passer par ces points.

Corollaire. — Une circonférence est *déterminée de grandeur et de position* par trois de ses points donnés de position.

PROPOSITION III.

68. — **Théorème**. *Tout diamètre CH, 1° divise le cercle et sa circonférence en deux parties égales; 2° est plus grand qu'une corde (fig. 47).*

Car, 1° si l'on plie la figure suivant CH, à cause de l'égalité de tous les rayons, l'arc CAH devra coïncider avec l'arc CBH.

2° La ligne brisée $AO + OB > AB$; donc le diamètre $AE > AB$.

PROPOSITION IV.

69. — Théorème. *Le diamètre CH perpendiculaire à une corde AB, divise cette corde et les deux arcs sous-tendus chacun en deux parties égales (fig. 47).*

Car, si l'on plie la figure suivant le diamètre CH, l'arc CAH coïncidera avec l'arc CBH (68), et à cause des angles droits en D, la droite DA prendra la direction DB ; ainsi, le point A devant se trouver à la fois sur l'arc CBH et sur la droite DB, tombera sur leur intersection B. Donc, DA coïncidant avec DB, l'arc CA avec l'arc CB, et l'arc AH avec l'arc BH, le point D est le milieu de la corde AB, le point C le milieu de l'arc ACH, et le point H le milieu de l'arc AHB.

Corollaire. Dans un cercle, le centre O, le milieu D d'une corde AB et les milieux des deux arcs sous-tendus, sont quatre points situés sur une même droite perpendiculaire à la corde. Donc, 1° *toute droite menée par deux de ces points, passera par les deux autres et sera perpendiculaire à la corde ;* 2° *toute droite menée par l'un des mêmes points perpendiculairement à la corde, passera par les trois autres.* Ainsi, par exemple :

La perpendiculaire élevée sur le milieu d'une corde passe par le centre et par les milieux des arcs sous-tendus par cette corde. Car elle se confond avec le diamètre perpendiculaire à la même corde.

PROPOSITION V.

70. — Théorème. *Dans un même cercle ou dans des cercles égaux, 1° deux arcs égaux ont des cordes égales (fig. 48).*

Le rayon OA étant égal au rayon O'C, si l'arc AB est égal à l'arc CD, je dis que la corde AB sera égale à la corde CD.

Car si l'on place le cercle O sur le cercle O', de manière que le rayon OA couvre entièrement son égal O'C, les deux circonférences coïncideront, et comme l'arc AB=l'arc CD, le point B tombera sur le point C ; donc la corde AB=CD.

Réciproque. *2° Deux cordes égales sous-tendent des arcs égaux.*

Car si la corde AB=CD, les deux triangles OAB, O'CD auront les trois côtés égaux chacun à chacun, et seront égaux ; donc l'angle AOB=CO'D (46). Ainsi, en plaçant le cercle O sur le cercle O', de manière que l'angle AOB coïncide avec son égal CO'D, à cause de l'égalité des rayons, le point A tombera en C et le point B en D ; donc l'arc AB est égal à l'arc CD.

PROPOSITION VI.

71. — Théorème. *Dans un même cercle ou dans des cercles égaux, deux arcs égaux correspondent à des angles au centre égaux ; et réciproquement deux angles au centre égaux, correspondent à des arcs égaux (fig. 48).*

Cette proposition est prouvée par la démonstration de la précédente.

PROPOSITION VII.

72. — Théorème. *Dans un même cercle ou dans des cercles égaux, 1° deux cordes égales sont également éloignées du centre (fig. 48).*

Soit la corde AB=CD. Si l'on divise ces cordes chacune en deux parties égales par les perpendiculaires respectives OH, O'I, menées des centres, les deux triangles rectangles OAH, O'CI auront les hypoténuses égales OA, O'C, et un côté égal AH=CI, comme moitiés de deux cordes égales AB, CD ; donc ces triangles seront égaux (45) ; donc OA=O'I.

Réciproque. *2° Deux cordes également éloignées du centre sont égales.*

Soit la distance OH=OI. Les triangles rectangles OAH, O'CI seront égaux ; donc AH=CI, et par conséquent la corde AB=CD.

Remarques. I. Les trois propositions précédentes sont comprises dans la suivante et ses réciproques : *Dans un même cercle, ou dans deux cercles égaux, les arcs égaux* 1° *correspondent à des angles au centre égaux ;* 2° *ont des cordes égales ;* 3° *ont des cordes également éloignées du centre.*

II. Si les arcs égaux appartiennent à une même circonférence, on pliera la figure suivant le diamètre mené par le milieu de l'arc compris entre les extrémités (les plus rapprochées) des deux arcs donnés.

PROPOSITION VIII.

73. — **Théorème**. *Dans un même cercle ou dans des cercles égaux,* 1° *de deux arcs inégaux le plus grand a la plus grande corde (fig.* 49).

Soit l'arc ACB plus grand que l'arc AC ; je dis que la corde AB sera plus grande que la corde AC.

Car divisant les angles AOB, AOC chacun en deux parties égales par les perpendiculaires OD, OH aux cordes, à cause de l'angle AOB$>$AOC, on aura l'angle AOD$>$AOH ; donc la droite OH, située dans l'angle AOD, coupera AD en un point I, ce qui donne AD$>$AI ; et comme AI$>$AH (26, 1°), on aura AD$>$AH ; donc AB$>$AC.

Réciproque. 2° *De deux cordes inégales, la plus grande sous-tend un plus grand arc.*

Soit la corde AB plus grande que AC ; si l'arc ACB était égal à l'arc AC ou plus petit que AC, on aurait la corde AB$=$AC ou AB$<$AC (70, 2°), ce qui est chaque fois contre l'hypothèse. Donc, la plus grande corde sous-tend un plus grand arc.

Corollaire. *Dans le même cercle ou dans des cercles égaux, de deux cordes inégales la petite est la plus éloignée du centre.* Car la perpendiculaire OH$>$OI, et OI$>$OD ; donc OH$>$OD. La réciproque est vraie.

Remarque. Lorsque les deux arcs donnés sont pris dans des cercles égaux, on peut, par la proposition V, ramener la construction à celle que nous avons considérée. — La proposition présente suppose que les deux arcs sont chacun moindres qu'une demi-circonférence ; elle peut aussi se conclure du n° 44.

PROPOSITION IX.

74. — Théorème. *La perpendiculaire menée à l'extrémité d'un rayon, est tangente à la circonférence (fig. 50).*

Soit la droite MN perpendiculaire à l'extrémité P du rayon OP. Toute droite OG, qui joint le centre à un point quelconque G de MN, est plus longue que la perpendiculaire OP, et a, par conséquent, son extrémité G hors du cercle ; donc la droite MN n'a que le point P commun avec la circonférence ; donc elle est tangente à la circonférence au point P (65).

Réciproque. *Une tangente à la circonférence est perpendiculaire au rayon du point de contact.*

Soit la droite MN tangente au point P. Le rayon OP est la ligne la plus courte que l'on peut mener du centre à MN ; donc ce rayon est perpendiculaire à la tangente MN.

Corollaire. Par un point d'une circonférence, on ne peut mener qu'une tangente à cette circonférence.

PROPOSITION X.

75. — Théorème. *Deux parallèles interceptent sur une circonférence qu'elles coupent, des arcs égaux (fig. 50).*

En effet, 1° si les deux parallèles sont des sécantes AB, CD, le rayon OH mené perpendiculairement à ces lignes, divisera en deux parties égales chacun des deux arcs AHB, CHD (69) ; donc, les arcs égaux CH, HD, étant respectivement retranchés des arcs égaux AH, BH, on aura *arc* AC=*arc* BD.

2° Si les deux parallèles sont l'une la sécante AB, l'autre la tangente MN, le diamètre PH, mené par le point de contact P, sera perpendiculaire à la tangente MN (74, R.) et par suite à sa parallèle AB (31) ; donc, le point P sera le milieu de l'arc APD, et on aura *arc* AP=*arc* BP.

3° Si les deux parallèles EF, MN sont tangentes, l'une en H, l'autre en P, le diamètre PH, mené par le point de contact P, étant perpendiculaire à MN (74, R.) et par suite à EF, passera par le point de contact H ; donc, chacun des arcs PAH, PBH est une demi-circonférence.

Remarque. Les réciproques sont vraies.

§ II. Intersection et contact de deux cercles.

Deux circonférences sont *tangentes* l'une à l'autre (intérieurement ou extérieurement), lorsqu'elles n'ont qu'un point commun.

Deux circonférences, qui n'ont aucun point commun, sont *intérieures* ou *extérieures* l'une à l'autre, selon que la plus petite est enveloppée de tous côtés par la plus grande ou qu'elle est tout entière en dehors de celle-ci.

Deux circonférences qui ont un même centre, sont dites *concentriques*.

PROPOSITION XI.

76. — **Théorème.** *Les circonférences décrites de deux points comme centres avec des rayons donnés, se couperont si le plus grand rayon est à la fois moindre que la somme du plus petit rayon et de la distance des centres, et plus grand que leur différence (fig. 51 et 52).*

En effet, les points O et O′ étant les centres, et les droites OD et O′D′ les rayons donnés, si l'on a en même temps

$$OD < OO' + O'D' \text{ et } OD > OO' - O'D' \ (\textit{fig. 51}),$$
$$\text{ou } OD < OO' + O'D' \text{ et } OD > O'D' - OO' \ (\textit{fig. 52}),$$

il s'en suivra, en prenant O′B′ = O′D′,

$$OD < OD' \text{ et } OD > OB' ;$$

donc la circonférence décrite du centre O et du rayon OD coupera le diamètre B′D′ ; donc les circonférences décrites des centres O et O′ avec les rayons OD et O′D′, se couperont en deux points A et A′. — Ces deux circonférences n'auront d'ailleurs que ces deux points communs; car deux circonférences ont le même centre et coïncident dès qu'elles ont trois points communs (67).

Réciproque. *Lorsque deux circonférences se coupent, le plus grand rayon, etc.*

Remarque. *Lorsque deux circonférences se coupent, la droite qui joint les centres est perpendiculaire sur le milieu de la corde commune* (27, R.)

PROPOSITION XII.

77. — **Théorème.** *Les circonférences décrites de deux points comme centres avec des rayons donnés, se touchent intérieurement ou extérieurement, selon que le plus grand rayon est égal à la somme ou à la différence de la distance des centres et du plus petit rayon* (fig. 53).

Car, 1° si le plus grand rayon $OA = OO′ + O′A$, les deux circonférences n'auront que le point A commun ; car, si elles avaient deux points communs, le plus grand rayon OA serait plus petit que la somme $OO′ + O′A$ (76, Réc.), ce qui est contraire à l'hypothèse. Donc, *deux circonférences se touchent intérieurement,* etc.

2° Si $OA = OO″ - O″A$, les deux circonférences n'auront que le point A commun ; car, si elles avaient deux points communs, le plus grand rayon OA serait plus grand que la différence $OO″ - O″A$ (76), ce qui n'a pas lieu. Donc, *deux circonférences se touchent extérieurement,* etc.

Réciproque. *Si deux circonférences se touchent intérieurement ou extérieurement, etc.*

Corollaires. I. Lorsque deux circonférences se touchent, les centres et le point de contact sont en ligne droite.

II. Toutes les circonférences qui ont leurs centres sur une

même droite OO″ et qui passent par un même point A de cette droite, sont en ce point tangentes les unes aux autres et à la perpendiculaire BC à OO″, menée par le point A.

§ III. Mesure des angles.

78. — On appelle *secteur circulaire*, ou simplement *secteur*, la partie du cercle comprise entre deux rayons et l'arc qu'ils interceptent ; *segment circulaire*, ou simplement *segment*, la partie du cercle comprise entre un arc et sa corde.

Un angle est dit *inscrit* dans un cercle, lorsqu'il a pour côtés deux cordes qui se rencontrent sur la circonférence ; il est inscrit dans un segment, lorsque ses côtés passent par les extrémités de la corde de ce segment.

79. — On appelle *rapport de deux grandeurs de même nature*, l'expression numérique qui indique comment l'une d'elles se compose avec l'autre.

Par exemple, deux droites A et B, ou deux arcs de même rayon, qui contiennent leur commune mesure respectivement 9 fois et 7 fois, ont pour rapport l'expression $\frac{9}{7}$, qui exprime que A se compose des $\frac{9}{7}$ de B, ou que B se compose des $\frac{7}{9}$ de A.

Un rapport est dit *rationnel* ou *irrationnel*, selon que les deux grandeurs sont *commensurables* ou *incommensurables*, c'est-à-dire selon qu'elles ont une commune mesure ou n'en ont point.

La commune mesure de deux droites ou de deux arcs de même rayon, se détermine par le même procédé que le plus grand commun diviseur de deux nombres.

Le rapport irrationnel de deux grandeurs incommensurables peut être considéré comme la limite du rapport rationnel qui peut en approcher indéfiniment. Pour exemple, soient AB et AC deux arcs incommensurables (*fig.* 55) ; si l'on conçoit l'arc AC divisé en *n* parties égales, l'arc AB contiendra *m* de ces parties avec un reste BI plus petit que $\dfrac{AB}{m}$, et on aura

$$\frac{AB - BI}{AC} = \frac{m}{n}.$$

Or, si le nombre n augmente indéfiniment, il en sera de même de m, et le reste $BI < \dfrac{AB}{m}$ convergera vers zéro ; donc aussi le rapport rationnel $\dfrac{AB - BI}{AC}$ convergera vers le rapport limite $\dfrac{AB}{AC}$.

80. — Deux grandeurs de même espèce, A, B sont dites *proportionnelles* à deux autres C, B, qui peuvent être d'une autre espèce, lorsque le rapport $\dfrac{A}{B}$ des deux premières est égal au rapport $\dfrac{C}{D}$ des deux autres. On a alors la proportion $A : B = C : D$, que l'on peut écrire ainsi $\dfrac{A}{B} = \dfrac{C}{D}$.

Si les deux rapports sont irrationnels, nous dirons qu'ils sont *égaux*, quand un même rapport rationnel converge indéfiniment vers chacun d'eux.

PROPOSITION XIII.

81. — **Théorème.** *Dans un même cercle ou dans des cercles égaux, deux angles au centre sont proportionnels aux arcs compris entre leurs côtés (fig. 54).*

Soient les deux angles AOB, AOC ; je dis qu'on aura :

angle AOB : angle AOC = arc AB : arc AC.

1° *Si les deux arcs AB, AC (fig. 54) sont commensurables*, soit divisé AC en 7 parties égales à la commune mesure ; l'arc BC contiendra, par exemple, 4 de ces parties et on aura AB : AC = 4 : 7.

Maintenant, si l'on mène des rayons aux points de division,

l'angle AOC sera divisé en 7 angles égaux entre eux; comme correspondant à des arcs égaux (74), et l'angle AOB contiendra 4 de ces angles; on aura donc aussi AOB : AOC$=$4 : 7.

Ces deux proportions ayant un même rapport 4 : 7, on conclut que le rapport des deux angles est égal à celui de leurs arcs.

2° *Si les deux arcs AB, AC (fig. 55) sont incommensurables,* soit divisé AC en un nombre quelconque n de parties égales; l'arc AB contiendra un nombre m de ces parties avec un reste BI moindre que $\dfrac{AB}{m}$, et on aura

$$AB-BI : AC = m : n.$$

Cela posé, si l'on mène des rayons aux points de division, l'angle AOC sera divisé en n angles égaux, dont AOB en contiendra m avec un reste $BOI < \dfrac{AOB}{m}$, ce qui donnera

$$AOB-BOI : AOC = m : n.$$

Or, si le nombre n des divisions augmente indéfiniment, l'arc BI et l'angle BOI convergent vers la limite zéro; donc le rapport rationnel $\dfrac{m}{n}$ converge indéfiniment vers les rapports limites $\dfrac{AOB}{AOC}, \dfrac{AB}{AC}$, qui sont par conséquent égaux entre eux (80).

Donc, *deux angles au centre sont proportionnels aux arcs de même rayon compris entre leurs côtés.*

Remarque. Cette proposition a également lieu pour deux secteurs pris dans des cercles égaux.

PROPOSITION XIV.

82.— Théorème. *Tout angle au centre a la même mesure que l'arc compris entre ses côtés (fig. 56).*

Soit AOB un angle quelconque. Au sommet O, je fais l'angle

droit AOD, qui est l'*unité d'angle* ; l'arc AD, égal au quart de
la circonférence, se nomme *quadrant* et a été choisi pour
unité d'arc. Par le théorème précédent, on a la proportion

$$\frac{AOB}{AOD} = \frac{AB}{AD},$$

dans laquelle le premier rapport exprime la *mesure* de l'angle
AOB, c'est-à-dire le rapport de cet angle à l'unité d'angle ; le
second rapport exprime la *mesure* de l'arc AB, c'est-à-dire
le rapport de cet arc au quadrant ; donc l'angle AOB a la
même mesure que l'arc AB compris entre ses côtés.

Remarque. Pour déterminer avec facilité la mesure
d'un arc, on a divisé le quadrant, ou unité principale, en 90
parties égales appelées degrés, le degré en 60 parties égales
ou minutes, la minute en 60 parties égales ou secondes, etc.
Les degrés, minutes, secondes, tierces, etc. s'indiquent
comme dans l'expression $45°\ 15'\ 53''\ 18'''$. D'après cette
division, un arc de $60°\ 30'$ a pour expression numérique
$\frac{60°\ 30'}{90°}$ ou $\frac{121}{180}$, c'est-à-dire les $\frac{121}{180}$ du quadrant.

PROPOSITION XV.

83. — **Théorème**. *Tout angle inscrit a pour mesure la
moitié de l'arc compris entre ses côtés* (fig. 57).

Soit ABC un angle inscrit quelconque. Du centre O, je mène
les perpendiculaires OD sur AB et OE sur AC. Les arcs BCA,
BEC sont divisés aux points D, E chacun en deux parties
égales (69) ; et les deux angles ABC, DOE sont égaux, parce
que, étant ou tous deux aigus ou tous deux obtus, ils ont
leurs côtés perpendiculaires chacun à chacun (36). Or, l'angle
au centre DOE a pour mesure l'arc DE, qui égale *arc* BD—BE
$=\frac{1}{2}$ *arc* BEA$-\frac{1}{2}$ DED$=\frac{1}{2}$ *arc* AC ; donc, l'angle ABC a aussi
pour mesure $\frac{1}{2}$ *arc* AC, ou la moitié de l'arc compris entre
ses côtés.

Corollaires. I. Tous les angles inscrits dans un même segment sont égaux. Car, les points A et C restant fixes, si le sommet B de l'angle ABC se déplace sur l'arc ABC, l'angle au centre DOE, égal à ABC, restera constant. — Cette conséquence résulte aussi de ce que tous ces angles ont pour mesure $\frac{1}{2}$ *arc* AC.

II. Tout angle inscrit dans un demi-cercle est droit.

III. Un angle inscrit est aigu ou obtus, suivant que l'arc compris entre ses côtés est moindre ou plus grand qu'une demi-circonférence.

PROPOSITION XVI.

84. — **Théorème**. *Un angle BAC, formé par une tangente AB et une corde AC, a pour mesure la moitié de l'arc compris entre ses côtés (fig. 58).*

Je mène le rayon OA du point de contact A, et le rayon OH perpendiculaire à AC. Les angles AOH, BAC sont égaux, comme ayant leurs côtés respectivement perpendiculaires (36); mais l'angle au centre AOH a pour mesure l'arc AH, moitié de l'arc AHC (69); donc, l'angle BAC a aussi pour mesure *arc* AH$=\frac{1}{2}$ *arc* AHC, c'est-à-dire la moitié de l'arc compris entre ses côtés.

L'angle CAD a également pour mesure *arc* AI ou $\frac{1}{2}$ *arc* AIC.

PROPOSITION XVII.

85. — **Théorème**. *Un angle formé par deux sécantes et dont le sommet est intérieur ou extérieur au cercle, a pour mesure la demi-somme ou la demi-différence des arcs interceptés sur la circonférence (fig. 59).*

Ainsi, l'angle BAC$=\frac{1}{2}$(BC$+$DE) et BA'C$=\frac{1}{2}$(BC$-$D'E). À démontrer.

§ IV. Polygones inscrits et circonscrits.

Un polygone est dit *inscrit* dans un cercle, lorsque tous ses sommets sont à la circonférence. On dit alors que le cercle est *circonscrit* au polygone.

Un polygone dont tous les côtés sont tangents à la circonférence, est dit *circonscrit* au cercle ; et celui-ci est dit *inscrit* dans le polygone.

PROPOSITION XVIII.

86. — Théorème. *A tout triangle on peut circonscrire un cercle ; et on peut inscrire un cercle dans le même triangle (fig.* 60).

Car, 1° les perpendiculaires MO, NO élevées sur les milieux de deux côtés AB, AC se rencontrent en un point O également distant des trois sommets A, B, C (49) ; donc la circonférence décrite du centre O et du rayon OA, passera par les trois sommets, et sera circonscrite au triangle proposé.

2° Les bissectrices de deux angles A, B, se rencontrent en un point I également distant des trois côtés AB, AC, BC (49) ; donc la circonférence décrite du centre I et d'un rayon égal à la perpendiculaire ID à AB, touchera les trois côtés, et sera inscrite dans le triangle ABC.

Remarque Si l'on désigne par a, b, c les trois côtés d'un triangle ABC respectivement opposés aux angles A, B, C, et par p le demi-périmètre, à cause de AD $=$ AE, etc. on aura AD $= p - a$, BF $= p - b$, CE $= p - c$; d'où AD $-$ BD $= b - a$, etc.

PROPOSITION XIX.

87. — Théorème. *Les angles opposés d'un quadrilatère inscrit sont supplémentaires (fig.* 61).

En effet, l'angle inscrit A $= \frac{1}{2}$ arc BCD, et l'angle inscrit C $= \frac{1}{2}$ arc BAD ; donc ces deux angles opposés ont ensemble pour mesure la moitié de la circonférence ; donc $A + C = 2\,dr.$, et par conséquent aussi $B + D = 2\,dr.$

Réciproque. *Le quadrilatère dont deux angles opposés sont supplémentaires, est inscriptible.*

A démontrer par la réduction à l'absurde. — La réciproque exprime la condition qui doit être remplie pour que par quatre points donnés, on puisse faire passer une circonférence.

Remarque. *Tout trapèze inscrit est isocèle, et réciproquement. — La somme de deux côtés opposés d'un quadrilatère circonscrit est égale à la somme des deux autres côtés, et réciproquement* (à démontrer).

PROPOSITION XX.

88. — Théorème. *A tout polygone régulier on peut circonscrire un cercle ; et on peut inscrire un cercle dans le même polygone (fig.* 62).

1° Les perpendiculaires MO, NO, élevées sur les milieux de deux côtés consécutifs AB, BC, se rencontrent au centre O de la circonférence qui passe par les trois points A, B, C (49) ; cette même circonférence passera par le sommet suivant D.

Car si l'on fait tourner le quadrilatère OABN autour de ON, comme l'angle droit ONB=ONC, le côté NB couvrira son égal, et, à cause de l'égalité des angles ABN, NCD du polygone, BA coïncidera avec son égal CD ; ainsi, le point A tombant en D, le rayon OA=OD. Donc la circonférence OA passera le sommet D. On démontrera de même que OB=OE, etc. ; donc, la circonférence OA sera circonscrite au polygone donné.

2° Les perpendiculaires OM, ON, OP..., étant égales, comme mesurant les distances du centre de la circonférence OA à des cordes égales AB, BC, CD... (72), il s'ensuit que la circonférence décrite du centre O et du rayon OM, touchera en son milieu, chacun des côtés du polygone donné ; donc la circonférence OM sera inscrite dans le polygone.

Remarques. I. *Un polygone inscrit est régulier, s'il est équilatéral. — Un polygone circonscrit est régulier, s'il est équiangle* (à démontrer).

II. Le centre O des cercles inscrit et circonscrit se nomme le *centre du polygone régulier*. Les angles au centre AOB, BOC..., sont tous égaux ; et chacun d'eux vaut 4 *dr.* divisé par le nombre *n* des côtés du polygone, c'est-à-dire $\frac{4}{n}$. Donc, *l'angle au centre AOB est le supplément de l'angle du polygone.*

III. *Quatre sommets consécutifs* A, B, C, D *sont ceux d'un quadrilatère inscriptible* (87) ; d'où résulte une autre démonstration du théorème précédent.

IV. Le rayon du cercle inscrit dans un polygone régulier, se nomme *apothème*.

Problèmes relatifs aux deux premiers livres.

PROBLÈME PREMIER.

89. *Par un point donné, mener une perpendiculaire à une droite donnée.*

1° *Si le point donné* C (*fig.* 63) *est sur la droite donnée* AB, prenez des longueurs égales CA, CB, puis des points A, B, comme centres avec un rayon plus grand que CA, décrivez deux arcs qui se coupent en un point D, et menez la droite indéfinie CD, qui sera perpendiculaire demandée ; car cette ligne n'est autre que la perpendiculaire élevée sur le milieu de AB (27, R).

2° *Si le point* C *est donné à l'extrémité d'une droite que l'on ne peut prolonger* (*fig.* 64), d'un centre O, pris hors de cette droite, avec le rayon OC, décrivez une circonférence ; par le point A, où la circonférence coupe la droite donnée, menez le diamètre AOB, puis la droite indéfinie CD, qui sera la perpendiculaire demandée. Car, ACD est un angle droit (83, c. II).

3° *Si le point C est donné hors de la droite (fig. 65)*, des centres A, B, pris à volonté sur la droite, et des rayons AC, BC, décrivez deux arcs qui se coupent en un point D, et tirez la droite CD, qui sera la perpendiculaire demandée ; car **AB** est perpendiculaire sur le milieu de CD (27, R).

PROBLÈME II.

90. *Elever une perpendiculaire sur le milieu d'une droite donnée (fig. 66)*.

Des extrémités A, B, comme centres, avec un même rayon plus grand que la moitié de AB, décrivez des arcs qui se coupent en C et en D ; la droite CD sera perpendiculaire sur le milieu de AB (27, R).

PROBLÈME III.

91. *En un point d'une droite, faire un angle égal à un angle donné (fig. 67)*;

Soient donnés l'angle A et le point D de la droite DE. Des centres A, D, avec un même rayon arbitraire, AB=DE, décrivez l'arc BC et l'arc indéfini EH ; sur celui-ci prenez l'arc EF égal à BC (70), et joignez DF. L'angle EDF sera égal à l'angle donné A (71).

Remarques. I. *Pour tracer la bissectrice d'un angle donné A (fig. 68)*, du sommet A comme centre, avec un rayon AB, décrivez d'abord l'arc BC ; puis des centres B, C, avec un même rayon, décrivez deux arcs qui se coupent en un point D ; AD sera bissectrice de l'angle A. Car cette droite étant perpendiculaire sur le milieu de la corde CB (90), divise l'angle A en deux parties égales (69).

II. La même construction sert à diviser un arc en deux parties égales, et ensuite, par des subdivisions successives, on pourra le diviser en 4, 8, 16, etc. parties égales.

III. *Si le centre de l'arc n'était pas marqué*, on le déterminerait d'abord, en menant deux perpendiculaires sur les

7

milieux de deux cordes quelconques (90); ou bien, on élève-
rait une perpendiculaire sur le milieu de la corde qui joint
ses extrémités.

PROBLÈME IV.

92. — *Par un point donné, mener une parallèle à une
droite donnée (fig. 69).*

Soient AB la droite et C le point donnés. La parallèle cherchée doit faire avec une sécante CB un angle égal à CBA
(32, 1°). Ainsi, ayant mené une sécante CB, des centres B, C
avec le rayon BC, décrivez l'arc CA et l'arc indéfini BD;
ensuite, prenez l'arc BD égal à CA, et tirez la droite indéfinie
CD, qui sera la parallèle demandée. Car les angles alternes-
internes ABC, BCD étant égaux (91), les droites AB, CD sont
parallèles (33, 1°).

PROBLÈME V.

93. — *Construire le triangle dont on connaît (fig. 70).*
1° *Les trois côtés* a, b, c.
Ayant tiré la droite AB égale au côté *a*, des points A, B
comme centres et des rayons respectifs *b*, *c*, décrivez deux arcs
qui se coupent en C, et joignez AC, BC; ABC sera le triangle
demandé (42, c.) — Le problème est toujours possible lorsque le plus grand côté est moindre que la somme des deux
autres (76).
2° *Deux côtés* a, b, *avec l'angle compris* A.
Faites l'angle BAC égal à l'angle donné A; prenez ensuite
AB=*a*, AC=*b*, et joignez BC ; ABC sera le triangle requis
(43, c.) — Ce problème a toujours une solution.
3° *Un côté* a *et les deux angles adjacents* A, B.
Tracez la droite AB égale au côté *a*, faites au point A l'angle
BAC=A, et au point B l'angle ABC=B (91); ABC sera le
triangle demandé. — Si le côté donné *b* devait être opposé à
l'un des angles donnés B, après avoir fait l'angle BAC=A,
puis, en un point B' de AB, l'angle AB'C'=B, par le point C,
tel que AC=*b*, on mènerait CB parallèle à B'C'.

Remarque. Le 3e cas donne le moyen de trouver le supplément de la somme de deux angles donnés A, B, problème qu'on peut aussi résoudre en faisant en un point deux angles consécutifs respectivement égaux à A et B, puis prolongeant un côté extérieur.

PROBLÈME VI.

94. *Décrire le triangle dont on connaît deux côtés et l'angle opposé à l'un d'eux (fig. 74).*

1er cas. *L'angle donné A est aigu.* — Faites l'angle HAC$=$A, prenez AC égal au côté adjacent b, ensuite du centre C et d'un rayon égal au côté a opposé à l'angle donné, décrivez un arc de cercle, qui rencontrera le côté AH,

1° En deux points B, B′, si le côté a est à la fois plus petit que CA ou b et plus grand que la perpendiculaire CD à AH. Il y aura donc alors deux solutions, savoir le triangle ABC et le triangle AB′C.

2° En un seul point B″, ou B‴, ou D, suivant que l'on a $a=$CB, ou $a>$CB, ou $a=$CD. Ainsi, il n'y aura qu'une solution, savoir le triangle ACB″, ou ACB‴, ou le triangle rectangle ACD.

Le problème serait impossible si le côté $a<$CD.

2e cas. *L'angle donné A est droit ou obtus.* — La construction est la même que dans le premier cas, mais le problème n'a jamais qu'une solution (45), et il serait impossible si le côté a était moindre que b.

PROBLÈME VII.

95. *Par un point extérieur, mener une tangente à un cercle (fig. 72).*

Soit A le point extérieur au cercle O. Joignez le centre O au point A ; sur la droite OA, comme diamètre, décrivez une circonférence, qui coupera la circonférence O en deux points

B, B′; les droites AB, AB′ seront tangentes à la circonférence O. Car les angles OBA, OB′A, étant inscrits chacun dans un demi-cercle, sont droits (83, c. II); donc (74) ces droites sont tangentes à la circonférence O.

Remarque. *Lorsque le centre n'est pas marqué*, on le déterminera en menant des perpendiculaires MO, NO (*fig*. 46) sur les milieux de deux cordes quelconques. Quand le point est donné sur la circonférence, la perpendiculaire au rayon mené à ce point, sera la tangente demandée (74, c.)

PROBLÈME VIII.

96. *Sur une droite donnée de longueur, décrire un segment de cercle capable d'un angle donné (fig. 78).*

Soient AB la droite et M l'angle donnés. Tout angle ANB inscrit dans le segment cherché doit être égal à l'angle M Mais la tangente BC fait avec AB l'angle ABC=ANB (83, 84), donc ABC=M. Ainsi, le centre O sera déterminé par les perpendiculaires DO sur le milieu de la corde AB (69, c.) et BO sur BC. D'où résulte la construction suivante :

Au point B, extrémité de la droite donnée AB, faites l'angle ABC=M ; menez les perpendiculaires DO sur le milieu de AB et BO sur BC ; du centre O et du rayon OB, décrivez une circonférence qui passera par les points A, B. Le segment demandé sera ANNB ; car l'angle ANB=ABC=M (83, 84).

Lorsque M est un angle droit, le segment est un demi-cercle, dont AB est le diamètre.

Méthode. Comme les problèmes qui précèdent sont très-faciles, nous nous sommes borné à indiquer les constructions qui conduisent à la solution cherchée, et qu'il est important de savoir exécuter avec promptitude et précision.

Pour résoudre des problèmes plus compliqués, on tracera d'abord (comme si le problème était résolu) une *figure inexacte* et, s'il est nécessaire, quelques *lignes auxiliaires*; ensuite, des propriétés de cette figure, on déduira une suite de conséquences qui mènent à la solution cherchée ; la solution trouvée, on fera la construction exacte et on en donnera la démonstration. Cette méthode, dite *analytique*, comprend : 1° l'*analyse* du problème, qui a pour but de trouver un moyen de solution ; 2° la *synthèse* ou *construction*, qui prescrit les constructions à faire pour tracer la figure exacte ; 3° enfin la *démonstration*, qui consiste à prouver que ces constructions conduisent à la solution demandée.

PROBLÈME IX.

97. — *Etant donné un triangle, mener à la base une parallèle qui retranche des deux autres côtés des segments dont la somme soit égale à la base (fig. 74).*

Analyse. — Soit DH la parallèle cherchée, telle que BD+CH=BC. Je prends sur BC le point O de telle sorte que BO=BD, CO=CH. et je mène OD, OH. A cause du triangle isocèle OBD et de DH parallèle à BC, l'angle DOB=ODB=ODH (47, 32) ; donc DO est bissectrice de l'angle BDH. Par la même raison, HO est bissectrice de DHC. Il suit de là que le point O est également distant des trois droites BD, DH, BC et, par conséquent, appartient à la bissectrice de l'angle BAC (49).

Construction. — Menez la bissectrice AO de l'angle du sommet BAC ; prenez ensuite BD=BO, CH=CO, et joignez DH, qui sera la parallèle demandée.

Démonstration. — En effet, les distances du point O aux côtés AB, AC sont égales (49, c. III) ; or, à cause des deux triangles isocèles BDO, CHO, ces distances sont respectivement égales à celles des points D, H à BC ; donc DEFH est un rectangle, et par suite DH est parallèle à BC.

Remarque. Après avoir déterminé le point D, on peut mener DH parallèle à BC ; OD, OH seront bissectrices des angles BDH, DHC ; etc.

PROBLÈME X.

98. — *Par un point donné dans un angle, mener une droite limitée aux côtés de l'angle et qui soit divisée par le point en deux parties égales (fig. 75).*

Soient O le point et A l'angle donnés. Soit BC la droite demandée, telle qu'on ait OB=OC. La droite OD parallèle à AB, divise AC en deux parties égales AD, DC (59, R). Mais le point D étant déterminé par la parallèle OD à AB, on connaît AD, et par suite DC ; donc la droite CB sera déterminée par la construction suivante :

Par le point donné O, menez OD parallèle à AB ; prenez DC=AD, et tirez COB, qui sera la droite demandée (59, R).

Remarque. *Par un point O′ donné hors d'un angle A, on peut mener une droite O′BC telle, que O′B=BC.* — On trouvera, comme ci-dessus, la construction suivante :

Menez O′D′ parallèle à AC ; divisez AD′ au point B en deux parties égales (90), et tirez O′BC, qui sera la droite cherchée (à démontrer) ; ou bien, prenez AB=O′D′ et tirez O′BC.

PROBLÈME XI.

99. — *Mener une tangente commune à deux cercles donnés (fig. 76).*

1° Soit AB une tangente extérieure, touchant en A et B les deux circonférences données O et O′. Si l'on mène O′D parallèle à AB, la figure ABO′D sera un rectangle (74, 31), et on aura AD=O′B ; par suite OD=OA—O′B ; ainsi, puisque l'angle ODO′ est droit, le point D sera déterminé par l'intersection des deux circonférences décrites, l'une sur OO′ comme diamètre (83), l'autre du centre O et du rayon OD =OA—O′B.

Construction.—Décrivez deux circonférences, l'une sur OO′ comme diamètre, l'autre du centre O et d'un rayon OD égal à la différence OA—O′B des rayons donnés, ce qui donnera les points D, D'; menez ensuite les rayons ODA, OD'A' et leurs parallèles O'B, O'B'; enfin tirez les droites AB, A'B', qui seront deux tangentes extérieures (à démontrer).

2° Soit CE une tangente intérieure. Par un raisonnement semblable au précédent, on trouvera le moyen de solution suivant :

Décrivez deux circonférences, l'une sur OO' comme diamètre, l'autre du centre O et du rayon OH=OC+O'E', somme des rayons donnés, ce qui déterminera les points H, H'; menez ensuite OH, OH', et leurs parallèles O'E, O'E; tirez CE, C'E', qui seront deux tangentes intérieures (à démontrer).

Remarque. Le problème proposé a quatre solutions, trois, deux, une seule, ou aucune, suivant que les deux cercles sont extérieurs l'un à l'autre, se touchent extérieurement, se coupent, se touchent intérieurement, ou sont intérieurs l'un à l'autre.

PROBLÈME XII.

100. *Décrire le triangle connaissant un côté, l'angle opposé et la somme des deux autres côtés (fig. 77).*

Soit ABC le triangle demandé, dans lequel on connaît le côté BC, l'angle BAC, et la somme AB+AC des deux autres côtés. Si l'on fait passer une circonférence par les trois sommets, le segment BAC sera capable de l'angle donné A (83) et pourra être décrit (96). De plus, si l'on prolonge BA de AD =AC, on aura l'angle extérieur BAC=2D (40, 47), d'où D $=\frac{1}{2}$ BAC ; ainsi le point D devra se trouver sur l'arc du segment capable de l'angle $\frac{1}{2}$ BAC, et sur la circonférence ayant le point B pour centre et la droite donnée BD pour rayon.

Construction. — Sur le côté donné BC, décrivez (96) deux segments capables des angles connus BAC, BDC=$\frac{1}{2}$ BAC ; du centre B et d'un rayon BD égal à la somme donnée, coupez l'arc du second segment en D, D'; menez BD, BD', qui, par leur intersection avec l'arc du premier segment, détermineront les sommets A, A'; les triangles ABC, A'BC, seront deux solutions du problème proposé (à démontrer).

Remarque. Il y aura deux solutions *égales*, une seule ou aucune, selon que la somme donnée BD est inférieure, égale ou supérieure à 2BO' (76); BD devant, d'ailleurs, être plus grand que BC.

***100** *bis.* — **Lieux géométriques.** — Une ligne dont tous les points satisfont à une même condition ou ont une même propriété, s'appelle *lieu géométrique*. Exemples :

1° La perpendiculaire élevée sur le milieu d'une droite est le lieu géométrique de tous les points également distants chacun des deux extrémités de cette droite (27);

2° La bissectrice d'un angle est le lieu géométrique des points également distants chacun des deux côtés de l'angle (49, c. III);

3° Une parallèle à une droite est le lieu des points qui sont chacun à une même distance de cette droite (31);

4° La circonférence est le lieu des points qui sont chacun à une même distance du centre;

5° Le lieu des sommets de tous les triangles rectangles de même hypoténuse, est la circonférence qui a cette hypoténuse pour diamètre (83, c. II);

6° Le lieu des sommets de tous les triangles de même base et de même angle opposé, est l'arc du segment décrit sur la base et capable de l'angle constant (83, c. I).

PROBLÈME XIII.

***101.** — *Trouver le lieu géométrique des centres des cercles inscrits dans tous les triangles de même base et de même angle opposé (fig. 78).*

Soit ABC un triangle quelconque pris parmi tous ceux qui ont la même base BC et un angle opposé égal à BAC. Si l'on fait passer une circonférence par les trois sommets, l'arc BMAC sera le lieu des sommets de tous les triangles en question (100). Cela posé, soit O le centre du cercle inscrit dans le triangle ABC (86, 2°), on aura l'angle BOD+DOC ou BOC $=A+\frac{1}{2}(B+C)=\frac{1}{2}A+$ un droit (40); ainsi, l'angle BOC étant constant, le point O sera situé sur l'arc du segment décrit sur BC et capable de l'angle $\frac{1}{2}A+1dr$. On reconnaît aisément que ce segment a pour centre le milieu D de l'arc BDC (96). Donc, *le lieu demandé est l'arc BOC décrit du centre D, milieu de l'arc BDC, et du rayon DB.*

Remarques. I. On trouvera de même que *le lieu des centres des cercles qui touchent le côté BC et les prolongements des deux autres côtés des mêmes triangles, est l'arc B'O'C' décrit du centre D et du rayon DB'$=$DB.* — Ces cercles sont dits *exinscrits* aux triangles.

II. Pour application, on peut résoudre ces deux problèmes: *construire le triangle dans lequel on connaît un côté* et 1° les rayons des cercles inscrit et circonscrit; 2° le rayon du cercle circonscrit et celui d'un cercle exinscrit.

PROBLÈME XIV.

***102**. *Trouver le lieu des milieux de toutes les droites menées d'un point à une circonférence (fig. 79).*

Soient donnés le point A et la circonférence O. Soit M le milieu d'une droite quelconque AB, qui joint le point A à un point B de la circonférence. Si l'on joint le point M avec le milieu C de la droite AO, on aura MC$=\frac{1}{2}$OB (59); donc la distance du point C à tous les points milieux M des droites menées du point A à la circonférence O, est constante et égale à la moitié du rayon OB. Le lieu cherché est donc *la circonférence décrite du centre C, milieu de AO, et d'un rayon égal à $\frac{1}{2}$ OB.*

Remarques. I. Le point donné peut être intérieur au cercle ou situé sur la circonférence donnée.

II. Pour application, on peut résoudre ce problème : *par un point A donné hors d'un cercle O, mener une droite ter-*

minée à la circonférence et qui soit divisée par celle-ci en deux parties égales.

PROBLÈME XV.

*103. *Construire le triangle, connaissant un angle et deux médianes (fig. 80).*

Soit ABC le triangle demandé, dans lequel on suppose connus l'angle B, et les deux médianes AD, CE. Si l'on fait passer une circonférence par les points A, B, D, le segment ADBM, capable de l'angle donné B, pourra être décrit (96), et l'arc AMD sera le lieu du sommet B. Le point E, milieu de AB, a pour lieu la circonférence décrite sur AO comme diamètre (102); de plus, à cause de $IE = \frac{1}{3} CE$ (7, page 32), ce même point se trouve sur un arc ayant pour centre le point I, déterminé par $DI = \frac{1}{3} AD$, et pour rayon $IE = \frac{1}{3} CE$.

Construction. — Sur une droite AD égale à l'une des deux médianes données, décrivez un segment capable de l'angle donné B (96); coupez la circonférence décrite sur AO comme diamètre, par un arc décrit du centre I, tel que $DI = \frac{1}{3} AD$, avec un rayon IE égal au tiers de l'autre médiane; tirez les droites AEB, BDC, EIC, AC; ABC sera le triangle requis.

PROBLÈME XVI.

104. *Décrire une circonférence qui passe par un point donné et qui touche en un point aussi donné, une droite ou une circonférence donnée de position.*

1° Si la circonférence cherchée doit passer par le point A (fig. 73) et toucher en B la droite tracée BC, elle aura son centre à l'intersection O des perpendiculaires, DO élevée sur le milieu de AB (69), et BO à BC (74); donc OB sera le rayon de la circonférence demandée.

2° Si la circonférence cherchée doit passer par le point B (fig. 81) et toucher en A la circonférence C, elle aura son centre à l'intersection O du rayon CA prolongé (77, c. 1) et de la perpendiculaire DO sur le milieu de AB ; donc, la circonférence demandée a pour centre le point O et pour rayon la droite OA.

Lorsque le point donné B' est dans le cercle donné C, la construction précédente détermine le cerc. O'A.

PROBLÈME XVII.

105. *Dans un cercle donné, inscrire les polygones réguliers de 3, 4, 6 côtés.*

Triangle équilatéral. On trouve, par une analyse facile, que le côté AC du triangle équilatéral inscrit est égal à la corde perpendiculaire sur le milieu d'un rayon OB (*fig.* 82).

Carré. Les sommets du carré inscrit sont les extrémités de deux diamètres perpendiculaires l'un à l'autre (*fig.* 83).

Hexagone régulier. On reconnaît d'abord que le côté AB de l'hexagone régulier inscrit (*fig.* 82) est égal au rayon du cercle. Il en résulte une construction facile à exécuter.

Nous laissons ces constructions à trouver et à démontrer.

Remarques. I. Si l'on divise en 2, 4,... parties égales, chacun des arcs sous-tendus par les côtés du triangle équilatéral et du carré, on déterminera les côtés des polygones réguliers inscrits de 6, 12, 24,... 8, 16, 32,... côtés.

II. Puisque le $\frac{1}{6}$ de la circonférence égale les $\frac{2}{3}$ du quadrant, *on peut toujours diviser un angle droit en trois parties égales.* — La division d'un angle quelconque en trois parties égales ne peut s'opérer par des constructions élémentaires.

PROBLÈME XVIII.

106. *Etant donnés un cercle et un polygone régulier inscrit, circonscrire au même cercle un polygone régulier d'un même nombre de côtés* (*fig.* 84).

Soit ABCDEF le polygone donné, inscrit dans le cercle OA. Au point P, milieu de l'arc APB, menez la tangente GH ter-

minée aux rayons OA, OB prolongés, ce qui donnera OG=
OH, à cause de l'égalité des triangles OPG, OPH, qui étant
rectangles en P, ont un côté commun OP et un angle égal
POG=POH ; ensuite du rayon OG décrivez une circonférence
qui rencontrera aux points I, K,... les rayons OC, OD,...
prolongés ; enfin joignez HI, IK,... et GHIKLM sera le polygone demandé.

En effet, les angles GHI, HIK,... sont égaux, comme
inscrits dans des segments égaux du cercle OG (83, c. I) ;
les côtés GH, HI,... sont égaux, comme étant des cordes
sous-tendant des arcs égaux GH, HI,... et sont par conséquent à la même distance OP du centre O (70. 74). Donc le
polygone GHIKLM est régulier et circonscrit au cercle OA.

Remarque. Réciproquement, *un polygone régulier circonscrit étant donné, on peut inscrire au même cercle un polygone régulier d'un même nombre de côtés.*

PROBLÈME XIX.

**106. bis. — Décrire le quadrilatère, connaissant deux
angles opposés, les deux diagonales et l'angle qu'elles forment
(fig. 85).*

Soit ABCD le quadrilatère dans lequel on connaît les angles
B, D, les diagonales AC, BD et l'angle AID que font celles-ci.
Les points B, D ont chacun pour lieu un arc de segment
décrit sur AC et capable d'un angle donné. Si du centre O,
on mène OH parallèle à BD, l'angle AKH sera égal à AID, et
prenant OH=BD, la figure OBDH sera un parallélogramme ;
donc HD=OB.

Construction. — Sur la diagonale AC, décrivez deux segments capables des angles donnés B, D ; par le centre O,
menez la droite OH de manière qu'elle fasse avec AC l'angle
AKH égal à l'angle que doivent former les diagonales ; prenez OH égale à la seconde diagonale, et enfin du centre H et
d'un rayon HD égal au rayon OB, coupez la circonférence O'

en D, D′; DB parallèle à OH sera la seconde diagonale et ABCD, le quadrilatère requis. — Cette construction est facile à démontrer ; et il est aisé de voir quand il y aura deux solutions, une seule, ou aucune.

PROBLÈME XX.

106 *ter.* — *Etant donnés deux cercles concentriques, mener par un point extérieur une sécante telle, que la partie comprise entre les deux circonférences soit d'une longueur donnée (fig. 86).*

Soit ABE la sécante demandée, telle que BC égale une droite donnée de longueur. Le triangle OBC est déterminé par ses trois côtés OB, OC, BC ; donc la hauteur OD de ce triangle est aussi déterminée, et ABE sera tangente à la circonférence décrite du centre O et du rayon OD. D'où résulte une construction qu'il est aisé d'indiquer et de démontrer. — Il y a deux solutions, une seule ou aucune.

Théorèmes à démontrer.

1. Les pieds des perpendiculaires abaissées des extrémités d'un diamètre sur une sécante ou sur une tangente, sont également distants des points de section ou du point de contact.

2. Si deux circonférences se coupent, les extrémités des deux diamètres menés par l'un des points d'intersection, sont en ligne droite avec le second point d'intersection.

3. Lorsque deux circonférences se coupent, de toutes les doubles cordes menées par l'un des points de section, la plus grande est parallèle à la ligne des centres.

4. Un triangle ABC étant inscrit dans un cercle, 1° un côté BC et la droite DH, qui joint l'extrémité du diamètre AD au point de rencontre H des trois hauteurs du triangle, se coupent mutuellement en deux parties égales ; 2° la bissectrice de l'angle A divise l'angle DAH en deux parties égales.

5. Les trois hauteurs d'un triangle sont les bissectrices des angles du triangle qui a pour sommets les pieds de ces hauteurs.

6. Les milieux des côtés d'un triangle et les pieds des trois hauteurs sont six points situés sur une même circonférence.

                                GÉOMÉTRIE.

7. Les extrémités de deux doubles cordes menées par le point de contact de deux cercles tangents, déterminent deux cordes parallèles.

8. Les bissectrices des angles d'un quadrilatère, ainsi que celles des suppléments de ces angles, se coupent au sommet d'un quadrilatère inscriptible.

9. Deux triangles inscrits dans deux cercles égaux sont égaux, lorsqu'ils ont 1° deux angles ou deux côtés égaux chacun à chacun ; 2° un angle égal et un côté adjacent égal.

10. Deux triangles circonscrits à deux cercles égaux sont égaux, lorsqu'ils ont 1° deux angles égaux chacun à chacun ; 2° un côté égal et un angle égal.

Problèmes à résoudre.

1. Trouver sur une droite donnée un point également distant de deux points donnés, ou de deux droites données.

2. Par un point donné, mener une droite également éloignée de deux points donnés.

3. Par un point donné, mener une droite qui rencontre une droite donnée sous un angle donné, ou qui fasse avec deux droites données deux angles intérieurs égaux.

4. Trouver sur une droite un point tel, que les deux droites qui le joignent à deux points donnés, fassent des angles égaux avec la droite donnée.

5. Trouver sur les côtés d'un angle donné deux points tels, qu'en les joignant entre eux et à deux points situés dans l'angle, par des droites, celles-ci fassent avec les côtés de l'angle deux couples d'angles égaux.

6. Tracer la bissectrice de l'angle que forment deux droites données que l'on ne peut prolonger jusqu'à leur rencontre.

7. Dans un angle donné, mener une droite donnée de longueur, également inclinée sur les côtés, ou parallèle à une droite donnée de position.

8. Par un point donné, mener une droite sur laquelle deux parallèles données interceptent une longueur donnée.

9. Dans un triangle donné, mener une parallèle à un côté, qui ait une longueur donnée, ou qui soit égale à la somme des segments qu'elle retranche des deux autres côtés.

---

10. Par un point donné, mener à une circonférence donnée une sécante telle, que la corde interceptée ait une longueur donnée, ou fasse un angle donné avec la tangente menée à un des points de section.

11. Etant **données** deux circonférences, mener une droite tangente à l'une et sécante à l'autre, de manière que la corde interceptée ait une longueur donnée.

12. Par l'extrémité A d'un diamètre AB, mener une sécante AD, terminée à la tangente en B, et divisée en C par la circonférence, de telle sorte que CB=CD.

13. Avec un rayon donné décrire une circonférence, 1° passant par deux points ; 2° passant par un point et tangente à une droite ou à une circonférence ; 3° tangente à deux droites, ou à une droite et à une circonférence, ou à deux circonférences ; 4° tangente à une droite ou à une circonférence, et ayant son centre sur une ligne donnée.

14 Décrire une circonférence qui touche, 1° une droite ou une circonférence en un point donné et qui passe par un point donné ; 2° deux droites, ou une droite et une circonférence, ou deux circonférences, l'une en un point donné.

15. Trouver un point d'où deux droites données de longueur et de position, soient vues sous un même angle donné. — Même problème pour deux cercles donnés.

16. Par deux points donnés, mener deux droites qui se coupent sur une ligne donnée sous un angle donné.

17. Par l'un des points d'intersection de deux circonférences, mener une double corde qui soit divisée en deux parties égales par ce point, ou qui ait une longueur donnée.

---

18. *Construire le triangle rectangle dont on connaît :* L'hypoténuse et 1° un côté ; 2° un angle aigu ; 3° la hauteur correspondante ; 4° la somme ou la différence des côtés de l'angle droit ; 5° la différence des segments que détermine sur l'hypoténuse la hauteur correspondante ; 6° le rayon du cercle inscrit.

19. *Décrire le triangle rectangle, connaissant :* 1° un côté et la somme ou la différence des deux autres ; 2° un angle et le rayon du cercle inscrit ; 3° un angle et le périmètre.

20. *Construire le triangle dont on connaît :* Deux côtés et 1° une hauteur (2 cas) ; 2° une médiane (2 cas) ; 3° le rayon du cercle circonscrit ; 4° le point où le cercle inscrit touche l'un des deux côtés donnés.

21. *Décrire le triangle dont on connaît :* Un côté, un angle adjacent et 1° une hauteur (2 cas) ; 2° une médiane (3 cas) ; 3° la bissectrice partant d'une extrémité du côté donné (2 cas) ; 4° la somme ou la différence des deux autres côtés ; 5° le rayon du cercle inscrit ou circonscrit.

22. *Tracer le triangle, connaissant :* Un côté, l'angle opposé et 1° une hauteur (2 cas) ; 2° une médiane (2 cas) ; 3° le rayon du cercle inscrit ; 4° la somme ou la différence des deux autres côtés ; 5° la différence des segments que détermine sur le côté donné la bissectrice de l'angle opposé.

23. *Construire le triangle dont on connaît :* Un côté et 1° deux hauteurs (2 cas) ; 2° deux médianes (2 cas) ; 3° les rayons des cercles inscrit et circonscrit ; 4° une hauteur et une médiane (4 cas) ; 5° la hauteur et la bissectrice de l'extrémité du côté connu ; 6° le rayon du cercle inscrit ou circonscrit avec la somme ou la différence des deux autres côtés.

24. *Décrire le triangle, connaissant :* Deux angles et 1° une hauteur ; 2° une médiane ; 3° une bissectrice ; 4° le périmètre ; 5° le rayon du cercle inscrit ou circonscrit.

25. *Construire le triangle dont on connaît :* Un angle et 1° deux hauteurs (2 cas) ; 2° deux médianes (2 cas) ; 3° la bissectrice de cet angle et une hauteur (2 cas) ; 4° le périmètre et le rayon du cercle inscrit ou circonscrit ; 5° la bissectrice de cet angle et le rayon du cercle inscrit ; 6° la hauteur et la médiane correspondantes à un côté de cet angle ; 7° les rayons des cercles inscrit et circonscrit ; 8° le périmètre et une hauteur (2 cas).

---

26. *Construire le triangle dont on connaît :* 1° Les trois médianes ; 2° deux médianes et une hauteur (2 cas) ; 3° la hauteur, la médiane et la bissectrice partant d'un même sommet ; 4° de position les pieds des trois hauteurs ou des trois médianes.

27. *Construire le carré dont on connaît* la somme ou la différence de la diagonale et du côté.

28. *Construire le trapèze dans lequel on connaît :* 1° les quatre côtés ; 2° une base, la hauteur et les côtés latéraux ou les diagonales ; 3° les bases, la droite qui joint leurs milieux et la hauteur ou un côté ; 4° de position les milieux des quatre côtés et la droite qui joint les milieux des deux diagonales.

29. *Construire le quadrilatère connaissant :* 1° Deux angles opposés, les diagonales et l'angle qu'elles forment ; 2° les quatre côtés et la droite qui joint les milieux de deux côtés opposés ou celle qui joint les milieux des deux diagonales ; 3° de position les milieux de trois côtés et le point d'intersection des diagonales.

30. Construire le pentagone dont on connaît de position les milieux des cinq côtés.

31. Sur les côtés d'un polygone régulier donné, déterminer les sommets d'un polygone régulier d'un nombre double de côtés.

32. Sur deux parallèles données, trouver les extrémités d'une parallèle à une droite donnée, et base d'un triangle isocèle dont le sommet soit en un point donné.

33. Etant donnés deux couples de droites parallèles, mener par un point une sécante sur laquelle les deux couples de parallèles interceptent des longueurs égales.

34. A un triangle donné, circonscrire 1º un triangle égal à un triangle donné ; 2º le plus grand triangle équilatéral.

35. Par le point de contact de deux circonférences, mener une double corde égale à une longueur donnée.

36. Trouver dans l'intérieur d'un triangle un point tel, que les droites qui le joignent aux trois sommets, fassent des angles égaux, entre elles, ou bien avec les côtés pris dans le même sens.

37. Décrire trois circonférences tangentes entre elles, les centres étant trois points donnés.

38. Dans un triangle équilatéral, inscrire trois circonférences tangentes entre elles et chacune à deux côtés.

39. Par deux points d'une circonférence, mener deux cordes parallèles dont la somme ait une longueur connue.

40. Par un point extérieur à un cercle, mener une droite qui ait son milieu sur la circonférence de ce cercle.

41. Trouver le lieu des points tels, que la somme des distances de chacun d'eux à deux droites données soit d'une longueur donnée.

42. Trouver le lieu des milieux des cordes d'un même cercle, qui concourent en un même point intérieur ou extérieur à ce cercle.

43. Trouver le lieu des points de rencontre des trois hauteurs de tous les triangles qui ont même base et même angle opposé.

44. Décrire le triangle dont on connaît un côté, l'angle opposé et la distance à ce côté du point de rencontre des trois hauteurs.

LIVRE III.

LES FIGURES CONSIDÉRÉES SOUS LE RAPPORT DE LEUR SIMILITUDE.

---

§ I. Lignes proportionnelles et figures semblables.

PROPOSITION PREMIÈRE.

107. — **Lemme**. *Dans tout triangle ABC, si des parallèles DG, EH,... à un côté BC divisent un second côté AB en parties égales, ces parallèles diviseront le troisième côté AC en un même nombre de parties égales (fig. 87).*

Car si l'on mène DK parallèle à AC, les triangles ADG, DEK auront le côté AD=DE adjacent à des angles égaux chacun à chacun, l'angle DAG=EDK et ADG=DEK, comme angles correspondants; donc ces triangles seront égaux, et AG=DK; donc, puisque la figure DGHK est un parallélogramme, AG=DK=GH. On démontrerait de la même manière que AG=HI, et ainsi de suite. Donc, les parallèles à BC qui divisent AC en parties égales, divisent aussi BC en autant de parties égales.

PROPOSITION II.

108. — **Théorème**. *Toute parallèle à l'un des côtés d'un triangle divise les deux autres côtés en parties proportionnelles entre elles et à ces côtés.*

Soit DE une parallèle à BC (*fig.* 88 *et* 89) ; on aura :

AB : AD=AC : AE, AB : DB=AC : EC, AD : DB=AE : EC.

1° Si les droites AB, AD sont commensurables entre elles (79), soit divisée AB en parties égales à la commune mesure, contenue 7 fois, par exemple, dans AB et 4 fois dans AD. Les parallèles à BC, menées par les points de division, partageront le côté AC en 7 parties égales, dont AE en contiendra 4 (107). On aura donc AB : AD=7 : 4 et AC : AE=7 : 4 ; d'où résulte (80) AB : AD=AC : AE.

On démontrera de même que AB : BD=AC : EC ; donc aussi AD : BD=AE : EC.

2° Si AB, AD (*fig.* 89) sont incommensurables (79), soit divisée AB en un nombre quelconque n de parties égales ; AD contiendra un nombre m de ces parties avec un reste $DI < \dfrac{AD}{m}$, et si l'on mène IH parallèle à BC, on aura (1°)

$$AB : AD - DI = AC : AE - EH = m : n.$$

Or, si le nombre n augmente indéfiniment, le reste DI décroît jusqu'à zéro, et par suite le rapport $m : n$ rationnel converge indéfiniment vers les rapports limites AB : AD, AC : AE ; donc ces rapports sont égaux (80), et l'on a AB : AD= AC : AE. On a de même AB : DB=AC : EC, et AD : DB= AE : EC.

Corollaire. *Les segments de deux droites AG, BH, coupées par des parallèles AB, CD, EF,... sont proportionnels* (*fig.* 90). Car AK parallèle à BH donne AC : AI=CE : IK, ou AC : BD=CE : DF, à cause des parallélogrammes AB, IF. On démontrera de même que CE : DF=EG : FH ; et ainsi de suite. Donc AC : BD=CE : DF=EG : FH.

PROPOSITION III.

109. — **Réciproque**. *Une droite DE qui divise deux côtés d'un triangle ABC en parties proportionnelles à ces côtés, est parallèle au troisième côté* (*fig.* 89).

Car, la proportion donnée étant par ex. AB : AD=AC : AE, si DE n'était pas la parallèle à BC, menée par le point D, en menant DO parallèle à BC, on aurait (108) AB : AD=AC : AO, et, par suite, AO=AE, ce qui est absurde ; donc, la parallèle à BC, menée par le point D, ne peut être que DE.

110. — Deux triangles sont dits *semblables* lorsqu'ils ont deux angles égaux chacun à chacun, c'est-à-dire lorsqu'ils sont *équiangles entre eux*.

Les côtés opposés à des angles égaux sont appelés *côtés homologues* ; ces angles eux-mêmes et leurs sommets sont appelés *angles et sommets homologues*.

PROPOSITION IV.

111. — **Théorème.** *Deux triangles semblables ont les côtés homologues proportionnels* (*fig.* 91).

Soient les triangles ABC, DEF, tels que l'angle A=D, l'angle B=E, et, par suite, l'angle C=F ; je dis que les côtés homologues ou opposés aux angles égaux seront proportionnels, c'est-à-dire que l'on aura :

AB : DE=AC : DF=BC : EF.

Car, si, sur le côté AB homologue à DE, on prend AG=DE, et que par le point G, on mène les parallèles GH à BC et GK à AC, on aura (108) AB : AG=AC : AH et AB : AG=BC : CK ; d'où, à cause du rapport commun et de GH=CK, puisque GHCK est un parallélogramme,

AB : AG=AC : AH=BC : GH.

Mais les triangles AGH, DEF, ayant le côté AG=DE adjacent à des angles égaux chacun à chacun, l'angle A=D, l'angle AGH=B=E, il s'ensuit que AH=DF, GH=EF ; donc, remplaçant AG par DE, et GH par EF, on aura :

AB : DE=AC : DE=BC : EF.

PROPOSITION V.

112. — **Réciproque.** *Deux triangles qui ont les côtés proportionnels, sont semblables* (fig. 91).

Soient les triangles ABC, DEF, tels qu'on ait AB : DE=AC : DF=BC : EF ; je dis que les angles opposés aux côtés proportionnels seront égaux, savoir A=D, B=E, C=F.

Car si l'on prend AG=DE et que par le point G on mène GH, parallèle à BC, les triangles équiangles ou semblables, ABC, AGH, donneront (114), en mettant pour AG son égale DE,

$$AB : DE = AC : AH = BC : GH ;$$

or, on a, par hypothèse,

$$AB : DE = AC : DF = BC : EF ;$$

donc AH=DF, GH=EF, et par conséquent les triangles AGH, DEF, ayant les trois côtés égaux chacun à chacun, sont équiangles (46). Donc le triangle ABC, équiangle ou semblable au triangle AGH, par construction, est aussi équiangle ou semblable au triangle DEF.

PROPOSITION VI.

113. — **Théorème.** *Deux triangles sont semblables, lorsqu'ils ont un angle égal compris entre côtés proportionnels* (fig. 91).

Soient les tr. ABC, DEF, tels qu'on ait l'angle A=D et la proportion AB : DE=AC : DF ; je dis que ces triangles seront équiangles ou semblables.

Car, ayant pris AG=DE, si l'on mène GH parallèle à BC, les triangles semblables ABC, AGH donneront (114), en mettant DE à la place de son égale AG,

$$AB : DE = AC : AH ;$$

mais, par hypothèse,

$$AB : DE = AC : DF ;$$

donc AH=DF, et par conséquent les tr. AGH, DEF, ayant un

angle A$=$D compris entre côtés égaux chacun à chacun, sont équiangles (46). Donc le tr. ABC, semblable à AGH, par construction, est aussi semblable à DEF.

PROPOSITION VII.

114. — **Théorème.** *Deux triangles sont semblables, lorsqu'ils ont les côtés parallèles ou perpendiculaires chacun à chacun.*

Car, 1° si les côtés AB, AC, BC du tr. ABC sont respectivement parallèles aux côtés DE, DF, EF du tr. DEF (*fig.* 91), puisque chaque triangle ne peut avoir qu'un angle obtus, deux des angles qui ont leurs côtés parallèles ch. à ch., A et D par exemple, seront tous deux aigus et par conséquent égaux (35). De plus les angles B et E, C et F seront aussi égaux ; car s'ils étaient supplémentaires, c'est-à-dire si l'on avait B$+$E$=$2 *dr.* et C$+$F$=$2 *dr.*, la somme des angles des deux triangles serait plus grande que 4 *dr.*, ce qui est impossible. Donc, les deux triangles proposés sont équiangles ou semblables.

2° Si les côtés AB, AC, BC sont respectivement perpend. aux côtés DE, DF, EF (*fig.* 92), deux des angles, A et D par ex., seront tous deux aigus et par conséquent égaux (36). De plus, les angles B et E, C et F seront aussi égaux ; car s'ils étaient supplémentaires, la somme des angles des deux triangles surpasserait 4 *dr.*, ce qui est impossible. Donc, les deux triangles proposés sont équiangles ou semblables.

Il est remarquer que deux côtés parallèles ou perpendiculaires entre eux, AB et DE par ex.; sont opposés à deux angles égaux C et F ; donc *les côtés parallèles* ou *perpendiculaires entre eux sont les côtés homologues*, de sorte qu'on a :

$$AB : DE = AC : DF = BC : EF.$$

Remarque. *Deux triangles semblables sont décomposés en triangles semblables chacun à chacun*, 1° par les hauteurs correspondantes à deux côtés homologues ; 2° par les bissectrices de deux angles homologues ; 3° par les médianes correspondantes à deux côtés homologues ; 4° par les droites qui joignent deux sommets homologues à des points qui divisent les côtés opposés dans un même rapport ; 5° par les droites qui joignent les sommets aux centres de gravité, ou aux centres des cercles inscrits ou circonscrits (*à démontrer*).

115. — Deux polygones sont dits *semblables* lorsqu'ils sont composés d'un même nombre de triangles semblables chacun à chacun et semblablement placés. Tels seront les polygones ABCDE, A'B'C'D'E' ((*fig.* 93), si les tr. ABC et A'B'C', ACD et A'C'D', ADE et A'D'E' sont semblables et ont, en outre, les points A et A' pour sommets homologues. Cette dernière condition exprime que les triangles semblables sont semblablement disposés, ou que les angles BAE et B'A'E' sont composés d'angles égaux chacun à chacun.

PROPOSITION VIII.

116. — **Théorème.** *Deux polygones semblables ont les angles égaux chacun à chacun et les côtés homologues proportionnels* (*fig.* 93).

Car, 1° puisque, par hypothèse, les tr. ABC et A'B'C', ACD et A'C'D',... sont semblables et semblablement disposés (115), les angles de ces triangles sont égaux ch. à ch. ; donc ABC est égal à A'B'C' ; l'angle BCD est égal à B'C'D', comme étant composés de deux angles égaux ch. à ch., savoir : BCA=B'C'A' et ACD=A'C'D'; et ainsi de suite. Donc les deux polygones proposés sont *équiangles entre eux.*

2° La similitude des mêmes triangles donne la suite de rapports égaux (111) :

$$AB : A'B' = BC : B'C' = AC : A'C' = CD : C'D' = \text{etc} ;$$

donc les deux polygones ont aussi *les côtés homologues proportionnels*, en appelant homologues, les côtés, tels que BC et B'C', qui sont adjacents à des angles égaux, appelés aussi angles homologues.

PROPOSITION IX.

117. — **Réciproque**. *Deux polygones qui ont les angles égaux chacun à chacun et les côtés homologues proportionnels, sont semblables (fig. 93).*

En effet, les tr. ABC, A'B'C', qui ont, par hypothèse, un angle B=B' compris entre des côtés proportionnels AB : A'B'=BC : B'C', sont semblables (113) ; donc l'angle ACB=A'C'B' et par conséquent, ces angles étant retranchés des angles égaux BCD, B'C'D', les angles restants ACD, A'C'D' sont égaux. Mais à cause de la similitude des tr. ABC, A'B'C', et de l'hypothèse, on a AC : A'C'=BC : B'C'=CD : C'D' ; donc les triangles ACD, A'C'D' ont un angle égal compris entre côtés proportionnels et sont semblables. On démontrerait de même la similitude des triangles suivants, quel que fût le nombre des côtés des polygones proposés. Donc, deux polygones qui ont les angles égaux ch. à ch. et les côtés homologues proportionnels, sont semblables (115).

Corollaires. I. Tous les carrés sont semblables.

II. Deux losanges qui ont un angle égal, sont semblables.

III. Deux rectangles qui ont les côtés proportionnels, sont semblables.

IV. Deux parallélogrammes qui ont un angle égal compris entre côtés proportionnels, sont semblables.

V. *Deux trapèzes qui ont les côtés proportionnels, sont semblables (à démontrer).*

Remarques. I. Dans deux polygones semblables, on appelle 1° *points homologues*, les points tels que M et M' (*fig.* 94), qui, étant joints aux extrémités de deux côtés homologues AB et AB', déterminent deux triangles ABM et A'B'M' semblables et semblablement placés ; 2° *droites homologues*, les droites telles que MN et M'N', qui joignent des points homologues chacun à chacun.

Les sommets des angles égaux et les diagonales qui joignent ces sommets, sont des sommets ou des diagonales homologues.

II. On démontrera facilement que deux polygones semblables sont décomposés en un même nombre de triangles semblables ch. à ch. et semblablement placés, par les droites qui joignent deux points homologues quelconques M, M′ avec les sommets des deux polygones (*fig.* 94).

III. Il résultera de cette proposition que deux droites homologues MN, M′N′ sont proportionnelles aux côtés homologues, c'est-à-dire qu'on aura

$$MN : M'N' = AB : A'B' \; ;$$

et que les triangles MNP, M′P′N′ qui ont pour sommets trois points homologues ch. à ch., sont semblables.

IV. Soit O un point intérieur ou extérieur à un polygone donné ABCD... (*fig.* à tracer). Si de ce point, on mène des droites à tous les sommets du polygone, et qu'à partir du même point, on prenne des longueurs OA′, OB′,... de telle sorte qu'on ait OA : OA′ = OB : OB′ = etc.; le polygone A′B′C′D′... ainsi formé sera semblable au polygone donné (*à démontrer*), et *semblablement* ou *inversement placé*, selon que les points A′B′C′,... sont pris sur OA, OB, OC,... ou sur ces droites prolongées en sens inverse à partir du point O, qu'on appelle *centre de similitude externe* ou *interne* des deux polygones.

PROPOSITION X.

118. — **Théorème.** *Les périmètres P, P′ de deux polygones semblables sont comme les côtés homologues, ou comme les droites homologues* (*fig.* 94).

Car on a (116)

$$AB : A'B' = BC : B'C' = CD : C'D' = DE : D'E' = EF : E'F',$$

d'où la somme des antécédents est à celle des conséquents comme un antécédent est à son conséquent, c'est-à-dire P : P′ = AB : A′B′. Donc aussi (117, R. III) P : P′ = MN : M′N′.

Corollaire. Les périmètres de deux triangles semblables

sont comme les hauteurs homologues, les bissectrices homologues, etc. (114, R.)

PROPOSITION XI.

119. — **Théorème**. *Deux polygones réguliers d'un même nombre de côtés sont semblables, et leurs périmètres* P, P' *sont comme les rayons des cercles circonscrits et inscrits* (*fig.* 95).

Car, 1° les rayons OA, OB, OC,... O'A', O'B', O'C',... décomposent les deux polygones en un même nombre de triangles semblables chacun à chacun ; par exemple les triangles isocèles OAB, O'A'B, qui ont l'angle $AOB = A'O'B' = \frac{4}{6}$ d'angle droit, sont équiangles ou semblables ; donc les deux polygones proposés sont semblables (115), et ont, par conséquent, les angles égaux ch. à ch. et les côtés homologues proportionnels (116).

2° Si l'on mène les apothèmes OH, O'H', les triangles semblables OBC et O'B'C', OBH et O'B'H', donneront (114)

$$BC : B'C' = OB : O'B' = OH : O'H' ;$$

mais, on a aussi (118) P : P' = BC : B'C' ; donc

$$P : P' = OB : O'B' = OH : O'H',$$

c'est-à-dire que les périmètres sont comme les rayons des cercles circonscrits et inscrits.

PROPOSITION XII.

120. — **Lemme**. *Le rayon et la circonférence d'un cercle sont les limites respectives de l'apothème et du périmètre d'un polygone régulier dont le nombre des côtés va indéfiniment en doublant* (*fig.* 96).

Soient AB le côté et OD l'apothème d'un polygone régulier quelconque inscrit dans le cerc. OC ; le point C, où OD prolongé rencontre la circ., étant le milieu de l'arc ACB (69), la corde AC et sa perpend. OD' seront le côté et l'apothème d'un polygone régulier inscrit ayant deux fois plus de côtés que le premier polygone.

Je dis d'abord que *la différence entre le rayon OC et l'apo-thème OD' du second polygone sera moindre que la demi-diffé-rence entre le rayon OC et l'apothème OD du premier.*

Car, menant D'I parallèle à AD, on aura $OD' > OI$ (26) et par conséquent $OC - OD' < OC - OI$, ou $OC - OD' < CI$. Mais, puisque D' est le milieu, AC, $CI = \dfrac{CD}{2} = \dfrac{OC - OD}{2}$; donc

$$OC - OD' < \frac{OC - OD}{2}.$$

Cela posé, si dans le cercle de rayon $OC = R$, on inscrit une suite de polygones réguliers dont le nombre des côtés va sans cesse en doublant, et que l'on représente par A, $a_1, a_2, a_3, \ldots a_n, \ldots$ les apothèmes de ces polygones, on aura successivement : $R - a_1 < \dfrac{R - A}{2}$; $R - a_2 < \dfrac{R - a_1}{2}$, ou $R - a_2 < \dfrac{R - A}{2^2}$; $R - a_3 < \dfrac{R - a_2}{2}$, ou $R - a_3 < \dfrac{R - A}{2^3}$; et ainsi de suite. On aura donc, dans le polygone dont l'apothème est a_n,

$$R - a_n < \frac{R - A}{2^n}.$$

Cette inégalité montre que, si le nombre des côtés va constamment en doublant, la différence $R - a_n$ converge indéfiniment vers zéro ; donc 1° *le rayon est la limite de l'apo-thème du polygone régulier inscrit dont le nombre des côtés va indéfiniment en doublant.*

De plus, le périmètre du polygone régulier inscrit, qui a pour apothème a_n, et le périmètre du polygone semblable circonscrit, étant entre eux comme les apothèmes a_n, R, on a aussi

$$P : P' = a_n : R.$$

Or, a_n ayant pour limite le rayon R, le rapport $a_n : R$ a pour limite l'unité ; donc le rapport $P : P'$ a aussi pour limite l'unité, et par conséquent les P, P' ont pour limite commune la circonférence du cercle ; donc 2° *la circ. du cercle est la limite du périmètre d'un polygone régulier inscrit dont le nombre des côtés va indéfiniment en doublant.*

PROPOSITION XIII.

121. — **Théorème**. *Les circonférences de deux cercles quelconques sont proportionnelles aux rayons (fig. 95).*

En effet, le périmètre P d'un polygone régulier inscrit dans le cerc. OA, et le périmètre P′ du polygone semblable inscrit dans le cerc. O′A′, sont proportionnels aux rayons OA, O′A′ (119), de sorte qu'on a

$$P : P' = OA : O'A' ;$$

mais, cette proportion ayant lieu quand le nombre des côtés des deux polygones va indéfiniment en doublant, on peut remplacer les périmètres variables par leurs limites respectives : circ. OA, circ. O′A′ ; on a donc

$$\text{circ. } OA : \text{circ. } O'A' = OA : O'A'.$$

Corollaire. Soient C et C′ deux circ., R et R′ les rayons respectifs ; on a $C : C' = R : R' = 2R : 2R'$, d'où, en permutant les moyens,

$$C : 2R = C' : 2R'.$$

Donc, *le rapport d'une circ. à son diamètre est le même que celui de toute autre circ. à son diamètre.*

Ainsi, en désignant ce rapport *constant* par π, on peut écrire

$$\frac{C}{2R} = \pi ; \quad \text{d'où } C = 2R\pi,$$

c'est-à-dire que *la longueur d'une circ. est égale à un diamètre multiplié par le rapport π.*

Remarque. On appelle *secteurs semblables, arcs semblables, segments semblables*, ceux qui, dans des cercles différents, répondent à des angles au centre égaux.

PROPOSITION XIV.

122. — **Théorème**. *Dans des cercles quelconques, 1° les arcs semblables sont entre eux comme les rayons (fig. 97).*

Soient les arcs AB, ED tels que l'angle AOB=DCE. On a (84)

$$\text{arc AB : circ. OA=angle AOB : } 4\ dr.,$$
$$\text{arc ED : circ. CD=angle DCE : } 4\ dr.$$

donc, à cause de l'hypothèse et du théorème précédent,

$$\text{arc AB : arc ED=circ. OA : circ. CD=OA : CD.}$$

2° *Les angles au centre sont comme les quotients des arcs par les rayons correspondants* (fig. 97).

Car on a (84) AOB : GOK=AB : IK, et IK : GH=OI : OG ou IK : OA=GH : OG ; multipliant les termes du second rapport de la 1ʳᵉ proportion respectivement par $\dfrac{\text{IK}}{\text{OA}}$, $\dfrac{\text{GH}}{\text{OG}}$, il viendra

$$\text{AOB : GOH}=\frac{\text{AB}}{\text{OA}} : \frac{\text{GH}}{\text{OG}}.$$

Remarque. Si n est le nombre de degrés contenus dans un arc de cercle de rayon R, la longueur A de cet arc sera donnée par la proportion A : circ. R=n : 360 ; d'où

$$\text{A}=\text{circ. R} \times \frac{n}{360°} \text{ et } n=360° \times \frac{\text{A}}{\text{circ. R}}.$$

§ II. Détermination du rapport π.

PROPOSITION XV.

123. — **Théorème**. *Un polygone régulier étant donné, 1° on peut construire un second polygone régulier qui ait même centre, un périmètre égal et un nombre de côtés double* (fig. 98).

Soit AB le côté d'un polygone régulier de n côtés. L'apothème OD étant prolongé jusqu'à la circ. circonscrite, divisons les angles AOC, COB et les cordes AC, CB en deux parties égales par les perpend. OA′, OB′ à ces cordes (69), et menons A′B′. On aura l'angle A′OB′=$\frac{1}{2}$ AOB et A′B′=$\frac{1}{2}$ AB (59 ou 114); donc le polygone régulier qui a A′B′ pour côté et A′OB′ pour angle au centre, aura $2n$ côtés, même centre et même périmètre A′B′$\times 2n$=$\frac{1}{2}$ AB$\times 2n$=AB$\times n$ que le polygone donné,

2° *On peut calculer l'apothème* OD′$=$a′ *et le rayon* OA′$=$R′ *du second polygone au moyen de l'apothème* OD$=$a *et du rayon* OA$=$R *du premier.*

Car, dans le tr. CAD, où le point A′ est le milieu du côté CA, on a (59) CD′$=$DD′ ; par suite 2 OD′$=$OC$+$OD, et OD′$=\frac{1}{2}$(OC$+$OD) ou

$$(1)\ldots\ a'=\tfrac{1}{2}(a+R).$$

De plus, dans les tr. OA′C, OA′D′, qui sont semblables comme ayant l'angle droit OA′C$=$OD′A′ et l'angle commun COA′, les hypoténuses OC, OA′ sont dans le rapport des côtés OA′, OD′, opposés aux angles égaux OCA, OA′D′ (111), c'est-à-dire qu'on a la proportion OC : OA′$=$OA′ : OD′ ; d'où résulte OA′$=\sqrt{OC\times OD'}$, ou enfin

$$(2)\ldots\ R'=\sqrt{R.a'}=\sqrt{R.\tfrac{1}{2}(a+R)}.$$

La figure montre que $a'>a$ et que $R'<R$.

Remarque. *La différence* R′$-$a′ *entre le rayon et l'apothème du second polygone est moindre que le quart de la différence* R$-$a *entre le rayon et l'apothème du premier.*

En effet, de la proportion OC : OA′$=$OA′ : OD′ ou OC : OC′$=$ OC′ : OD′, on déduit OC$-$OC′ : OC′$-$OD′$=$OC′ : OD′ ou CC′ : C′D′$=$OC′ : OD′ ; donc C′D′$<$CC′ et par conséquent C′D′$<\frac{1}{2}$CD′ ou C′D′$<\frac{1}{4}$CD ; donc enfin

$$(3)\ldots\ R'-a'<\tfrac{1}{4}(R-a).$$

PROPOSITION XVI.

124. — **Problème**. *Trouver le rapport approché de la circonférence au diamètre.*

On a trouvé (121, c) $\pi=\dfrac{\text{circ}.\,R}{2\,R}$. Cette expression montre que si l'on se donne une valeur numérique de circ. R, il suffira de calculer une valeur approchée de R pour avoir une valeur approchée de π. Soit, par ex., circ. R$=$4 ; le rayon R sera compris entre l'apothème et le rayon de chacun des polygones réguliers de 4, 8, 16,... côtés, et de même périmètre

4 que circ. R. Si l'on désigne par a_1, a_2, a_3,... les apothèmes et par R_1, R_2, R_3,... les rayons de ces polygones, on trouvera d'abord, pour l'apothème et le rayon du carré,

$$a_1 = 0,5 \quad , \quad R_1 = \sqrt{0,5} = 0,7071068,$$

et ensuite, par les formules (1) et (2) du n° précédent,

$$a_2 = \tfrac{1}{2}(a_1 + R_1) = 0,6035534\ldots \quad R_2 = \sqrt{R_1 . a_2} = 0,6532815\ldots$$
$$a_3 = \tfrac{1}{2}(a_2 + R_2) = 0,6284174\ldots \quad R_3 = \sqrt{R_2 . a_3} = 0,6407289\ldots$$

et ainsi de suite.

Continuant ces calculs jusqu'à ce que l'on parvienne à un polygone dans lequel la différence entre le rayon R_n et l'apothème a_n soit moindre qu'une unité décimale donnée, R étant compris entre R_n et a_n, on aura $R = a_n$ avec la même approximation.

Par la formule (3) du n° 123, on reconnaît que dans le polygone de 4. 2^{11} ou 8192 côtés, la différence $R_{12} - a_{12}$ est moindre qu'une unité décimale du 7° ordre ; ainsi en faisant le calcul avec huit décimales, afin d'être sûr de la septième, on aura $R = a_{12}$ à moins de 0,0000001.

Voici le résultat des calculs indiqués :

Nombre des côtés.	Apothèmes.		Rayons.	
4	a_1 =	0,5000000	R_1 =	0,7071068
8	a_2 =	0,6035534	R_2 =	0,6532815
16	a_3 =	0,6284174	R_3 =	0,6407289
32	a_4 =	0,6345731	R_4 =	0,6376435
64	a_5 =	0,6361083	R_5 =	0,6368754
128	a_6 =	0,6364919	R_6 =	0,6366836
256	a_7 =	0,6365875	R_7 =	0,6366357
512	a_8 =	0,6366117	R_8 =	0,6366237
1024	a_9 =	0,6366177	R_9 =	0,6366207
2048	a_{10} =	0,6366192	R_{10} =	0,6366199
4096	a_{11} =	0,6366195	R_{11} =	0,6366197
8192	a_{12} =	0,6366197	R_{12} =	0,6366196

On conclut de là que R = 0,6366196 ; donc le rapport approché

$$\pi = \frac{4}{2\,R} = 3,1415925.$$

Archimède a trouvé $\pi=\dfrac{7}{22}=3,1428\ldots$ valeur trop grande de plus de 0,001 ; Adrien Métius, $\pi=\dfrac{355}{113}=3,1415929\ldots$ valeur exacte jusqu'à la 6e décimale. Par des méthodes plus expéditives que la précédente, on a trouvé

$$\pi=3,14159\,26535\,89793\ldots$$

125. — **Applications numériques**. I. *Calculer la longueur d'une circ. dont le rayon est donné.*

Soit donné R=387,50 ; on aura (121) circ. R=2 R π =775. π. Si l'on prend π=3,14159, on trouvera circ. =2434,73, à moins d'un centième.

II. *Trouver le rayon d'un méridien terrestre, dont la longueur égale* 40,000 *kilom.* De l'éq. circ. R=2 R π, on tire $$R=\frac{\text{circ. R}}{2\pi}=\frac{20000}{\pi}.$$ Prenant π=3,1415, on trouvera R=6366 kilom., à moins d'un kilom.

III. *Trouver la longueur d'un arc de* 18°30′, *dont le rayon égale* 39,15.

On a (122) $A=\text{circ. R}\times\dfrac{n}{360°}=12,64$, à 0,01 près.

IV. *Calculer les degrés, minutes et secondes contenus dans l'arc dont la longueur est égale à celle de son rayon.*

On fera A=R dans la formule précédente, ce qui donnera $$n=\frac{360°}{2\pi}=57°\,17′\,44″,\text{ à }1″\text{ près.}$$

§ III. Propriétés qui résultent de la similitude des figures.

126. — Dans une proportion A : B=C : D entre lignes, chacune des quatre lignes A, B, C, D est appelée une *quatrième proportionnelle aux trois autres*. On tire de cette proportion A$\times$D=B$\times$C. Le produit A$\times$D, qu'on appelle *rectangle* des lignes A et D, doit être considéré comme représentant le produit des nombres qui mesurent ces lignes. Le produit B$\times$C a la même signification.

Dans une proportion continue A : B=B : C, chacune des lignes A, C est une *troisième proportionnelle* aux deux autres, et la ligne B est dite *moyenne proportionnelle* entre A et C. On en tire B×B=A×C, ou B²=A . C; B² exprime le carré du nombre qui mesure la ligne B.

127. — On appelle *segments d'une droite* BC (*fig.* 100), les distances BD et CD, ou BD′ et CD′, des extrémités de cette droite à un quelconque de ses points. Ces segments sont dits *additifs* ou *soustractifs*, selon que le point est pris sur la droite ou sur son prolongement.

PROPOSITION XVII.

128. — **Théorème**. *Les droites AF, AG menées du sommet d'un triangle à la base BC, divisent proportionnellement la base et sa parallèle DE* (*fig.* 99).

Car les triangles équiangles ou semblables ABF et ADH, AFG et AHI, AGC et AIE donnent cette suite de rapports égaux (111) :

$$BF : DH = AF : AH = FG : HI = AG : AI = GC : IE.$$

Réciproque. *Trois droites qui divisent proportionnellement deux parallèles inégales, concourent en un même point.* A démontrer par la réduction à l'absurde.

PROPOSITION XVIII.

129. — **Théorème**. *Dans tout triangle ABC, 1° la bissectrice d'un angle intérieur BAC divise le côté opposé BC en deux segments additifs DB, DC proportionnels aux côtés adjacents AB, AC; 2° la bissectrice d'un angle extérieur CAK divise le côté opposé en deux segments soustractifs D′B, D′C proportionnels aux mêmes côtés* (*fig.* 100).

Par le point C, je mène parallèlement au côté AB la droite HCH′, terminée d'une part, à la bissectrice intérieure AD prolongée, d'autre part, à la bissectrice extérieure AD′.

1° Le tr. ACH a deux angles égaux chacun à la moitié de l'angle BAC, savoir l'angle CAH=BAD, par hypothèse, et CHA=BAD, comme alternes-internes (32) ; donc ce triangle est isocèle et le côté CH=AC. Mais les tr. ABD, CDH, qui ont l'angle BAD=CHD et l'angle ADB=CDH, sont semblables et l'on a (114) DB : DC=AB : CH ; donc, en remplaçant CH par son égal AC,

$$DB : DC = AB : AC.$$

2° Le triangle ACH' est isocèle, car l'angle AH'C=KAH'= CAH ; donc CH'=CA. Or les triangles BAD', CH'D', sont semblables et donnent D'B : D'C=AB : CH' ; donc

$$D'B : D'C = AB : AC.$$

Remarque. On conclut de ces proportions DB : DC= D'B : D'C ; ainsi la droite BC est divisée aux points D, D', de sorte que les segments additifs sont entre eux comme les segments soustractifs. La droite BC est dite divisée *harmoniquement* aux points D, D', qui s'appellent points *conjugués*. On a aussi CD' : CD=BD' : BD, proportion qui montre que réciproquement la droite DD' est divisée harmoniquement aux points B, C, qui sont conjugués harmoniques par rapport à la droite DD'. — Les droites qui joignent un point quelconque A avec quatre points harmoniques B, C, D, D' forment un *faisceau harmonique*, lequel jouit de la propriété de diviser harmoniquement une transversale quelconque (à démontrer).

PROPOSITION XIX.

130. — **Théorème.** *Dans un triangle rectangle, si du sommet A de l'angle droit, on abaisse sur l'hypoténuse BC la perpendiculaire AD, 1° chaque côté de l'angle droit sera moyen proportionnel entre l'hypoténuse et le segment adjacent; 2° la perpendiculaire sera moyenne proportionnelle entre les deux segments de l'hypoténuse (fig. 101).*

Car, 1° les tr. ABC, ABD, rectangles en A et en D, ont l'angle commun B et sont par conséquent semblables ; donc

(114) les hypoténuses BC, AB sont proportionnelles aux côtés AB, BD, opposés à des angles égaux C, BAD, c'est-à-dire qu'on a

$$BC : AB = AB : BD.$$

Dans les triangles rectangles ABC, ACD, qui ont l'angle C commun, on a de même

$$BC : AC = AC : DC.$$

Donc, chaque côté de l'angle droit est moyen proportionnel, etc.

2° Les tr. ABD, ADC, rectangles en D, ont l'angle B = DAC, comme ayant pour complément le même angle BAD, et sont semblables (ces triangles sont aussi semblables comme ayant les côtés perpend. ch. à ch.); donc les côtés BD, AD, opposés à des angles égaux BAD, C, sont dans le rapport des côtés AD, DC, aussi opposés à des angles égaux, B, DAC, et on a

$$BD : AD = AD : DC,$$

c'est-à-dire que la perpend. AD est moyenne proportionnelle entre les segments BD, DC.

131. — Corollaires. I. Les deux premières proportions ci-dessus donnent, en égalant le produit des extrêmes à celui des moyens, $AB^2 = BC \times BD$, $AC^2 = BC \times CD$; d'où, par l'addition, $AB^2 + AC^2 = BC \, (BD + DC)$, ou

$$AB^2 + AC^2 = BC^2.$$

Donc *le carré de l'hypoténuse est égal à la somme des carrés des deux autres côtés.*

II. Si le tr. ABC est rectangle en A et, en outre, isocèle, le côté AB = AC, et il vient $2\,AB^2 = BC^2$; d'où $\dfrac{BC^2}{AB^2} = 2$ et $\dfrac{BC}{AB} = \sqrt{2}$.

Donc *la diagonale d'un carré est incommensurable avec son côté.*

III. En divisant, deux à deux, les égalités $BC^2 = BC \times BC$, $AB^2 = BC \times BD$, $AC^2 = BC \times CD$, et supprimant le facteur BC commun aux termes des seconds rapports, il vient

$$BC^2 : AB^2 = BC : BD,$$
$$BC^2 : AC^2 = BC : CD,$$
$$AB^2 : AC^2 = BD : CD.$$

Donc, 1° *Le carré de l'hypoténuse est au carré de chacun des côtés de l'angle droit comme l'hypoténuse est au segment adjacent à ce côté ; 2° les carrés des côtés de l'angle droit sont proportionnels aux segments de l'hypoténuse adjacents à ces côtés.*

IV. Si d'un point C (*fig.* 106) de la circonférence, on mène les cordes CA, CB aux extrémités d'un diamètre AB et la perpend. CD à BA, le triangle ABC sera rectangle en C (83, c. II) et les propriétés précédentes auront encore lieu ; donc

1° *Chaque corde AC ou BC est moyenne proportionnelle entre le diamètre et le segment adjacent AD ou BD ;*

2° *La perpendiculaire AD est moyenne proportionnelle entre les deux segments du diamètre ;*

3° *Les carrés des cordes AC, BC sont dans le rapport des segments du diamètre.*

Application. Si l'on désigne par b, c les côtés de l'angle droit, par b', c' leurs projections sur l'hypoténuse, par a, h l'hypoténuse et la hauteur correspondante, on aura

$$a^2 = b^2 + c^2, \quad b^2 = ab', \quad c^2 = ac', \quad h^2 = b'c' ;$$

donc, *connaissant deux des quantités qui entrent dans ces relations, on trouvera les quatre autres.* Pour exemple, soient $a = 20$ et $b = 16$. On trouvera $c = 12$; $b' = 12, 8$; $c' = 7, 2$, $h = 9, 6$.

132. — En appelant a, b les nombres qui mesurent deux lignes, on aura, par la multiplication, les trois identités :

$$(1) \quad (a+b)^2 = a^2 + b^2 + 2ab,$$
$$(2) \quad (a-b) = a^2 + b^2 - 2ab,$$
$$(3) \quad (a+b)(a-b) = a^2 - b^2.$$

PROPOSITION XX.

***133**. — **Théorème**. *Dans tout triangle obliquangle, le carré du côté opposé à un angle obtus (ou aigu) est égal à la somme des carrés des deux autres côtés, plus (ou moins) le*

*double produit de l'un de ces côtés par la projection de l'autre
sur ce même côté.*

Soit le tr. ABC (*fig.* 102), où le côté BA est opposé à un
angle obtus C. Si l'on mène la perpend. AD sur BC, on aura

$$AB^2 = AC^2 + BC^2 + 2BC \cdot CD.$$

Car, dans le triangle ABD, où le côté BD=BC+CD, on a
(131) $AB^2 = AD^2 + (BC+CD)^2$ ou, en vertu de l'égalité (1) du
nº 132, $AB^2 = AD^2 + BC^2 + CD^2 + 2\,BC \cdot CD$; mais, le triangle
rectangle ACD donne $AD^2 + CD^2 = AC^2$; donc, en mettant cette
valeur dans l'égalité précédente, on aura $AB^2 = AC^2 + BC^2 +$
$2\,BC \cdot CD$.

2° Soit le tr. ABC (*fig.* 103), où AB est opposé à un angle
aigu C ; on aura

$$AB^2 = AC^2 + BC^2 - 2\,BC \cdot CD.$$

Car, dans le triangle rectangle ABD, où BD=BC—CD, on
a $AB^2 = AD^2 + (BC-CD)^2$ ou (132, 2) $AB^2 = AD^2 + BC^2 + CD^2$
$- 2BC \cdot CD$; donc, à cause de $AD^2 + CD^2 = AC^2$, on a
$AB^2 = AC^2 + BC^2 - 2\,BC \cdot CD$.

Corollaire. *Un angle d'un triangle est obtus, droit ou
aigu, selon que le carré du côté opposé est supérieur, égal ou
inférieur à la somme des carrés des deux autres côtés (à démontrer).*

Il suit de là que dans le triangle, dont les côtés ont respectivement pour valeur 12, 9, 7, ou 13, 12, 5, ou 10, 9, 7,
l'angle opposé au plus grand côté est obtus dans le premier
cas, droit dans le second, aigu dans le troisième.

Application. Si l'on désigne par a, b, c les trois côtés,
par c' la projection de c sur b et par h la hauteur correspondante à b, on aura :

$$a^2 = b^2 + c^2 \pm 2\,b\,c' \text{ et } h^2 = c^2 - c'^2 ;$$

donc, *connaissant les trois côtés d'un triangle, on pourra toujours calculer ses trois hauteurs.*

Si $a=16$, $b=20$, $c=15$, la 1ʳᵉ équation donnera (en prenant le signe —) $c'=9,225$; on aura ensuite $h=11,828$, à
moins de 0,001.

PROPOSITION XXI.

***134.** — **Théorème**. *Dans tout triangle, 1° la somme des carrés de deux côtés est égale à deux fois le carré du troisième côté, plus deux fois le carré de la médiane correspondante à ce côté; 2° la différence des carrés des deux côtés est égale au double produit du troisième côté par la projection, sur ce côté, de la médiane correspondante (fig. 104).*

Soit AD la médiane correspondante au côté BC. Si l'on abaisse AH perpend. sur BC, dans les tr. ADC, ADB, où ADC est un angle obtus et ADB un angle aigu, on aura

$$AC^2 = DC^2 + AD^2 + 2\,DC \cdot DH,$$
$$AB^2 = BD^2 + AD^2 - 2\,BD \cdot DH;$$

d'où, par l'addition et par la soustraction, en observant que BD=DC et que 2 BD=2 DC=BC,

$$AC^2 + AB^2 = 2\,BD^2 + 2\,AD^2,$$
$$AC^2 - AB^2 = 2\,BC \cdot DH.$$

Corollaire. *Dans un parallélogramme ABEC, la somme des carrés des côtés vaut la somme des carrés des diagonales.*

Car, multipliant la première égalité ci-dessus par 2, on a $2\,AC^2 + 2\,AB^2 = 4\,BD^2 + 4\,AD^2$; mais $4\,BD^2 = (2\,BD)^2 = BC^2$, $4\,AD^2 = (2\,AD)^2 = AE^2$; donc

$$2\,AC^2 + 2\,AB^2 = BC^2 + AE^2.$$

Cette propriété résulte aussi de celle-ci : *Dans tout quadrilatère, la somme des carrés des quatre côtés vaut la somme des carrés des diagonales, plus quatre fois le carré de la droite qui joint les milieux de celles-ci (à démontrer).*

PROPOSITION XXII.

135. — **Théorème**. *Lorsque deux cordes se coupent dans un cercle, les deux parties de l'une des cordes sont inversement proportionnelles aux deux parties de l'autre (fig. 105).*

Soient les cordes AB, CD, qui se coupent en O. Je joins

AB, BC. Les angles inscrits A, C ont chacun pour mesure $\frac{1}{2}$ arc BD et sont par conséquent égaux ; par la même raison l'angle D=B ; donc les tr. OAD, OBC sont semblables ; donc les côtés AO, OC, opposés à des angles égaux, D, B, sont dans le rapport des côtés DO, OB, opposés aux angles égaux A, C, et l'on a

$$AO : OC = DO : OB.$$

On tire de là : AO . OB=OC . DO ; donc *le produit des deux parties de l'une des cordes est égal au produit des deux parties de l'autre*. Réciproque (à démontrer).

Corollaire. *La perpendiculaire CD, menée d'un point de la circ. sur un diamètre AB, est moyenne proportionnelle entre les segments de ce diamètre (fig. 106).*

Car, à cause de CD=DH, on a AD : CD=CD : DB.

PROPOSITION XXIII.

136. — **Théorème**. *Si d'un point extérieur à un cercle, on mène des sécantes et une tangente terminées à la circonférence, 1° deux sécantes sont inversement proportionnelles à leurs parties extérieures ; 2° la tangente est moyenne proportionnelle entre chaque sécante et sa partie extérieure (fig. 107).*

1° Soient les sécantes OB, OD, menées du point O, et terminées à l'arc concave BD. Je joins BE, CD. Les tr. OEB, OCD qui ont l'angle O commun et l'angle OBE=ODC=$\frac{1}{2}$ arc CE, sont semblables ; donc les côtés OB, OD, opposés aux angles égaux OEB, OCD, sont proportionnels aux côtés OE, OC, opposés aux angles égaux OBD, ODC, et l'on a la proportion

$$OB : OD = OE : OC.$$

On en tire OB . OC=OD . OE ; donc *le produit d'une sécante par sa partie extérieure égale le produit de l'autre sécante par sa partie extérieure*.

2° Soient une sécante OB et une tangente OA. Je joins AB, AC. Les tr. OBA, OAC ont l'angle commun O, l'angle OBA=OAC=$\frac{1}{2}$ arc AC (83, 84), et sont par conséquent semblables ; donc les côtés OB, OA, opposés à des angles égaux, OAB, OCA, sont dans le rapport des côtés OA, OC, aussi opposés à des angles égaux, OBA, OAC, et l'on a

$$OB : OA = OA : OC.$$

D'où résulte $OA^2 = OB : OC$; donc *le carré de la tangente égale le produit d'une sécante par sa partie extérieure.*

Réciproques. A démontrer par la réduction à l'absurde.

PROPOSITION XXIV.

***137**. — **Théorème**. *Dans tout triangle, le produit de deux côtés est égal, 1° au produit du diamètre du cercle circonscrit par la hauteur correspondante au troisième côté ; 2° au carré de la bissectrice de l'angle compris, plus le produit des segments que cette droite détermine sur le troisième côté.*

1° Soit le tr. ABC (*fig. 108*), inscrit dans le cercle dont CE est un diamètre. Je mène la hauteur AD et la corde AE. Les tr. ABD, ACE, rectangles en D et en A, ont l'angle $B = E = \frac{1}{2}$ arc AC, et sont semblables ; donc les hypoténuses AB, CE sont entre elles comme les côtés AD, AC, opposés à des angles égaux B, E, et l'on a AB : CE = AD : AC ; donc

$$AB . AC = CE . AD.$$

2° Soit le tr. ABC (*fig. 118*), où la droite AD divise l'angle BAC en deux parties égales. La circonférence circonscrite à ce triangle rencontrera AD prolongée en un point E, que je joins au point B. Les tr. ABE, ADC, qui ont, par hypothèse, l'angle BAE = CAD, et, en outre, l'angle $AEB = ACD = \frac{1}{2}$ arc AE'B, sont semblables et donnent la proportion AB : AD = AE : AC = AD+DE : AC ; d'où résulte $AB . AC = AD^2 + AD . DE$, Or, le produit AD . DE égale le produit BD . DC (136) ; donc enfin

$$AB . AC = AD^2 + BD . DC.$$

Remarque. Si l'on mène la bissectrice D'AE' de l'angle extérieur CAH, supplément de l'angle BAC, les tr. ABE', ACD' auront l'angle BAE' = CAD', l'angle AE'B = ACD' (87), et

seront semblables ; par conséquent AB : AD′=AE′ : AC=
D′E′—AD′ : AC, d'où AB . AC=D′E′ . AD′—AD′², ; donc,
puisque (136) D′E′ . AD′=D′B . D′C, on aura
$$AB . AC = D′B . D′C = AD′^2.$$

PROPOSITION XXV.

138. — **Théorème.** *Dans un quadrilatère inscrit, le produit des diagonales est égal à la somme des produits des côtés opposés (fig. 109).*

Soit le quadrilatère inscrit ABCD. Je fais l'angle CBI=ABD ; les tr. ADB, BCI, qui ont aussi l'angle ADB=BCI=$\frac{1}{2}$ arc AB, sont semblables et donnent AD : CI=BD : BC ; d'où résulte
$$AD . BC = BD . CI.$$
Les triangles ABI, BDC, qui ont l'angle ABI=DBC et BAI=BDC=$\frac{1}{2}$ arc BC, sont aussi semblables et donnent AB : BD=AI : CD=AC—CI : CD ; d'où
$$AB . CD = ED . AC — BD . CI.$$
Donc, par l'addition des deux égalités trouvées, on a
$$AB . CD + AD . BC = BD . AC.$$

PROPOSITION XXVI.

139. — **Théorème.** *Les diagonales d'un quadrilatère inscrit sont entre elles comme les sommes des produits des côtés qui aboutissent à leurs extrémités ((fig. 109).*

Désignons, pour abréger, par a, b, c, d les quatre côtés, par D le diamètre du cercle circonscrit, et des sommets opposés B, D, menons sur AC les perpend. BH, DK ; on aura (137, 1°) ab=D . BH, cd=D . DK, et par suite $ab : cd$=BH : DK=BO : OD, à cause des triangles semblables BHO, DKO ; d'où résulte
$$ab + cd : cd = BD : OD.$$
On trouvera de la même manière
$$ad + bc : bc = AC : OC.$$

Mais, à cause des triangles semblables AOD, BOC, on a $d : b =$ OD : OC, proportion qui montre que les deux proportions précédentes ont leurs conséquents proportionnels ; donc

$$ab + cd : ad + bc = \text{BD} : \text{AC}.$$

Problèmes relatifs au livre III.

PROBLÈME PREMIER.

140. — *Diviser une droite donnée en un nombre donné de parties égales, ou en parties proportionnelles à des droites données.*

1° Soit proposé de diviser la droite AB (*fig.* 110) en 5 parties égales. Sur la droite indéfinie AY, tirée à volonté par le point A, portez 5 fois une longueur arbitraire AC ; joignez le dernier point de division D avec l'extrémité B, et menez CI parallèle à BD, ce qui donnera (108) AB : AI = AD : AC = 5 : 1 ; donc AI est la cinquième partie de AB. Donc, en portant AI 5 fois sur AB, la droite AB sera divisée en 5 parties égales.

2° Soit AB la droite à diviser en parties proportionnelles aux droites P, Q, R ((*fig.* 111). Sur une droite AY tirée par l'extrémité A, prenez AC = P, CD = Q, DE = R, et joignez BE ; les parallèles DH, CI à BE diviseront AB en trois parties AI, IH, HB proportionnelles aux droites P, Q, R. Car on a (108 c.) AI : AC = IH : CD = HB : DE, ou AI : P = IH : Q = HB : R.

Remarques. I. La propriété du n° 128 conduit à une seconde solution facile à trouver.

II. *Pour trouver sur une droite finie* BC ((*fig.* 100) *un point* D, ou bien *sur cette ligne prolongée un point* D', *de telle sorte que* DB : DC *ou que* D'B : D'C, *soit égal à un rapport donné* $m : n$; sur deux droites parallèles entre elles, menées par les points B, C, on prendra BA = m, CH = CH' = n ; les droites

AH, AH′, détermineront sur CB les points demandés D, D′. La droite BC sera divisée harmoniquement aux points D, D′ et réciproquement (129).

PROBLÈME II.

141. — *Par un point donné, mener une droite sur laquelle les côtés d'un angle donné déterminent deux segments qui soient dans un rapport donné (fig. 112).*

1° Soit donné le point O dans l'angle BAC. Soit BOC la droite demandée telle, que BO : OC$=m : n$, rapport donné. Si l'on mène OD parallèle à AB, on aura AD : DC$=$BO : OC$=m : n$; donc, AD étant connue, le point C sera déterminé par cette construction :

Après avoir mené par le point O la parallèle OD à AB, prenez AI$=m$, IH$=n$ et, par le point H, tirez la parallèle HC à DI ; par le point C ainsi déterminé, menez la droite COB, qui sera la droite demandée. Car, par construction, BO : OC$=$AD : DC$=$AI : IH$=m : n$.

2° Soit donné le point O′ extérieur à l'angle BAC. On construira la droite O′CB telle, que O′B : O′C$=m : n$, comme suit: après avoir mené O′D′ parallèle à AB, prenez AI′$=m$, I′H$=n$, tirez la parallèle HC à D′I′ et enfin la droite O′CB. — Cette construction est facile à trouver et à démontrer.

Remarque. Lorsqu'on suppose $m=n$, on a le problème du n° 98.

PROBLÈME III.

142. — *Trouver 1° une quatrième proportionnelle à trois droites données ; 2° une troisième proportionnelle à deux droites données (fig. 113).*

1° Soit à trouver la quatrième proportionnelle X dans la proportion P : Q$=$R : X, ou dans l'expression $X=\dfrac{Q . R}{P}$.

Sur le côté AC d'un angle quelconque CAD, prenez AB$=$P, AC$=$Q, et sur l'autre côté AE prenez AD$=$R ; tirez la droite

BD et sa parallèle CE; AE sera la droite cherchée X. Car, par les tr. semblables ABD, ACE, on a la proportion AB : AC=AD: AE, ou, d'après la construction, P : Q=R : AE ; donc X=AE.

2° Soit à trouver X dans la proportion P : Q=Q : X. On prendra AB=P, AC=AD=Q et l'on mènera CE parallèle à BD; on aura X=AE.

***Corollaire**. Cette construction peut servir à trouver deux droites qui soient entre elles dans le rapport donné $\dfrac{A.B.C.D\ldots}{P.Q.R.S\ldots}$, où A, P, etc., désignent des droites connues. Car on a, par ex.:

$$\frac{A.B.C.D}{P.Q.R.S} = \frac{A.B}{P} \cdot \frac{C}{Q} \cdot \frac{D}{R} \cdot \frac{1}{S} = \frac{X.C}{Q} \cdot \frac{D}{R} \cdot \frac{1}{S} = \frac{Y.D}{R} \cdot \frac{1}{S} = \frac{Z}{S},$$

en posant successivement $\dfrac{A.B}{P}=X$, $\dfrac{X.C}{Q}=Y$, $\dfrac{Y.D}{R}=Z$; $\dfrac{Z}{S}$ est le rapport demandé.

Remarque. On peut encore construire, 1° une 4ᵉ proportionnelle par les propriétés des nᵒˢ 135 et 136, 1° ; 2° une troisième proportionnelle par le corollaire IV du n° 131 et par le th. 136, 2°.

PROBLÈME IV.

143. — *Trouver une moyenne proportionnelle entre deux droites données (fig. 114)*.

Soit à trouver X dans la proportion M : X=X : N, ou dans l'expression X=$\sqrt{M.N}$.

1° Sur une droite indéfinie, prenez AB=M, BC=N; sur la droite AC=M+N comme diamètre, décrivez une demi-circ. ADC et, au point B, élevez sur AC la perpend. BD, qui sera la droite demandée X. Car on a (131, c. IV) AB : BD= BD : BC, ou M : BD=BD : N; donc X=BD=$\sqrt{M.N}$.

2° *Construction*. Sur une droite AC égale à la plus grande des deux droites données, décrivez la demi-circ. ADC, prenez AB égale à la seconde droite, et élevez BD perpend. à AC; la corde AD sera moyenne proportionnelle entre les droites données (131).

Remarque. Le th. du n° 136 conduit à une 3ᵉ construction.

PROBLÈME V.

144. — *Diviser une droite en moyenne et extrême raison* (*fig*. 115).

Soit à déterminer le point I qui divise la droite **AB** de manière qu'on ait **AB** : **AI**＝**AI** : **IB**, c'est-à-dire en deux parties dont la plus grande soit moyenne proportionnelle entre **AB** et l'autre partie.

A l'extrémité B de la droite AB, élevez la perpend. **BO** égale à la moitié de **AB**; du centre O et du rayon OB, décrivez une circ., qui coupera la droite AO en D, et prenez **AI**＝**AD**: la droite AB sera divisée au point I de la manière requise.

Car la droite AB étant tangente à la circ., en prolongeant AO jusqu'en C, on aura (136, 2ᶜ) AC : AB＝AB : AD; d'où résulte AC—AB : AB—AD＝AB : AD ; mais, par construction, AC—AB＝AC—DC＝AD＝AI et AB—AD＝IB : donc AI : IB＝AB : AI, ou AB : AI＝AI : IB.

Remarques. I. La proportion AC : AB＝AB : AD, ou AC : DC＝DC : AD, prouve que la sécante AC est divisée au point D en moyenne et extrême raison.

II. Pour construire la valeur de x dans l'expression $(a+x)x＝b^2$, d'où $a+x : b＝b : x$, on prendra **AB**＝b, **BO**＝$\frac{1}{2}a$, et on aura $x＝$**AD**.

PROBLÈME VI.

145. — *Inscrire dans un cercle les polygones réguliers de* 5, 10, 15 *côtés* ((*fig*. 116).

Soit AB le côté du décagone cherché. L'angle au centre **AOB**＝$\frac{4}{10}$ ou $\frac{2}{5}$ d'angle droit, et par conséquent, dans le triangle isocèle OAB, chacun des angles A, B est égal à la moitié de 2 $dr.$ —$\frac{2}{5}$; donc l'angle A$=$B$=\frac{4}{5}$. Soit menée la bissectrice BM de l'angle B. Le triangle ABM est isocèle, puisqu'il est équiangle au triangle isocèle OAB : l'angle A est commun et l'angle ABM$=$AOB$=\frac{2}{5}$; le tr. BMO est aussi isocèle, car les angles MOB, MBO valent chacun $\frac{2}{5}$; donc AB$=$BM$=$MO. Mais on a (129, 1°) OB : AB$=$OM : MA, ou OA : OM$=$OM : MA. On voit par cette proportion que le rayon OA est divisé au point M en moyenne et extrême raison (144) ; donc, puisque AB$=$OM, *le côté du décagone régulier inscrit est égal à la plus grande partie du rayon divisé en moyenne et extrême raison*.

Décagone. Après avoir divisé le rayon OA en moyenne et extrême raison au point M, portez le plus grand segment OM dix fois sur la circonférence et joignez les points de division A, B, E, F,.....

Pentagone. Ayant déterminé les sommets du décagone régulier, joignez ces sommets de deux en deux, c'est-à-dire AE, EK,.....

Pentédécagone. L'arc AB étant égal à $\frac{1}{10}$ de la circ., si l'on prend l'arc AP égal à $\frac{1}{6}$ de la circ., l'arc BP sera égal à $\frac{1}{6} - \frac{1}{10}$ ou $\frac{1}{15}$ de la circ. et sa corde sera le côté du pentédécagone régulier, qu'il faudra porter quinze fois sur la circ.

Remarques. I. En divisant en 2, 4, 8,... parties égales les arcs sous-tendus par les côtés du pentagone et du pentédécagone, on déterminera les sommets des polygones réguliers de 10, 20, 40,... et de 30, 60, 120... côtés.

II. La division du rayon OA en moyenne et extrême raison peut se faire comme suit : de l'extrémité C du diamètre AC et du rayon CO, coupez la circ. en G et H : la corde GH sera perpend. sur le milieu I de OC (105) ; menez le rayon OD perpend. à OC, puis du centre I et du rayon ID, décrivez un arc, qui rencontre OA au point demandé M. — On verra, plus loin, que la droite DM est le côté du pentagone régulier inscrit.

PROBLÈME VII.

***146**. — *Etant donnés le côté* $AB = C_n$ *d'un polygone régulier de* n *côtés et le rayon* R *du cercle circonscrit, trouver le côté* $AC = C_{2n}$ *du polygone régulier inscrit de* 2n *côtés (fig. 117).*

Les triangles rectangles OCD', ACD, qui ont l'angle commun OCA, sont semblables et donnent

$$OC : AC = CD' : CD = OD' : AD, \text{ ou } R : C_{2n} = \tfrac{1}{2} C_{2n} : R - a_n = a_{2n} : \tfrac{1}{2} C_n; \text{ d'où résulte}$$

$$(1)\ C_{2n}^2 = 2R(R - a_n); \quad (2)\ a_{2n} = \frac{R.C_n}{2.C_{2n}}; \quad (3)\ C_n = \frac{2C_{2n}.a_{2n}}{R}.$$

Applications. I. Dans le triangle équilatéral, l'apothème $a_3 = \tfrac{1}{2}R$ (105); par conséquent $C_3 = 2\sqrt{R^2 - \tfrac{1}{4}R^2} = R\sqrt{3}$. Au moyen de ces valeurs, on trouvera, 1° pour le côté et l'apothème de l'hexagone régulier,

$$C_6 = \sqrt{2R(R - \tfrac{1}{2}R)} = R; \quad a_6 = \frac{R.C_3}{2C_6} = \tfrac{1}{2}R\sqrt{3}.$$

2° Pour le côté et l'apothème du dodécagone régulier,

$$C_{12} = \sqrt{2R(R - \tfrac{1}{2}R\sqrt{3}} = \tfrac{1}{2}R(\sqrt{6} - \sqrt{2}); \quad a_{12} = \tfrac{1}{4}R(\sqrt{6} - \sqrt{2}).$$

II. Le côté du carré inscrit $C_4 = \sqrt{R^2 + R^2} = R\sqrt{2}$, et l'apothème $a_4 = \tfrac{1}{2}C_4 = \tfrac{1}{2}R\sqrt{2}$; par suite le côté et l'apothème de l'octogone régulier inscrit dans le même cercle seront

$$C_8 = \sqrt{2R(R - \tfrac{1}{2}R\sqrt{2}} = R\sqrt{2 - \sqrt{2}}; \quad a_8 = \tfrac{1}{2}R\sqrt{2 + \sqrt{2}}.$$

On pourra ensuite calculer C_{16} et a_{16}; et ainsi de suite.

III. Le côté du décagone régulier est donné par la proportion (146). $R : C_{10} = C_{10} : R - C_{10}$; on en tire $C_{10} = \tfrac{1}{2}R(-1 + \sqrt{5})$. Par suite, l'apothème $a_{10} = \sqrt{R^2 - \tfrac{1}{16}R^2(-1 + \sqrt{5})^2} = \tfrac{1}{4}R\sqrt{10 + 2\sqrt{5}}$. Les formules (3), (1) donnent ensuite :

$$C_5 = \tfrac{1}{2}R\sqrt{10 - 2\sqrt{5}}; \quad a_5 = \tfrac{1}{4}R(1 + \sqrt{5}).$$

Remarques. I. On a : $R^2 + C_{10}^2 = R^2 + \tfrac{1}{4}R^2(6 - 2\sqrt{5}) = \tfrac{1}{4}R^2(10 - 2\sqrt{5}) = C_5^2$. Donc *le côté du pentagone régulier est* *l'hypoténuse d'un triangle rectangle qui a pour côtés de l'angle droit le côté et le rayon du décagone régulier.*

II. Les formules (3) et (1) donnent C_n et a_n, en fonction de C_{2n} et a_{2n}, ce qui résout le problème inverse du précédent.

PROBLÈME VIII.

*147. — *Étant donné le côté C_n d'un polygone régulier circonscrit à un cercle de rayon donné R, calculer le côté C_{2n} d'un polygone régulier circonscrit d'un nombre de côtés double* (fig. 117).

Soient donnés $EF = C_n$ et $OC = R$. Si l'on mène la bissectrice OM de l'angle COE, on aura $CM = \frac{1}{2} C_{2n}$ et (129) $OC : OE = CM : ME$, d'où $OC + OE : OC = CE : CM$, ou $R + \sqrt{R^2 + \frac{1}{4} C_n^2} : R = C_n : C_{2n}$. On tire de là

$$(1)\quad C_{2n} = \frac{4R.\left(\sqrt{R^2 + \frac{1}{4} C_n} - R\right)}{C_n} ; \quad (2) . . \ C_n = \frac{8R^2 C_{2n}}{4R^2 - C_{2n}^2}.$$

La formule (2) résout le problème inverse. On peut faire de ce problème des applications analogues aux précédentes.

PROBLÈME IX.

*148. — *Connaissant le côté $AB = C$ et le rayon $OC = R$ d'un polygone régulier inscrit, calculer le côté $EF = C'$ du polygone semblable circonscrit, et réciproquement* (fig. 117).

Les triangles semblables OAD, OEC, donnent la proportion : $OD : OC = AD : CE = AB : EF$, ou à cause de $OD = \sqrt{OA^2 - AD^2} = \sqrt{R^2 - \frac{1}{4} C^2}$, $\sqrt{R^2 - \frac{1}{4} C^2} : R = C : C'$; d'où

$$(1) . . . \quad C' = \frac{RC}{\sqrt{R^2 - \frac{1}{4} C^2}}, \quad \text{et} \ (2) . . . \ C = \frac{RC'}{\sqrt{R^2 + \frac{1}{4} C'^2}}.$$

Application Le côté de l'hexagone régulier inscrit $C = R$; on aura donc $C' = \dfrac{R^2}{\sqrt{R^2 - \frac{1}{4} R^2}} = \frac{2}{3} R \sqrt{3}.$

PROBLÈME X.

***149**. — *Diviser une droite* AC *en deux segments entre lesquels une droite donnée* b *soit moyenne proportionnelle* (*fig.* 114).

Soit B le point de division demandé. On doit avoir la proportion AB : $b=b$: BC, qui montre que AB, BC sont les segments de l'hypoténuse AC d'un triangle rectangle, dont b est la hauteur correspondante à AC. Ainsi, sur la droite AC, comme diamètre, décrivez une circonférence ADE; à la distance AH$=b$, menez la parallèle HD à AC; enfin, par le point D, où cette parallèle rencontre la circ., abaissez DB perpend. à AC, ce qui donnera le point demandé B. Car on a (131, c. IV) AB : BD$=$BD : BC, ou AB : $b=b$: BC, et AB$+$BC$=$AC. Il y a une seconde solution. Car, en menant la sécante HOE, on a (136, 2°) HE : HA$=$HA : HI; donc, si l'on prend OB'$=$OH, on aura AB' : AH$=$AH : CB'; donc AB' : $b=b$: CB' et AB'$-$CB'$=$AC.

PROBLÈME XI.

***150**. — *Trouver le lieu des points tels, que les distances de chacun d'eux à deux points fixes soient dans un rapport donné* m : n (*fig.* 118).

Soient B et C les deux points fixes, et soit A un point tel, que AB : AC$=m$: n. Si l'on mène les bissectrices des angles BAC, CAH, on aura (129) BD : CD$=$BD' : CD'$=$AB : AC$=m$: n; on pourra donc déterminer les points D, D' (140, R. II). De plus, l'angle DAD' est droit; donc *la circ. décrite sur* DD', *comme diamètre, est le lieu demandé.*

Remarques. I. La droite BC étant divisée harmoniquement aux points D, D' (129), il s'ensuit que *si l'on décrit une circ. sur la distance de deux points conjugués harmoniques, prise pour diamètre, les distances des deux autres points à un point quelconque de cette circ. sont dans un rapport constant.*

II. On peut appliquer le problème précédent à *décrire le triangle dans lequel on connaît* un côté, le rapport des deux autres, et 1° l'angle opposé à ce côté; 2° la hauteur correspondante; 3° la bissectrice de l'angle opposé au côté donné, ou celle du supplément de cet angle.

PROBLÈME XII.

***151**. — *Par un point* A, *on mène à une circonférence* O *une droite* AB, *que l'on divise au point* M *de manière qu'on ait* AB . AM$=$K² ; *trouver le lieu des points* M (*fig.* 119).

Au point M, je fais les angles AMC′, AMD′ respectivement égaux aux angles ACB, ADB. Les triangles semblables ABD et AMD′, ABC et AMC′ donneront AD : AM$=$AB : AD′ et AC : MA$=$AB : AC′ ; donc, eu égard à l'hypothèse, AD . AD′$=$AC . AC′$=$K², ce qui détermine les points C′, D′ (142, 2°). De plus, par construction, l'angle C′MD′$=$ACB$-$ADB$=$CBD ; donc le point M est situé sur une circ. décrite sur le diamètre C′D′. Donc *le lieu des points* M *est une circonférence*. Si l'on eut pris les points M sur BA prolongée, on serait arrivé à la même conclusion.

Remarque. En remplaçant la circonférence O par une droite, le lieu des points M est encore une circonférence. Lorsque le point A se trouve sur circ. O, le lieu est une droite perpend. à AO. Dans le même cas, le lieu des points M tels, que AB . BM$=$K², M étant pris sur AB prolongée, est une circ. concentrique à la proposée.

PROBLÈME XIII.

***152**. — *Étant donnés les trois côtés* a, b, c *d'un triangle,* calculer :

1° *Les trois hauteurs correspondantes* h_1 h_2 h_3.

Si l'on appelle c' la projection du côté c sur le côté a, on aura (133)

$$b^2=a^2+c^2-2\,ac' \text{ et } h_1^2=c^2-c'^2.$$

Ajoutant $2\,ac$ et $-2\,ac$ au second membre de la première égalité, on obtient :
$$b^2=(a+c)^2-2\,a\,(c+c'),$$
$$b^2=(a-c)^2+2\,a\,(c-c');$$
d'où résulte, en se rappelant que *la différence des carrés de deux quantités est égale au produit de la somme de ces quantités par leur différence* (132, 3°),
$$2\,a\,(c+c')=(a+c)^2-b^2=(a+b+c)\,(a+c-b).$$
$$2\,a\,(c-c')=b^2-(a-c)^2=(a+b-c)\,(b+c-a).$$
Multipliant membre à membre, et observant que le produit $(c+c')\,(c-c')=h_1^2$, il vient
$$4\,a^2\,h_1^2=(a+b+c)\,(b+c-a)\,(a+c-b)\,(a+b-c).$$
Cette formule donne la hauteur h_1 correspondante au côté a, en fonction des trois côtés donnés. Si, pour abréger, on pose $a+b+c=2p$, ce qui donne $b+c-a=2(p-a)$, $a+c-b=2(p-b)$, $a+b-c=2(p-c)$, on aura plus simplement
$$a^2h_1^2=4p(p-a)(p-b)(p-c),\ \text{ou}\ ah_1=2.\sqrt{p(p-a)(p-b)(p-c)}.$$
Pour avoir h_2, h_3, il suffit de changer a en b ou c et b ou c en a. Ainsi, en désignant le radical par T, on a
$$ah_1=bh_2=ch_3=2\,\text{T}.$$

Corollaires. I. On déduit de ces relations
$$a:h_1=b:\frac{h_1^2}{h_2}=c:\frac{h_1^2}{h_3};$$

donc, *le triangle qui a pour côtés* $h_1=a'$, $\dfrac{h_1^2}{h_2}=b'$, $\dfrac{h_1^2}{h_3}=c'$, *est semblable au triangle proposé, et ces deux triangles ont leurs côtés homologues perpendiculaires chacun à chacun.* De là résulte un moyen facile pour *décrire le triangle dont les hauteurs sont données.*

II. Si l'on désigne par r le rapport des côtés homologues de ces deux triangles, on aura $a=a'r$, $b=b'r$, $c=c'r$, $p=p'r$, et par suite
$$ah_1=bh_2=ch_2=2r^2\sqrt{p'(p'-a')(p'-b')(p'-c')}.$$
Ces relations donneront les côtés a, b, c, en fonction des hauteurs h_1, h_2, h_3.

2° *Les trois médianes correspondantes* m_1, m_2, m_3.

Ces trois quantités seront déterminées par le th. du n° 134, qui donne les relations :

$$2\,m_1^2 + \tfrac{1}{2}\,a^2 = b^2 + c^2,$$
$$2\,m_2^2 + \tfrac{1}{2}\,b^2 = a^2 + c^2,$$
$$2\,m_3^2 + \tfrac{1}{2}\,c^2 = a^2 + b^2.$$

Le même théorème donne le moyen de calculer les projections des trois médianes sur les côtés correspondants.

Corollaire. De ces relations, on déduit facilement

$$2m_1^2 + \tfrac{3}{2}a^2 = 2m_2^2 + \tfrac{3}{2}b^2 = 2m_3^2 + \tfrac{3}{2}c^2 = a^2 + b^2 + c^2$$
$$= \tfrac{4}{3}(m_1^2 + m_2^2 + m_3^2).$$

Soient m'_1, m'_2, m'_3 les médianes du triangle qui aurait pour côtés m_1, m_2, m_3; on aura de même, après avoir tout multiplié par $\tfrac{4}{3}$,

$$\tfrac{8}{3}m_1'^2 + 2\,m_1^2 = \tfrac{8}{3}m_2'^2 + 2\,m_2^2 = \tfrac{8}{3}m_3'^2 + 2\,m_3^2 = \tfrac{4}{3}(m_1^2 + m_2^2 + m_3^2).$$

La comparaison de ces relations avec les premières montre qu'on a $\quad a = \tfrac{4}{3}\,m'_1$, $b = \tfrac{4}{3}\,m'_2$, $c = \tfrac{4}{3}\,m'_3$.

Donc, *dans le triangle qui a pour côtés* m_1, m_2, m_3, *les doubles des droites qui joignent les sommets au point de concours des trois médianes* m'_1, m'_2, m'_3, *sont les côtés* a, b, c.

3° *Les trois bissectrices* B_1, B_2, B_3.

Soient x, y les segments que B_1 détermine sur le côté a; on aura (129) $b : c = x : y$, d'où $b + c : b = a : x$, $b + c : c = a : y$, et, en multipliant ces deux proportions, $(b+c)^2 : bc = a^2 : xy$. Mais (137, 2°) $B_1^2 = bc - xy$; donc

$$B_1^2 = bc - \frac{a^2 bc}{(b+c)^2} = bc\left(\frac{(b+c)^2 - a^2}{(b+c)^2}\right) = \frac{4\,bcp(p-a)}{(b+c)^2}.$$

On aura B_2^2, B_3^2, en changeant a en b ou c, et *vice-versâ*.

On trouvera d'une manière semblable les bissectrices des trois angles extérieurs du triangle.

4° *Le rayon* R *du cercle circonscrit au triangle.*

Le th. du n° 137 donne $bc = 2Rh_1$; d'où, à cause de la relation $ah_1 = 2T$,

$$R = \frac{abc}{4\,T} = \frac{abc}{4\sqrt{p(p-a)(p-b)(p-c)}}.$$

On peut calculer ainsi les distances du centre aux trois côtés.

5° *Le rayon* r *du cercle inscrit et les rayons* r_1, r_2, r_3 *des cercles qui touchent un côté et les prolongements des deux autres.*

Par le sommet de l'angle A (figure à tracer), je mène parallèlement aux bissectrices BO, CO des angles B, C, les droites AD, AE, terminées à la base a ou BC prolongée ; le côté DE$=2\,p$, et les tr. OBC, ADE seront semblables, de sorte qu'on aura $a : 2\,p = r : h_1$. Donc $r = \dfrac{ah_1}{2p}$ et, par conséquent,

$$r = \frac{T}{p} = \sqrt{\frac{(p-a)(p-b)(p-c)}{p}}.$$

Si l'on mène de même AD', AE' parallèle aux bissectrices BO', CO' des suppléments des angles B, C, on aura D'E'$=b+c-a=2\,(p-a)$, et, par les triangles semblables AD'E', O'BC, $2(p-a) : a = h_1 : r_1 = \dfrac{ah_1}{2(p-a)}$. On trouvera de même $r_2 = \dfrac{bh_2}{2(p-b)}$, $r_3 = \dfrac{ch_3}{2(p-c)}$. Donc aussi

$$pr=(p-a)\,r_1=(p-b)\,r_2=(p-c)\,r_3=T.$$

On déduit de ces relations :

$$\frac{1}{r}=\frac{1}{r_1}+\frac{1}{r_2}+\frac{1}{r_3}; \quad r+4\,R=r_1+r_2+r_3; \quad T^2=r.r_1.r_2.r_3.$$

PROBLÈME XIV.

***153.** — *Étant donnés les côtés* a, b, c, d *d'un quadrilatère inscrit, calculer les diagonales* D_1, D_2 *(fig. 109).*

Par les théorèmes des n°s 138 et 139, on a

$$D_1 . D_2 = ac+bd, \quad \frac{D_1}{D_2} = \frac{ad+bc}{ab+cd};$$

d'où résulte $D_1^2 = \dfrac{(ac+bd)(ad+bc)}{ab+dc}$, $D_2^2 = \dfrac{(ac+bd)(ab+cd)}{ad+bc}$.

Remarque. On peut calculer les diagonales sans faire usage des théorèmes cités, qui se déduiront ensuite des expressions trouvées.

Théorèmes à démontrer.

1. Deux triangles rectangles sont semblables, lorsque les hypoténuses sont comme les hauteurs correspondantes.

2. Deux triangles quelconques sont semblables, lorsqu'ils ont 1° un angle égal et un côté proportionnel à la hauteur correspondante ; 2° un côté et les hauteurs menées de ses extrémités proportionnels ; 3° un angle égal et deux hauteurs proportionnelles ; 4° un angle égal et le côté adjacent proportionnel au périmètre.

3. Deux trapèzes sont semblables, lorsqu'ils ont un angle égal, et les bases et la hauteur proportionnelles.

4. Deux quadrilatères sont semblables, lorsqu'ils ont 1° les diagonales et trois côtés homologues proportionnels ; 2° les angles égaux chacun à chacun et deux côtés homologues proportionnels.

5. Deux polygones de n côtés sont semblables, lorsqu'ils ont $n-2$ angles égaux chacun à chacun, compris entre $n-1$ côtés proportionnels.

6. Les rectangles qui terminent un cadre, ayant partout la même largeur, sont-ils semblables ?

7. Dans un trapèze, la somme des carrés des côtés non parallèles est égale à la somme des carrés des diagonales, moins le double produit des bases.

8. Si un quadrilatère inscrit a ses diagonales perpend. entre elles, 1° la somme des carrés de deux côtés opposés est égale au carré du diamètre ; 2° la somme des carrés des diagonales vaut le double du carré du diamètre, moins quatre fois le carré de la distance du centre au point d'intersection des diagonales.

9. La somme des carrés des diagonales d'un quadrilatère est double de la somme des carrés des droites qui joignent les milieux des côtés opposés.

10. Toute transversale détermine sur les côtés d'un triangle six segments tels, que le produit des trois segments qui n'ont aucune extrémité commune, est égal au produit des trois autres. — Réciproque.

11. Trois droites menées des sommets d'un triangle et passant par un même point, déterminent sur les côtés six segments tels, que le produit des trois segments non contigus est égal au produit des trois autres. — Réciproque.

12. Étant donnés deux cercles, 1° les sécantes menées par les extrémités de deux rayons parallèles et dirigés dans le même sens, concourent toutes en un même point E de la ligne des centres ; 2° les sécantes menées par les extrémités de deux rayons parallèles et dirigés en sens inverse, concourent aussi en un même point I de la ligne des centres ; 3° les deux points E, I, appelés centres de similitude externe ou interne des deux cercles, divisent harmoniquement la ligne des centres.

13. Etant donnés trois cercles, 1° les centres de similitude externe sont en ligne droite ; 2° un centre de similitude externe et deux centres de similitude interne sont en ligne droite ; 3° les droites qui joignent les centres des trois cercles aux centres de similitude interne, concourent en un même point.

14. Dans tout triangle, les trois hauteurs concourent en un même point ; et il en est de même des trois bissectrices, des trois médianes, des trois droites menées des sommets aux points de contact des côtés avec le cercle inscrit (Réciproque du th. 11).

15. Les distances des centres des cercles inscrit et circonscrit à un triangle est moyenne proportionnelle entre le rayon R du second cercle et l'excès R−2r de ce rayon sur le diamètre du premier. — Réciproque.

Problèmes à résoudre.

1. Trouver sur une droite AB, donnée de longueur et de position, un point M tel, qu'on ait 1° AB : AM$=$m : n ; 2° AB . AM$=$K^2, les quantités m, n, K étant des droites données.

2. Sur une droite donnée AB, trouver deux points O, O', tels que OA : OB$=$O'A : O'B$=$m : n.

3. Par un point A mener une droite dont les distances à deux points donnés B, C soient dans un rapport donné m : n. (2 solutions).

4. Par un point donné, mener une droite qui concourt au même point que deux droites données qu'on ne peut prolonger.

5. Par l'une des extrémités d'un diamètre d'un cercle, mener une sécante dont la partie extérieure, comprise entre la circ. et la tangente à l'autre extrémité de ce diamètre, ait une longueur donnée.

6. Etant donné le plus grand segment d'une droite divisée en moyenne et extrême raison, trouver cette droite.

7. Par l'un des points d'intersection de deux cercles, mener une double corde qui soit divisée en ce point dans un rapport donné.

8. Diviser le périmètre d'un tr. dans un rapport donné, par une parallèle à un côté.

9. Sur un arc donné, trouver un point tel, que le produit de ses distances aux extrémités de l'arc soit égal à K^2.

10. Par un point donné, mener une tangente à une circ. ou à un arc dont le centre ne peut être assigné.

11. Trouver le lieu des points tels, que les distances de chacun d'eux à deux droites données, soient dans un rapport donné $m:n$.

12. Etant donnés un angle et une droite ou une circ., trouver sur celle-ci un point dont les distances aux côtés de l'angle soient dans un rapport donné (3 solutions, ou moins).

13. Sur un arc donné, mais dont le centre ne peut être assigné, trouver un point dont les distances aux extrémités de cet arc soient dans un rapport donné (150).

14. Trouver un point dont les distances à trois points ou à trois droites soient proportionnelles aux longueurs données m, n, p.

15. Par un point A, on mène à tous les points d'une circ. O des droites AB, que l'on divise aux points M de manière qu'on ait AM : AB$=m:n$, ou bien AM : MB$=m:n$; quel est le lieu des points M ? — Les points M peuvent être situés sur les prolongements des droites BA.

16. Par un point donné A, extérieur à une circ. O, mener une sécante ACB qui soit divisée de sorte qu'on ait AB : AC$=m:n$, ou bien AC : CB$=m:n$. — Même problème, lorsque le point A est intérieur à la circ.

17. Par deux points donnés A, B, on fait passer une série de circonférences : 1° si d'un point pris sur la droite AB prolongée, on mène des tangentes à chacune de ces circ., quel sera le lieu des points de contact ; 2° Si ces circ. coupent un cercle fixe, quel sera le lieu des points où se coupent deux à deux les cordes de section ?

---

18. Par un point A donné hors d'un cercle, mener une sécante ABC qui soit divisée au point B en moyenne et extrême raison, c'est-à-dire de manière qu'on ait AC . AB$=$BC^2.

19. Par deux points donnés faire passer une circ. telle, que la tangente issue d'un troisième point ait une longueur donnée.

20. Décrire une circ. passant par deux points donnés et qui intercepte, 1° sur une droite une corde d'une longueur donnée ; 2° sur une circ. un arc dont la corde ait une longueur donnée.

21. Décrire une circ. qui passe par deux points et qui touche 1° une droite ; 2° une circ. donnée.

22. Par un point donné faire passer une circ. telle, que les tangentes menées par deux autres points donnés aient des longueurs données.

23. Décrire une circ. passant par un point et tangent 1° à deux droites ; 2° à une droite et à un cercle ; 3° à deux cercles.

24. Décrire une circ. qui touche, 1° deux droites et un cercle ; 2° une droite et deux cercles ; 3° trois cercles.

25. Etant donnés deux points et une droite, trouver sur celle-ci un point tel, que la somme ou la différence de ses distances aux deux points donnés soit égale à une longueur donnée.

26. Par un point donné, intérieur ou extérieur à un angle, mener une sécante telle, que le produit des segments compris entre le point et les côtés de l'angle soit égal à K^2.

---

27. Construire le triangle dont on connaît deux côtés et une bissectrice (2 cas).

28. Construire le triangle connaissant un côté, l'angle opposé et le produit K^2 des deux autres côtés, ou la bissectrice de cet angle.

29. Décrire le triangle connaissant un côté, le rapport des deux autres et 1° un angle (2 cas); 2° une hauteur (2 cas); 3° la médiane ou la bissectrice partant du sommet opposé au côté donné.

30. Tracer le triangle avec les données : 1° un côté, la hauteur correspondante, et le produit K^2 des deux autres côtés ; 2° un côté, le pied de la hauteur correspondante, et la somme ou la différence des deux autres côtés ; 3° les trois hauteurs ; 4° les pieds des trois bissectrices donnés de position.

31. Inscrire dans un triangle donné, 1° un carré ; 2° un rectangle dont on connaît le périmètre, ou le rapport des côtés, ou encore le produit des côtés.

32. Sur trois parallèles ou sur trois circ. données, trouver les sommets d'un triangle semblable à un triangle donné.

33. Construire les polygones réguliers de 5, 6, 8, 10, 12, 15 côtés, dont on connaît le côté.

34. Connaissant les périmètres P, P′ de deux polygones réguliers semblables inscrit et circonscrit à un même cercle, on peut calculer les périmètres P_2, P'_2 des polygones réguliers inscrit et circonscrit d'un nombre double de côtés, par les formules :

$$P'_2 = \frac{2PP'}{P+P'}, \quad P_2 = \sqrt{P'_2 . P}.$$

N. B. Ces formules peuvent servir à trouver une valeur approchée du nombre π.

35. Etant donnés deux points sur une circ., trouver sur cette circ. un troisième point tel, que les cordes qui le joignent aux points donnés, coupent un diamètre donné en des points également distants du centre.

LIVRE IV.

LES FIGURES CONSIDÉRÉES SOUS LE RAPPORT DE LEUR ÉTENDUE.

§ I. Mesure et équivalence des figures.

154. — L'étendue d'une surface se nomme *aire* ou *super-ficie*. La *mesure* de l'aire d'une surface est le rapport de cette aire à l'unité de superficie. On a choisi pour *unité d'aire* le carré qui a l'unité de longueur pour côté. Ainsi, selon que l'on prend pour unité de longueur le décamètre, le mètre, le déci-mètre,... l'unité d'aire est le décamètre carré (ou l'are), le mètre carré, le décimètre carré...

On appelle figures *équivalentes*, celles qui ont la même aire, mais qui ne peuvent coïncider entièrement par la superposi-tion. Par exemple, un triangle peut être équivalent à un carré, à un trapèze, à un cercle.

PROPOSITION PREMIÈRE.

155. — **Théorème**. *Deux rectangles de même hauteur sont proportionnels à leurs bases (fig.* 120 *et* 121*).*

Soient ABCD, AEFD deux rectangles de même hauteur AD; je dis qu'on aura

$$ABCD : AEFD = AB : AE.$$

1° Si les bases AB, AE (*fig.* 120) sont commensurables, soit divisée AB en parties égales à la commune mesure con-

tenue 8 fois, par ex., dans AB et 5 fois dans AE. Les perpendiculaires à AB, menées par les points de division, partageront le rectangle ABCD en 8 rectangles partiels égaux entre eux, comme ayant base égale et même hauteur ; le rectangle AEFD contiendra 5 de ces rectangles. On aura donc
ABCD : AEFD=AB : AE=8 : 5, c'est-à-dire que les deux rectangles sont entre eux comme leurs bases.

2° Si les bases AB, AE (*fig.* 121) sont incommensurables, soit divisée AB en un nombre m de parties égales ; AE contiendra un nombre n de ces parties avec un reste $IE < \dfrac{AB}{m}$, et si l'on mène IH perpend. à AB, on aura, en vertu du 1er cas,
$$ABCD : AEFD — IEFH = AB : AE — IE = m : n.$$

Or, si le nombre n augmente indéfiniment, le reste IE peut devenir moindre que toute grandeur donnée, et par suite le rapport rationnel $m : n$ converge indéfiniment vers les rapports limites ABCD : AEFD, AB : AE ; donc ces rapports sont égaux (80).

PROPOSITION II.

156. — **Théorème.** *L'aire d'un rectangle a pour mesure le produit de sa base par sa hauteur (*fig.* 122).*

Soit ABCD un rectangle quelconque. Ayant pris, à partir du sommet A, les longueurs AE, AG égales chacune à l'unité de longueur u, par les points E, G, je mène les perpend. EF à AB, GH à AD ; le carré AEHG sera égal à l'unité d'aire S. Les rectangles ABCD, AEFD, que l'on peut désigner par AC, AF, ont même hauteur AD, et sont entre eux comme leurs bases AB, AE ; de même les rectangles AF, AH, qui ont aussi même hauteur AE, sont entre eux comme leurs bases AD, AG ; on a donc les deux proportions :
$$\frac{AC}{AF} = \frac{AB}{AE}, \quad \frac{AF}{AH} = \frac{AD}{AG}.$$

Multipliant ces proportions par ordre et supprimant ensuite (ou omettant) le facteur AF commun aux termes du premier rapport, on aura

$$\frac{AC}{AH} = \frac{AB}{AE} \times \frac{AD}{AG},$$

ou, en remplaçant le carré AH par S, et ses côtés AE, AG par u,

$$\frac{ABCD}{S} = \frac{AB}{u} \times \frac{AD}{u}.$$

On conclut de là que *la mesure du rectangle proposé*, exprimée par $\dfrac{ABCD}{S}$, *s'obtient en faisant le produit des nombres d'unités de longueur* $\dfrac{AB}{u}$, $\dfrac{AD}{u}$, *contenues dans sa base et sa hauteur.*

Si l'on sous-entend l'unité d'aire S et l'unité de longueur u, on peut écrire :

$$ABCD = AB \times AC.$$

Corollaires. I. *L'aire d'un carré a pour mesure le côté multiplié par lui-même;* car le carré est un rectangle dont la base égale la hauteur. — De là vient le mot *carré* qu'on emploie en arithmétique pour désigner la deuxième puissance d'un nombre.

II. *Deux rectangles quelconques* R, R' *sont proportionnels aux produits de leurs bases* B, B' *par leurs hauteurs* H, H'. Car on a $R = B . H$, $R' = B' . H'$; d'où suit $R : R' = B . H : B' . H'$.

PROPOSITION III.

157. — **Théorème**. *L'aire d'un parallélogramme a pour mesure le produit de sa base, par sa hauteur* (*fig.* 123).

Soit le parallélogramme ABCD. Par les points A, B, j'élève sur la base AB les perpend. AF, BE terminées à la parallèle CD à AB : le parallélogramme proposé sera équivalent au rectangle ABEF. En effet, les triangles rectangles ADF, BCE, qui ont l'hypoténuse AD = BC et le côté AF = BE (54), sont égaux ; donc le trapèze ABCF, moins le tr. ADF, est équivalent au même trapèze, moins le tr. ACE, ou, ce qui est la même chose, le parallélogramme ABCD est équivalent au rectangle

ABÉF. Or, l'aire du rectangle a pour mesure AB . BE ; donc l'aire du parallélogramme a aussi pour mesure AB . BE, ou le produit de sa base par sa hauteur, c'est-à-dire qu'on a

$$\frac{ABCD}{S} = \frac{AB}{u} \times \frac{BE}{u}.$$

Corollaires. I. *Tout parallélogramme est équivalent à un rectangle de même base et de même hauteur*.

II. *Deux parallélogrammes de même base et de même hauteur sont équivalents*.

III. *Deux parallélogrammes quelconques sont entre eux comme les produits de leurs bases par leurs hauteurs*. Car on a P=B . H, P'=B' . H' ; d'où P : P'=B . H : B' . H'.

Si la hauteur H=H', ou si B=B', cette proportion devient P : P'=B : B', ou P : P'=H : H'. Donc *deux parallélogrammes de même hauteur sont comme leurs bases, et deux de même base sont comme leurs hauteurs*.

PROPOSITION IV.

158. — **Théorème**. *L'aire d'un triangle a pour mesure la moitié du produit de sa base par sa hauteur (fig. 124)*.

Soit le tr. ABC. Par les points A et C, je mène les parallèles AD à BC et CD à AB. Les tr. ABC, ACD, qui ont les trois côtés égaux ch. à ch., sont égaux entre eux, et par conséquent chacun d'eux est la moitié du parallélogramme ABCD ; or, l'aire de celui-ci a pour mesure BC . AH ; donc l'aire du tr. ABC a pour mesure $\frac{1}{2}$ BC . AH, c'est-à-dire qu'on a

$$\frac{ABC}{S} = \frac{1}{2} \cdot \frac{BC}{u} \cdot \frac{AH}{u}.$$

Corollaires. I. *Tout triangle est la moitié d'un parallélogramme ou d'un rectangle de même base et de même hauteur*.

II. *Deux triangles de même base et de même hauteur sont équivalents*.

III. *Deux triangles quelconques sont entre eux comme les produits de leurs bases par leurs hauteurs*.

IV. *Deux triangles de même hauteur sont comme leurs bases et deux de même base sont comme leurs hauteurs.*

Remarque. Si l'on appelle T la mesure de l'aire d'un triangle, on aura, par les valeurs trouvées (152)

$$T = \sqrt{p(p-a)(p-b)(p-c)}; \quad T = \frac{abc}{4R};$$

$$T = pr = (p-a)r_1 = (p-b)r_2 = (p-c)r_3 = \sqrt{r\,r_1 r_2 r_3}.$$

La première de ces formules s'énonce comme suit : *la mesure de l'aire d'un triangle est égale à la racine carrée du produit ayant pour facteurs, le demi-périmètre et les trois restes que l'on obtient en retranchant du demi-périmètre successivement chacun des trois côtés.*

Soient $a = 20$, $b = 15$, $c = 9$; on trouvera $T = 63,2771$.

PROPOSITION V.

159. — **Théorème**. *L'aire d'un trapèze a pour mesure la demi-somme des bases par la hauteur (fig. 125).*

Soit le trapèze ABCD. Sur la base AB prolongée, je prends une longueur BE=CD, et je joins DE, qui coupera BC en un point M. Les tr. MBE, MCD ont un côté égal BE=CD adjacent à deux angles égaux ch. à ch., l'angle MBE=MCD et MEB=MDC, comme alternes-internes ; donc ces triangles sont égaux, et par conséquent le trapèze proposé est équivalent au triangle ADE, qui a pour mesure $\frac{1}{2}$ AE . DH. Mais, puisque BE=CD, on a AE=AB+CD, ou la somme des bases; donc, la mesure de l'aire du trapèze

$$ABCD = \tfrac{1}{2}(AB+CD) . DH,$$

c'est-à-dire la demi-somme des bases par la hauteur.

Corollaires. I. A cause de l'égalité des tr. MBE, MCD, le point M est le milieu des droites DE et BC ; ainsi, en joignant ce point au point N, milieu de AD, on aura (59 ou 60) $MN = \frac{1}{2} AE = \frac{1}{2}(AB+CD)$, et par suite $ABCD = MN . DH$. Donc *l'aire d'un trapèze est égale à la droite qui joint les milieux des côtés non parallèles, multipliée par la hauteur.*

II. *L'aire d'un trapèze a encore pour mesure* le produit d'un des côtés non parallèles par la perpend. abaissée sur ce côté du milieu de l'autre (*à démontrer*).

Remarque. Soit menée la parallèle DB′ à BC. Si l'on désigne par B, B′ les bases AB, CD du trapèze ; par a, b les côtés AD, BC ; par c la différence AB′ des bases, on aura (152)

$$DH = \frac{2}{c}\sqrt{p(p-a)(p-b)(p-c)},$$ et par suite, pour la mesure T′ de l'aire du trapèze, en fonction des quatre côtés,

$$T' = \frac{B+B'}{B-B'}\sqrt{p(p-a)(p-b)(p-c)}.$$

PROPOSITION VI.

160. — **Théorème**. *L'aire d'un polygone régulier a pour mesure la moitié du produit de son périmètre par l'apothème* (fig. 84).

En effet, les rayons OG, OH, OI,... menés du centre O aux sommets, divisent le polygone régulier proposé en autant de triangles isocèles égaux qu'il y a de côtés ; or, l'aire du tr. $OGH = \frac{1}{2}GH \cdot OP$; donc, si l'on désigne par n le nombre des côtés, la mesure de l'aire du polygone régulier donné sera $\frac{1}{2}GH \cdot n \cdot OP$, c'est-à-dire le demi-produit du périmètre $GH \cdot n$ par l'apothème OP.

Remarque. *L'aire du cercle est la limite d'un polygone régulier inscrit dont le nombre des côtés va indéfiniment en doublant.*

En effet, l'aire A d'un polygone régulier inscrit dans le cercle donné (fig. 96) a pour mesure la moitié du produit de son périmètre P par son apothème a ; l'aire A′ du polygone semblable circonscrit a pour mesure la moitié du produit de son périmètre P′ par son apothème, qui est le rayon R du cercle ; on a donc $A = \frac{1}{2}P \cdot a$, $A' = \frac{1}{2}P' \cdot R$, et par conséquent, puisque les périmètres sont comme les apothèmes (119).

$$\frac{A}{A'} = \frac{P}{P'} \cdot \frac{a}{R} = \left(\frac{a}{R}\right)^2.$$

Or, quand le nombre des côtés de ces deux polygones va en doublant indéfiniment, le rapport $\frac{a}{R}$ a pour limite l'unité; le rapport $\frac{A}{A'}$ a donc la même limite, ce qui montre que A et A' convergent vers une limite commune, qui est le cercle; donc limite A=cerc. R.

PROPOSITION VII.

161. — **Théorème**. *L'aire d'un cercle a pour mesure la moitié du produit de la circonférence par le rayon, ou bien le carré du rayon multiplié par le rapport (fig. 96),*

Car, 1° si dans le cerc. OC, on inscrit une série de polygones réguliers, dont le nombre des côtés devient constamment de deux en deux fois plus grand, l'aire A de chacun de ces polygones aura pour mesure la moitié du produit de son périmètre P par son apothème a, c'est-à-dire qu'on aura :
$$A = \tfrac{1}{2} P \cdot a.$$
Cette égalité ayant lieu quel que soit le nombre des côtés du polygone auquel on la suppose appliquée, on peut y remplacer les variables A, P, a par leurs limites respectives, savoir : cerc. OC, circ. OC, OC, ce qui donnera (19)
$$\text{circ. } OC = \tfrac{1}{2} \text{ circ. } OC \times OC,$$
ou, en représentant par R le rayon du cercle,
$$\text{cerc. } R = \tfrac{1}{2} \text{ circ. } R \times R.$$

2° Puisque circ. R = 2 Rπ, on a aussi, en remplaçant dans l'expression précédente,
$$\text{cerc. } R = R^2 \pi.$$

Cette expression montre que pour avoir la mesure de l'aire d'un cercle, il suffit de connaître le rayon. Par ex , si R=4, on aura cerc.=4². π=50, 2656.

Corollaires. I. *Connaissant seulement* circ. R = 2 Rπ, d'où $\tfrac{1}{2}$ R $= \dfrac{\text{circ. } R}{4\pi}$, on aura cerc. R $=$ circ. R $\times \dfrac{\text{circ. } R}{4\pi} =$
$$\left(\frac{\text{circ. } R}{2}\right)^2 \cdot \frac{1}{\pi}; \ \frac{1}{\pi} = 0{,}3183099\ldots$$

II. L'aire de la *couronne circulaire* (*fig.* 126), comprise entre deux circ. concentriques, a pour mesure le produit de la demi-somme des circ. par la différence des rayons, qui est la largeur de la couronne.

Soit C la mesure de l'aire de la couronne ; on a C=cerc. OA—cerc. OC=$\frac{1}{2}$ (circ. OA . OA—circ. OC . OC). Or, de la proportion (121) circ. OA : circ. OC=OA : OC, on déduit circ. OA+circ. OC=circ. OA—circ. OC=OA+OC : OA—OC, d'où résulte (circ. OA+circ. OA) AC=circ. OA . OA—circ. OC . OC ; donc C.=$\frac{1}{2}$ (circ. OA+circ. OC) AC=circ OM . AC. — Si OA=5, OC=3 ; on aura OM=4 et C=50, 2656.

PROPOSITION VIII.

162. — **Théorème**. *L'aire d'un secteur circulaire a pour mesure la moitié du produit de l'arc qui lui sert de base par le rayon,* ou bien *l'aire du cercle dont il fait partie, multipliée par le rapport entre le nombre des degrés de son arc et* 360 (*fig.* 126).

Car, 1° il résulte de la proposition XIII, livre II, qu'on a la proportion :

cerc. OA : sect. OAB=circ. OA : arc. AB=$\frac{1}{2}$ circ. OA . OA : $\frac{1}{2}$ arc . AB . OA.

Or, l'aire du cerc. OA=$\frac{1}{2}$ circ. OA . OA ; donc celle du secteur OAB=$\frac{1}{2}$ arc . AB . OA.

2° On a aussi, en désignant par n le nombre des degrés contenus dans l'arc AB,

cerc. OA : sect. OAB=360°: n°; d'où sect. OAB=cerc. OA . $\frac{n}{360}$.

Soient OA = 4 et n = 25° 30′= 1530′; on trouvera sect.

$$= \frac{17.\pi}{15} = \pi + \frac{2\pi}{15}.$$

Corollaires. I L'aire du *segment circulaire* ABM (*fig.* 126) est la différence entre l'aire du sect. OAB et celle du triangle isocèle OAB.

II. *L'aire du* trapèze circulaire ABCD *a pour mesure la demi-somme des bases* arc AB, arc CD, *multipliée par la hauteur* AC. Car on a ABCD=sect. OAB—sect. OCD=$\frac{1}{2}$ (arc AB. OA—arc CD . OC). Or, arc AB : arc CD=OA : OC (122, 1°), d'où arc AB+arc CD : arc AB—arc CD=OA+OC : OA—OC, et (arc AB+arc CD) AC=(arc AB . OA—arc CD.OC); donc ABCD=$\frac{1}{2}$ (arc AB+arc CD) AC=arc MN.AC.

Remarque. L'aire d'une figure plane irrégulière, terminée par une ligne brisée quelconque, s'évalue en la décomposant en triangles, ou en triangles et trapèzes ; lorsque le contour est une courbe, on le divise d'abord en parties assez petites pour que l'on puisse les considérer comme des droites. Dans *l'arpentage* on emploie fréquemment le procédé suivant : sur la plus grande *base* que l'on puisse jalonner dans la figure à mesurer, on abaisse des perpend. par tous les sommets et par tous les points de division du contour, ce qui décomposera la figure en triangles rectangles et en trapèzes, dont la somme des mesures donnera l'aire de la figure proposée.

§ II. Relations des carrés, et rapport des aires des figures semblables.

PROPOSITION IX.

***163**. — **Théorème**. *Le carré construit sur une droite* AC, *égale à la somme de deux autres* AB, BC, *équivaut à la somme des carrés faits sur ces droites, plus le double du rectangle ayant ces mêmes droites pour côtés (fig.* 127).

Sur AC et AB, je construis les carrés ACDE et ABGH, et je prolonge BG, HG jusqu'en K et en I ; la figure GIDK sera le carré fait sur BC, car GI=GK=BC. De plus, les rectangles BCIG, GHEK, qui ont des bases égales BG=GH=AB et des hauteurs égales BC=GI=GK, seront égaux ; donc

$$AC^2=AB^2+BC^2+2\,AB.BC.$$

PROPOSITION X.

***164**. — **Théorème**. *Le carré construit sur une droite AB, égale à la différence de deux autres AC, BC, équivaut à la somme des carrés faits sur celles-ci, moins le double du rectangle ayant ces mêmes droites pour côtés (fig. 127).*

Ayant construit sur AC, AB les carrés AD, AG, et prolongé les côtés BG, HG en K et en I, le carré GD sera le carré fait BC, et les rectangles BD, HD seront égaux au rectangle ayant pour base AC=CD=DE et pour hauteur BC; or, si de la somme des carrés AD, GD, on retranche les deux rectangles BD, HD, il restera le carré ABGH; donc

$$AB^2 = AC^2 + BC^2 - 2\,AC\,.\,BC.$$

PROPOSITION XI.

***165**.— **Théorème**. *Le rectangle construit sur la somme AC′ et la différence AC de deux droites AB, BC, vaut la différence des carrés faits sur ces droites (fig. 128).*

Soit AC′ DE le rectangle (AB+BC) (AB—BC). Ayant construit sur AB, AC les carrés AG, AK, et prolongé CK en I, les rectangles BD, EI seront égaux, comme ayant même base BM=EK et même hauteur BC′=EH; donc le rectangle AD équivaut à la différence des carrés AG, KG, et l'on a

$$(AB+BC)\,(AB—BC) = AB^2 — BC^2.$$

Remarque. Les trois dernières propositions se démontrent plus simplement au moyen des identités du n° 132, où les lettres a et b représentent les valeurs numériques de deux droites quelconques.

PROPOSITION XII.

166. — **Théorème**. *Le carré construit sur l'hypoténuse d'un triangle rectangle est équivalent à la somme des carrés construits sur les deux autres côtés (fig. 129).*

Soit le tr. ABC, rectangle en A ; je dis qu'on aura $BC^2 = AB^2 + AC^2$. Du sommet A, je mène sur les côtés parallèles BC, GH, la perpend. commune ADE, qui divise le carré BH ou BC^2 en deux rectangles CE, DG, qui seront respectivement équivalents aux carrés CK, BL.

En effet, les angles ACH, ICB, composés chacun d'un angle droit BCH, ACI, et du même angle ACB, sont égaux ; par conséquent, en joignant AH, BI, les tr. ACH, ICB seront égaux comme ayant l'angle ACH=BCI compris entre côtés égaux ch. à ch., CA=CI et CH=CB. Or, le double du tr. ACH vaut le rectangle CE, qui a même base CH et même hauteur CD=AP (158, c. I) ; pareillement, le double du tr. ICB vaut le rectangle ou carré CK, qui a même base CI et même hauteur CA=BR ; donc le rectangle CE est équivalent au carré CK.

On démontrera de la même manière que les doubles des triangles égaux ABG, CBM sont respectivement équivalents au rectangle DG et au carré BL ; donc le rectangle DG est équivalent au carré BL. Donc la somme des rectangles CE, DG ou le carré CG, fait sur l'hypoténuse, équivaut à la somme des carrés CK, BL, faits sur les deux autres côtés ; donc $CB^2 = AB^2 + AC^2$.

Corollaire. En comparant le carré BC^2 à chacun des rectangles CE, DG, qui sont équivalents à AC^2, AB^2, et ensuite ces rectangles entre eux, on aura (156), à cause de la hauteur commune DE,

$$BC^2 : AC^2 = BC : CD,$$
$$BC^2 : AB^2 = BC : BD,$$
$$AC^2 : AB^2 = CD : BD ;$$

donc, 1° *le carré de l'hypoténuse est au carré de chacun des côtés de l'angle droit, comme l'hypoténuse est au segment adjacent à ce côté; 2° les carrés des deux côtés de l'angle droit sont entre eux comme les segments de l'hypoténuse adjacents à ces côtés.*

PROPOSITION XIII.

***167. — Théorème**. *Dans un triangle obliquangle, le carré fait sur un côté opposé à un angle obtus (ou aigu) est équivalent à la somme des carrés faits sur les deux autres côtés, plus (ou moins) le double du rectangle ayant pour base l'un de ces côtés et pour hauteur la projection de l'autre sur ce même côté (fig. 130).*

Soit le tr. ABC. Ayant fait les constructions telles que les indique la figure, les tr. ABG, CBM, qui ont un angle égal ABG=CBM compris entre côtés égaux ch. à ch., sont égaux ; donc le rectangle BE, double du premier de ces triangles, est équivalent au rectangle BP, double du second. On prouvera de même l'équivalence des rectangles AN et AP, CE et CN. Il résulte de là :

Que le carré AM, fait sur le côté AB opposé à un angle obtus ACB, équivaut à la somme des rectangles BE, AN, c'est-à-dire à la somme des carrés BH, AI, faits sur les deux autres côtés, plus le double du rectangle CE qui a pour base CH=BC et pour hauteur CD, projection de AC sur BC, on a donc

$$AB^2 = BC^2 + AC^2 + 2\,BC\,.\,CD.$$

Le second cas de la proposition se démontre avec une égale facilité. — Les propriétés des cinq derniers théorèmes étaient connues, pour les valeurs numériques des côtés des mêmes figures, par les nᵒˢ 131, 132 et 133.

PROPOSITION XIV.

168. — Théorème. *Deux triangles qui ont un angle égal (ou supplémentaire), sont entre eux comme les rectangles des côtés qui comprennent cet angle (fig. 131).*

Soient les tr. ABC, ADE, qui ont l'angle A commun. Je joins BE. Les tr. ABC, ABE, ayant pour hauteur commune la perpend. abaissée de leur sommet commun B sur le côté AC, sont entre eux comme leurs bases AC, AE (158, c. IV). Les tr. ABE, ADE, qui ont le sommet commun E, ont aussi même hauteur et sont entre eux comme leurs bases AB, AD ; on a donc

$$ABC : ABE = AC : AE,$$
$$ABE : ADE = AB : AD.$$

D'où, par la multiplication,

$$ABC : ADE = AB . AC : AD . AE.$$

Corollaires. I. Lorsque DE est parallèle à BC, *le tr. ABE est moyen proportionnel entre les triangles proposés*. Car, ayant alors AB : AD = AC : AE, les deux proportions précédentes ont un rapport égal, et on a

$$ABC : ABE = ABE : ADE.$$

II. Les deux tr. proposés seraient *équivalents*, si l'on avait AB . AC = AD . AE, ou AB : AD = AE : AC, c'est-à-dire si BE était parallèle à DC. — La réciproque est vraie.

PROPOSITION XV.

169. — **Théorème**. *Deux triangles semblables sont entre eux comme les carrés des côtés homologues* (fig. 132).

Soient l'angle A = D et B = E ; les deux triangles ABC, DEF, qui sont semblables, sont entre eux comme les rectangles des côtés qui comprennent l'angle A = D, de sorte qu'on aura

$$\frac{ABC}{DEF} = \frac{AB.AC}{DE.DF} = \frac{AB}{DE} . \frac{AC}{DF}.$$

Mais, en vertu de l'hypothèse, on a

$$\frac{AB}{DE} = \frac{AC}{DF} = \frac{BC}{EF};$$

donc, en remplaçant dans la 1re prop. le rapport $\frac{AC}{DF}$ par son égal $\frac{AB}{DE}$, et *vice-versá*, puis ces deux rapports chacun par $\frac{BC}{EF}$, on aura

$$\frac{ABC}{DEF} = \frac{AB^2}{DE^2} = \frac{AC^2}{DF^2} = \frac{BC^2}{EF^2}.$$

Remarque. Cette proposition se démontre plus directement comme suit : si l'on mène les hauteurs AH, DI sur deux côtés homologues BC, EF, on aura (158, c. III)

$$\frac{ABC}{DEF} = \frac{BC.AH}{EF.DI} = \frac{BC}{EF} \cdot \frac{AH}{DI}.$$

Or, par la similitude des tr. ABH et DEI, ABC et DEF, on a

$$\frac{AH}{DI} = \frac{AB}{DE} = \frac{BC}{EF};$$

donc, en remplaçant dans la 1re prop. le rapport $\dfrac{AH}{DI}$ par son égal $\dfrac{BC}{EF}$, et *vice-versâ*, il viendra

$$\frac{ABC}{DEF} = \frac{BC^2}{EF^2} = \frac{AH^2}{DI^2}.$$

PROPOSITION XVI.

170. — **Théorème**. *Les aires de deux polygones semblables sont entre elles comme les carrés des côtés homologues* (*fig*. 93).

Car, puisque deux polygones semblables sont composés de triangles semblables chacun à chacun, et semblablement disposés (115), on aura, par le th. qui précède,

$$ABC : A'B'C' = AB^2 : A'B'^2 = AC^2 : A'C'^2,$$
$$ACD : A'C'D' = AC^2 : A'C'^2 = AD^2 : A'D'^2,$$
$$ADE : A'D'E' = AD^2 : A'D'^2.$$

Mais, à cause de l'égalité des seconds rapports, les premiers rapports forment une suite de rapports égaux, dans laquelle la somme des antécédents, ou l'aire S du premier polygone, est à la somme des conséquents, ou l'aire S' du second polygone, comme un antécédent ABC est à son conséquent A'B'C', c'est-à-dire qu'on a   S : S' = ABC : A'B'C'; donc enfin

$$S : S' = AB^2 : A'B'^2.$$

On a aussi (118) $S : S' = AB^2 : A'B'^2 : MN^2 : M'N'^2$ (*fig*. 94).

Corollaire. Les angles d'un polygone restant les mêmes si les côtés deviennent chacun 2, 3, 4,... fois grands ou plus petits, l'aire de ce polygone deviendra 4, 9, 16,... fois plus grande ou plus petite.

PROPOSITION XVII.

171. — Théorème. *Deux polygones réguliers d'un même nombre de côtés sont entre eux comme les carrés des rayons des cercles inscrits ou circonscrits.*

Car, ces polygones étant semblables (119), leurs aires S, S' sont comme les carrés des côtés homologues (170), et par conséquent (119) comme les carrés des rayons R, R' des cercles inscrits ou circonscrits; donc

$$S : S' = R^2 : R'^2.$$

PROPOSITION XVIII.

172. — Théorème. *Les cercles sont comme les carrés de leurs rayons ou de leurs diamètres.*

Car on a (162) cerc. $R = \pi R^2$, cerc. $R' = \pi R'^2$; donc

$$\text{cerc. } R : \text{cerc. } R' = R^2 : R'^2 = 4 R^2 : 4 R'^2.$$

Les aires de deux cercles sont aussi entre elles comme les carrés des circonférences.

Corollaire. Si le rayon d'un cercle devient 2, 3, 4,... fois plus grand ou plus petit, l'aire du cercle deviendra 4, 9, 16,... fois plus grande ou plus petite.

PROPOSITION XIX.

173. — Théorème. *Si l'on construit trois figures semblables dont trois côtés homologues soient égaux (ou proportionnels) aux côtés d'un triangle rectangle, la figure P faite sur l'hypoténuse BC sera équivalente à la somme des deux autres Q, R (fig. 133).*

En effet, les figures semblables étant entre elles comme les carrés des côtés homologues, on a $Q : R = AB^2 : AC^2$; d'où
$$Q + R : R = AB^2 + AC^2 : AC^2.$$

Mais on a aussi $P : R = BC^2 : AC^2$; donc, eu égard à l'hypothèse $BC^2 = AB^2 + AC^2$, on a $P = Q + R$.

Corollaires. I. Si l'on mène AD perpend. à l'hypoténuse BC, on aura $P : Q : R = BC : BD : CD$; ainsi la *détermination* du rapport de deux figures semblables est ramenée à celle du rapport de deux droites.

II. Lorsque les trois figures semblables sont trois demi-cercles ayant pour diamètres les trois côtés du triangle rectangle (*fig.* 134), si du demi-cercle décrit sur l'hypoténuse BC, on retranche les segments ABE et ACD, il restera le tr. ABC égal à la somme des espaces courbes AEBN et ADCM, appelés *lunules d'Hipprocrate*, qui, le premier, en détermina la valeur.

Problèmes relatifs au Livre IV.

PROBLÈME PREMIER.

174. — *Transformer un rectangle en un autre équivalent dont la base soit donnée* (*fig.* 135).

Soient AB la base et AC la hauteur du rectangle donné ; DE la base donnée et DX la hauteur inconnue du rectangle demandé. Ces deux rectangles devant être équivalents, on doit avoir $AB . AC = DE . DX$; d'où $DE : AB = AC : DX$; la hauteur inconnue DX est donc une quatrième proportionnelle aux trois droites données DE, AB, AC (142).

PROBLÈME II.

175. — *Transformer un carré donné en un rectangle équivalent, dont la somme ou la différence de la base et de la hauteur soit donnée* (*fig.* 136).

1° Soient donnés le carré ABCD et la somme BE de la base et de la hauteur du rectangle demandé. On aura les côtés du rectangle en divisant BE, au point G, de manière qu'on ait $BG \cdot GE = AB^2$, ou $BG : AB = AB : GE$ (149). Ainsi, sur BE comme diamètre, décrivez une demi-circ. BFE ; à la distance AB égale au côté du carré, menez la parallèle AF à BE, et par le point F, abaissez sur BE la perpend. FG : BG et GE seront les côtés du rectangle demandé GHIE.

2° Soient donnés le carré ABCD et la différence BE des côtés du rectangle demandé. Sur BE comme diamètre, décrivez une demi-circ. ; au point B, menez la tangente BA égale au côté du carré donné ; enfin, par le point A et par le centre O, tirez la sécante AMN : AN et AM seront les côtés du rectangle demandé, car leur différence $MN = BE$ et leur rectangle $AN \cdot AM = AB^2$ (136, 2°).

Remarque. Le problème serait impossible, dans le 1er cas, si le côté AB du carré surpassait $\frac{1}{2}$ BE.

PROBLÈME III.

176. — *Transformer un polygone donné en un triangle équivalent, dont le sommet soit en un point donné sur un côté du polygone.*

1° Soit proposé de transformer le polygone ABCDE (*fig.* 137) en un triangle dont le sommet soit le sommet C. Je mène la diagonale CE, qui retranche du polygone le tr. CDE, auquel il faudra substituer un triangle équivalent ayant son sommet sur le côté AE prolongé. A cet effet, par le point D, je mène parallèlement à CE la droite DG terminée, au point G de AE prolongé, et je joins CG ; les triangles CGE, CDE seront équivalents, puisque leurs sommets G et D sont situés sur la même parallèle DG à la base commune CE (158, c. II). Donc le polygone donné ABCDE est équivalent au polygone ABCG, qui a un côté de moins, et que l'on transformera de la même manière en un autre équivalent, qui aura deux côtés de moins que le polygone proposé ; on arrivera ainsi à un tr. CFG équivalent à ABCDE.

2° Soit à transformer le quadrilatère ABCD (*fig*. 137. B) en un triangle équivalent dont le sommet soit au point O sur le côté BC. Je mène OD, la parallèle CE à OD, et je joins OE ; le triangle ODE est équivalent au tr. ODC ; donc le quadrilatère ABOE est équivalent au proposé ABCD, ce qui ramène au premier cas.

PROBLÈME IV.

177. — *Diviser un polygone donné en un nombre donné de parties équivalentes par des droites issues d'un point situé sur un côté du polygone (fig. 137. B).*

Soit proposé de diviser le polygone ABCD en trois parties équivalentes par des droites menées par le point O du côté BC. Si l'on construit le tr. OEF équivalent à ABCD et que l'on divise la base EF en trois parties égales aux points G, H, on aura tr. ODE—ODG=tr. ODC—ODG=$\frac{1}{3}$ ABCD. Ainsi, menant GI parallèle à OD, on aura tr. ODG=ODI, et par conséquent tr. ODC—ODI ou tr. OIC=$\frac{1}{3}$ ABCD. On déterminera de la même manière les autres droites de division.

PROBLÈME V.

178. *Construire un carré équivalent à un polygone donné.*
1° Si le polygone donné est un parallélogramme ABCD (*fig*. 138), soit BX le côté du carré équivalent ; on doit avoir BX²=AB.BE, d'où AB : BX=BX : BE. Le côté cherché BX est donc une moyenne proportionnelle entre AB et BE (143).

2° Si le polygone donné ABCDE est quelconque (*fig*. 137), on le transformera d'abord en un triangle équivalent (176). Soit CFG ce triangle ; en représentant par X le côté cherché, on doit avoir X²=$\frac{1}{2}$ FG . CH, d'où FG : X=X : $\frac{1}{2}$ CH ; donc X est encore une moyenne proportionnelle entre la base et la moitié de la hauteur du triangle équivalent au polygone proposé.

Remarque. Construire un carré équivalent à une figure rectiligne donnée, s'appelle *carrer* la figure ou en trouver la *quadrature*.

La *quadrature du cercle* s'obtiendrait en cherchant la moyenne proportionnelle entre le rayon et la moitié de la circ. *rectifiée* (162); mais, comme la circ. est incommensurable avec le rayon, on ne peut en obtenir la rectification qu'approximativement. La quadrature du cercle ne peut donc s'obtenir exactement.

PROBLÈME VI.

179. — *Construire un polygone semblable à un polygone P et équivalent à un autre polygone Q (fig. 139).*

Soit X le côté du polygone cherché Y, homologue au côté BC du polygone semblable P. Les aires de ces polygones semblables sont entre elles comme les carrés des côtés homologues, de sorte qu'on a

$$P : Y = BC^2 : X^2,$$

ou, puisque Y doit être équivalent à Q,

$$P : Q = BC^2 : X^2.$$

Ainsi, en transformant P et Q en des carrés équivalents M^2 et N^2, par le problème qui précède, il viendra,

$$M^2 : N^2 = BC^2 : X^2, \text{ et par suite } M : N = BC : X.$$

Le côté X est donc une quatrième proportionnelle aux droites connues M, N, BC (142); soit X=GH. Dans le polygone P, menez les diagonales BD, BE; aux points G, H faites l'angle HGI=CBD, l'angle GHI=BCD, ce qui donnera le tr. GHI semblable à BCD; construisez pareillement les tr. GIK, CKF semblables aux tr. BDE, BEA. Le polygone FGHIK sera semblable à P (115) et équivalent à Q.

PROBLÈME VII.

180. — *Construire un carré qui soit équivalent à la somme ou à la différence de deux carrés donnés (fig. 140).*

Soient A, B les côtés des deux carrés donnés.

1° Sur les côtés indéfinis d'un angle droit EDF, prenez DE=A, DF=B et tirez EF, qui sera le côté du carré équivalent à la somme des carrés donnés; car on a $EF^2=DE^2+DF^2=A^2+B^2$.

2° Sur l'un des côtés d'un angle droit FDG, prenez DF égale au plus petit côté B; ensuite du centre F et d'un rayon égal à l'autre côté B, coupez DG au point G; DG sera le côté du carré équivalent à la différence des deux carrés donnés. Car on a, par construction, $DG^2=FG^2-DF^2=A^2-B^2$.

Remarque La même construction servira à trouver un carré équivalent à la somme de tant de carrés qu'on voudra, même lorsqu'il y a, dans cette somme, des carrés soustractifs.

PROBLÈME VIII.

181. — *Construire une figure semblable à deux figures semblables données, et qui soit équivalente à la somme ou à la différence de ces deux figures (fig. 133).*

1° Si la figure cherchée doit être équivalente à la somme des deux figures données Q, R, construisez le tr. ABC, rectangle en A, dont les côtés AB, AC soient égaux à deux côtés homologues des figures Q, R; la figure P semblable à Q et construite sur BC homologue à AB, sera égale à la somme Q+R (173).

2° Si la figure demandée doit être égale à la différence des figures données P, Q, construisez le tr. rectangle ABC, dont l'hypoténuse BC et le côté AB soient deux côtés homologues de P et Q; la figure R semblable à P et construite sur AC homologue à BC, sera la figure demandée (173).

PROBLÈME IX.

***182**. — *Construire un carré qui soit à un carré donné dans un rapport donné M : N. (fig. 141).*

Ce problème revient à construire un triangle rectangle dont

les segments de l'hypoténuse soient dans le rapport M : N, et dont le côté adjacent à N soit égal au côté du carré donné C (166. c.)

Ainsi, ayant décrit une demi-circ. sur la droite AC=AB+BC=M+N, comme diamètre, au point B, élevez la demi-corde BD pèrpend. sur AB ; tirez les cordes DA, DC, et prenez DF égale au côté du carré C ; enfin, par le point F, menez FE parallèle à AC, et construisez sur DE le carré X, qui sera le carré requis.

Car, à cause de l'angle droit ADC, les carrés X, C sont comme les segments EG, GF (166, c.) et par conséquent comme AB, BC (128) ; donc X : C=M : N.

Remarque. — Si M et N étaient des nombres donnés, on prendrait AB égale à M fois une longueur arbitraire et BC égale à N fois la même longueur.

PROBLÈME X.

***183**. — *Construire une figure X semblable à une figure donnée P, et qui soit à cette figure dans un rapport donné M : N.*

Soient A un côté de P et Y le côté homologue de X ; on a X : P=Y² : A²=M : N. On trouvera donc Y par le problème précédent, et ensuite X par la construction indiquée à la fin du n° 179.

PROBLÈME XI.

***184**. — *Etant données les aires A, B de deux polygones réguliers semblables, l'un inscrit, l'autre circonscrit, trouver les aires A', B' des polygones réguliers inscrit et circonscrit d'un nombre de côtés double (fig. 117).*

Soient AB, EF les côtés homologues des deux polygones donnés ; si aux points A, B, on mène les tangentes AM, BN, la corde AC et la droite MN seront deux côtés homologues des polygones cherchés.

Le tr. OAC est moyen proportionnel entre les tr. OCE, OAD

(168, c. I) ; donc, ces trois triangles étant contenus chacun le même nombre de fois dans les polygones B, A′, A, on a

$$B : A' = A' : A; \quad \text{d'où } A' = \sqrt{A.B}.$$

Les tr. OME, OMC, qui ont même hauteur AM=MC, sont entre eux comme leurs bases OE, OC, et par suite, à cause de AD parallèle à CE, comme OA, OD ; les tr. OAC, OAD, qui ont la hauteur commune AD, sont comme OC, OD, ou OA, OD, et aussi comme les polygones A′, A, dont ils font partie ; de ces deux proportions, on conclut OME : OMC=A′ : A, d'où   OME+OMC ou OCE : OMC=A′+A : A.

Mais, OCE : 2 OMC=B : B′ ; donc enfin

$$B : B' = A' + A : 2A; \quad \text{d'où } B' = \frac{2AB}{A' + A}.$$

Au moyen des polygones A, B, on pourra donc calculer les polygones A′, B′ d'un nombre de côtés double.

***185.** — Pour appliquer les deux formules trouvées, soit le rayon du cercle=1 ; on aura A=2, B=4 pour les aires des carrés inscrit et circonscrit. Au moyen de ces valeurs, les formules précédentes donneront successivement les aires des polygones semblables de 8, 16, 32,... côtés, savoir

$$A' = \sqrt{A.B} = 2,8284271, \quad B' = \frac{2A.B}{A' + A} = 3,3137085,$$

$$A'' = \sqrt{A'.B'} = 3,0614674, \quad B'' = \frac{2A'.B'}{A'' + A} = 3,1825979,$$

Continuant ces calculs jusqu'à ce que les valeurs trouvées pour les aires de deux polygones semblables ne diffèrent plus que dans la dernière décimale, on aura $A_{||}$=3,1415923, $B_{||}$=3,1415928 (*Legendre, Géom.* liv. IV). L'aire du cercle étant comprise entre celles de ces polygones ne pourra différer de chacune que dans les décimales du 7e ordre, et sera par conséquent exprimée par 3,141592, à moins d'un millionième. Donc, puisque l'aire du cercle a pour mesure le carré du rayon par le rapport π, on a π=3,141592, valeur déjà trouvée par une autre méthode (124).

PROBLÈME XII.

***188.** — *Diviser un trapèze en deux parties qui soient entre elles dans un rapport donné* m : n, *par une parallèle aux bases* (*fig.* 142).

Soit EF la droite parallèle aux bases, telles qu'on ait ABFE : EFDC$=m$: n. Les triangles semblables OAB, OEF étant proportionnels aux carrés de leurs côtés homologues, on aura

$$OAB : OEF = AB^2 : EF^2,$$

d'où $\qquad ABEF : OEF = AB^2 - OF^2 : EF^2.$

On aura de même $EFDC : OEF = EF^2 - CD^2 : EF^2.$

De ces proportions et de la proportion donnée, on conclut :

$$m : n = AB^2 - EF^2 : EF^2 - CD^2,$$

d'où résulte $\qquad EF^2 = \dfrac{n.AB^2 + m.CD^2}{m+n}.$

Si $m=n$, on a $EF^2 = \frac{1}{2}(AB^2 + CD^2)$ et la droite EF divise le trapèze en deux parties équivalentes.

Théorèmes à démontrer.

1. Les droites qui joignent les sommets d'un triangle au centre de gravité, divisent ce triangle en trois triangles équivalents.

2. La somme des perpendiculaires abaissées, d'un point intérieur à un polygone équilatéral, sur les côtés, est constante. — Appliquer ce th. à un polygone régulier.

3. Deux quadrilatères qui ont les diagonales égales et également inclinées, sont équivalents.

4. Le triangle construit au moyen des médianes d'un triangle donné, est équivalent aux trois quarts de ce dernier.

5. Si l'on prolonge, dans le même sens, les trois côtés d'un triangle, chacun d'une longueur égale à lui-même, on aura, en joignant les extrémités de ces droites, un triangle équivalent à sept fois le premier triangle, et dans lequel la somme des carrés des côtés sera égale à sept fois la somme des carrés des côtés du premier.

6. Sur deux côtés AB, AC d'un tr. ABC on construit deux parallélogrammes quelconques, dont les bases supérieures prolongées se rencontrent en un

point O ; sur BC on construit un parallélogramme dont le côté adjacent soit égal et parallèle à la droite OA : ce dernier parallélogramme sera équivalent à la somme des deux autres. — Déduire de ce théorème le carré de l'hypoténuse.

7. L'aire d'une couronne circulaire est équivalente à celle d'un cercle qui aurait pour diamètre une corde de la grande circ. tangente à la petite.

Problèmes à résoudre.

1. Transformer un triangle donné en un triangle équivalent de même base et 1° dont le sommet soit situé sur une droite de position donnée ; 2° dont l'angle du sommet égale un angle donné.

2. Transformer un triangle ou un polygone donné en un triangle équivalent dont le sommet soit en point donné sur un des côtés du polygone donné.

3. Partager un triangle ou un polygone en un nombre donné de parties équivalentes ou proportionnelles à des droites données $m, n, p,\ldots$, par des droites issues 1° d'un sommet ; 2° d'un point donné sur un côté du polygone.

4. Diviser un triangle en deux parties équivalentes ou proportionnelles aux droites données m, n, par une droite 1° perpend. ou parallèle à un côté ; 2° parallèle à une droite donnée de position ; 3° issue d'un point donné sur un côté du triangle.

5. Diviser un trapèze en deux parties équivalentes ou proportionnelles à deux longueurs données, par une parallèle ou par une perpend. aux bases.

6. Trouver dans l'intérieur d'un triangle un point tel, que les droites qui le joignent aux sommets, divisent le triangle en trois parties équivalentes ou proportionnelles à des longueurs données.

7. Etant donnés un angle et un point intérieur, mener par ce point une sécante qui détermine un triangle équivalent à un triangle donné.

8. Diviser un cercle en deux parties équivalentes ou proportionnelles à des longueurs données, par une circ. concentrique.

------

9. Diviser une droite donnée en deux segments dont les carrés soient dans le rapport de deux longueurs données.

10. Trouver une droite qui soit à une droite donnée dans le rapport de deux carrés donnés.

11. Trouver en lignes le rapport, 1° de deux triangles ; 2° de deux carrés ; 3° de deux rectangles ou parallélogrammes ; 4° de deux polygones semblables ; 5° de deux cercles.

GÉOM. 17

12. Construire un triangle équilatéral qui soit équivalent à un triangle, ou à un carré, ou à un parallélogramme, ou à un trapèze donné.

13. Construire un rectangle dont on connaît la surface K^2 et 1° le rapport des côtés, 2° le périmètre.

14. Construire le triangle dont on connaît la surface, un côté et le rapport des deux autres côtés ou l'angle que font ces côtés.

15. Décrire un cercle qui soit équivalent à la somme ou à la différence de deux cercles donnés.

Problèmes numériques (Livre III).

1. Dans un tr. ABC, le côté BC=33,90, une parallèle à ce côté = 20,34 et la distance de ces parallèles = 3,52 ; trouver la hauteur correspondante au même côté. — Rép. : 8,80.

2. Dans un tr. ABC, la base BC=70,80, la hauteur = 23,60 ; calculer le côté du carré inscrit dans le triangle. — 17,70.

3. Dans un tr. ABC, par les extrémités de la hauteur AD, on mène les perpend. AE sur le côté AB et DE sur AC ; calculer les côtés du tr. ADE, sachant que AB=5, BC=7,5 et AC=10. — AD=4,8412 ; AE=3,227 ; DE=6,455.

4. Les côtés d'un tr. étant respectivement 20, 30, 26, trouver les côtés d'un tr. semblable dont le périmètre égale 114. — 30 ; 45 ; 39.

5. Calculer la longueur d'une circ. dont le rayon égale 3,25. — 20,42.

6. Calculer le rayon d'une circ. dont la longueur égale 8,40. — 1,33.

7. Trouver la longueur d'un arc de 10° 20′ pris sur une circ. de 4,50 de rayon ou de 10,50 de longueur. — 1,205 ; ou 0,449.

8. Calculer le nombre de degrés contenus dans un arc de 1,30 pris sur une circ. ayant 4,50 de rayon, ou 10,50 de longueur. — 16° 33′ ; ou 44° 34′.

9. Dans un triangle rectangle, l'hypoténuse a=20,50 et le côté b=13,30 ; calculer le côté c, sa projection c', et la hauteur h correspondante à l'hypoténuse. — C=15,60 ; C′=11,87 ; h=10,12....

10. Étant donnés les côtés b=10,5, c=8,8 ; calculer a, b', h. — a=13,7 ; b'=8,04 ; h=5,74.

11. Si les trois côtés d'un triangle sont respectivement 12, 15, 18 ; ou bien 12, 15, 20 ; de quelle espèce est l'angle opposé au plus grand côté ?

12. Les trois côtés d'un triangle mesurent 40, 60, 80 ; trouver :
1° Les trois hauteurs ; — 58,0947 ; 38,7298 ; 29,0473.
2° Les trois médianes ; — 67,823 ;.....

3° Les trois bissectrices ; — 66,409 ·.....

4° Les rayons des cercles circonscrit et inscrit. — 41,31.....

13. Les côtés adjacents d'un parallélogramme mesurent 24 et 32 ; la hauteur correspondante au côté 32 égale 15. Calculer la seconde hauteur et les diagonales. — $h=20$; $d=51,05$;...

14. Les bases et le côté d'un trapèze isocèle mesurent respectivement 13,56 ; 5,16 ; 5,48. Calculer le rayon du cercle circonscrit et la diagonale. — 7,545 ; 9,99...

15. Deux sécantes, partant d'un point extérieur à un cercle, égalent 18 et 15 ; le segment extérieur de la première étant 6, trouver le segment extérieur de l'autre et la tangente issue du même point. — 7,20 ; 10,39.

16. Trouver le côté du décagone régulier inscrit dans un cercle de 12 m. de rayon. — 7,41.

17. Dans un triangle ABC, le côté BC=41 et les distances du milieu de ce côté aux deux autres égalent 19,7 , 20 ; trouver ces côtés et les hauteurs correspondantes CD,BE.—AB=68,71 ; CD=39,4 ;.....

18. Calculer la longueur de la double corde menée par l'un des points d'intersection de deux circ. parallèlement à la ligne des centres ; on connaît R=14 ; R'=10,5 ; corde commune =16,8.—35.

19. La différence entre la diagonale et le côté d'un carré égale 2m. ; trouver le côté.—4,828.

20. Deux cercles se touchent en un point A, par lequel on tire deux doubles cordes BAB', CAC' ; connaissant AB=10, AC=15, OA=8 et O'A=5, trouver la distance des cordes parallèles BC, B'C'.—15,33.

21. Les côtés d'un quadrilatère inscrit mesurent 6, 9, 15, 26 ; trouver les deux diagonales.— 23,94 ; 35,51.

<h2 style="text-align:center">Livre IV.</h2>

22. Trouver l'aire du rectangle dont le côté et la diagonale mesurent 11,48 et 21,73m.

23. Trouver les côtés du rectangle dont l'aire et la diagonale mesurent 5,1888 m. c., 11,04.

24. Calculer les côtés du rectangle dont l'aire = 36 m. c. et dont le demi-périmètre = 12,3 m.—7,5 m; 4,8 m.

25. La diagonale d'un carré égale 10,2 m.; trouver le côté et l'aire de ce carré. — 7,21 m. ; 52,02 m. c...

26. La surface d'un carré étant de 10,4882 m. c., trouver la diagonale — 4,58 m.

27. Etant donnés les deux côtés 13 m, 25,9 m et une diagonale d'un parallélogramme, trouver l'autre diagonale et l'aire de ce parallélogramme.

28. Connaissant la hauteur 12 m. et les diagonales 24 m., 14,4 m. d'un parallélogramme, calculer les côtés et la surface. — 13,6 m. ; 14,37 m. ; 172,48 m. c.

29. Connaissant les bases 12 m., 24,4 m. et les deux autres côtés 11,4 m., 13,7 m. d'un trapèze, trouver la hauteur, les diagonales et la surface. — 50,5 m.; 23,3 m. et 18,8 m.; 91,91 m. c.

30. Connaissant les bases 15 m., 9 m. et les diagonales 18 m., 12 m. d'un trapèze, déterminer la hauteur de l'aire de ce trapèze. — 8,713 m. ; 10,457 m.

31. Etant donnés les bases 8 m., 20 m. et les deux autres côtés 10 m. ; 16 m. d'un trapèze, trouver la surface et la distance à la base du point de rencontre des côtés non parallèles. — 8,738 m. c. ; 16,64 m.

32. Déterminer l'aire d'un cercle dont on connaît le rayon 4,05 m.. ou la circ. 4,05.

33. Calculer l'aire d'un secteur de rayon 4,05 m. et de 15°. — 2,147 m. c

34. Calculer le rayon d'un cercle de 12,6 m. c. de surface. — 2,026.

35. Trouver l'aire du segment dont la corde égale le côté de l'un des polygones réguliers de 3, 4, 5, 6, 8, 10 côtés : on donne le rayon du cercle.

36. Connaissant deux côtés homologues 14 et 4,8 de deux polygones semblables, trouver le côté homologue d'un polygone semblable égale à leur somme ou à leur différence. — 14,8 ; 13,15.

37. Trouver le rayon d'un cercle équivalent à la somme de trois cercles dont les rayons sont 2, 2, 8, 2, 9. — 4,5.

38. Exprimer l'aire d'un triangle au moyen de ses trois médianes.

---

*Appendice. — Figures maximums.

187. — Lorsqu'une grandeur varie d'une manière continue, on dit qu'elle est à son *maximum*, quand, après avoir augmenté, elle a atteint une valeur au-delà de laquelle elle décroît ; et qu'elle est à son *minimum*, quand, après avoir diminué, elle a atteint une valeur au-delà de laquelle elle croît.

PROPOSITION PREMIÈRE.

188. — **Théorème.** *Entre tous les triangles de même base et de même périmètre, le* maximum *est isocèle (fig. 143).*

Soient les tr. ABC, ABC′, qui ont même base AB ; si l'on suppose AC=CB et AC′+BC′=AC+BC, le triangle isocèle ABC sera plus grand que le tr. ABC′.

Par le point B, je mène sur CH parallèle à AB la perpend. BH, que je prolonge jusqu'à sa rencontre en D avec AC prolongé ; l'angle ABD étant ainsi droit, les angles D, CBD seront égaux comme ayant chacun pour complément un des angles égaux A, B du triangle isocèle ABC ; donc CD=CB, et par suite AD=AC+BC. Soit I le point où le côté AC′ rencontre CH ; on aura AI+ID>AD, et par conséquent, à cause de IB=ID, AI+IB>AC′+BC′ ; donc le point C′ ne peut être situé qu'au-dessous de la parallèle CH à la base AB. Donc le tr. ABC, équivalent à ABI, est plus grand que ABC′.

Remarque. *De tous les triangles de même base et de même surface, le triangle isocèle a le* moindre *périmètre.*

PROPOSITION II.

189. — **Théorème.** *Entre tous les polygones isopéri-mètres* (de même périmètre) *et d'un même nombre de côtés, le* maximum *est équilatéral (fig. 144).*

Soient ABCDEF un polygone d'un périmètre donné. Si deux côtés BC, CD étaient inégaux, on pourrait construire sur la base BD un tr. BDO, isocèle et isopérimètre à BCD ; mais le tr. OBD>CBD ; donc le polygone ABODEF>ABCDEF. Donc de tous les polygones isopérimètres et d'un même nombre de côtés, le maximum doit avoir ses côtés égaux.

PROPOSITION III.

190. — **Théorème.** *De tous les triangles formés avec* *deux côtés donnés faisant entre eux un angle à volonté, le maximum est celui dont l'angle variable est droit (fig. 145).*

Soient les tr. ABC, ABD, qui ont un côté commun AB et le côté AC=AD ; si l'angle BAC est droit, on aura tr. ABC>ABD. Car ces triangles ont la même base AB, et la hauteur AC, égale à AD, est plus grande que la perpend. DE sur AB ; donc etc.

PROPOSITION IV.

191. — **Théorème**. *De tous les polygones formés avec des côtés donnés et un dernier à volonté, le maximum est inscrit dans le demi-cercle dont le diamètre est le côté variable (fig. 146).*

Soit ABCDEF le polygone maximum formé avec les côtés donnés AB, BC, CD, DE, EF et le côté AF à volonté. Si l'angle ADF était aigu ou obtus, on pourrait le rendre droit en laissant invariables les parties ABCD, DEF ; mais alors le tr. ADF augmentant, le polygone proposé deviendrait plus grand, ce qui est impossible, puisqu'il est supposé à son maximum ; donc ADF doit être un angle droit. On prouvera de même que ABF, ACF,... sont des angles droits. Donc le maximum de tous les polygones formés avec des côtés donnés et un côté arbitraire, est inscrit dans le demi-cercle dont le diamètre est le côté variable.

PROPOSITION V.

192. — **Théorème**. *Il n'existe qu'un demi-cercle circonscrit au polygone maximum formé avec des côtés donnés et un dernier côté arbitraire (fig. 146).*

Car dans un cerc. OA′ plus grand que le cercle OA circonscrit au polygone maximum, une corde A′B′, égale à AB, répond à un angle au centre A′OB′<AOB ; on a de même l'angle B′OC′<BOC ; etc. Donc la somme des angles A′OB′, B′OC′,... sera moindre que 2 droits, et par suite le polygone A′B′C′... ne sera plus inscrit dans le demi-cercle OA′. On

démontrera de même qu'on ne peut prendre un demi-cercle plus petit que le demi-cercle OA.

Donc le polygone maximum dont il s'agit ne peut être inscrit que dans un seul demi-cercle.

On peut remarquer que l'aire de ce polygone reste la même lorsqu'on change l'ordre des côtés donnés, car le demi-cercle circonscrit et les segments déterminés par les côtés restent constants.

PROPOSITION VI.

193. — **Théorème**. *De tous les polygones formés avec des côtés donnés, le maximum est inscriptible (fig. 147).*

Soient P un polygone inscriptible et P' un polygone non inscriptible formé avec les mêmes côtés A'B'$=$AB, B'C'$=$BC, etc. On aura P$>$P'.

Je mène le diamètre EM et je joins AM, BM ; ensuite sur A'B'$=$AB je construis le tr. A'B'M' égal à ABM et je tire E'M'. Le polygone P' n'étant point inscriptible, on a, par le th. IV, EFGAM$>$E'F'G'A'M' et EDCBM$>$E'D'C'B'M' , d'où P$+$tr. ABM$>$P'$+$tr. A'B'M' ; donc P$>$P'. Donc le polygone inscrit P est plus grand que tout polygone non inscriptible P' formé avec les mêmes côtés.

PROPOSITION VII.

194. — **Théorème**. *Le polygone régulier est* un maximum *entre tous les polygones isopérimètres et d'un même nombre de côtés.*

Car le polygone maximum est équilatéral (190) et inscriptible (194); donc il est régulier.

PROPOSITION VIII.

195. — **Théorème**. *Le cercle est plus grand que tout polygone isopérimètre (fig. 148).*

Le polygone régulier étant plus grand que tout polygone

irrégulier isopérimètre et d'un même nombre de côtés, il suffit de comparer le cercle à un polygone régulier quelconque isopérimètre.

Soient AI le demi-côté et OI l'apothème de ce polygone P. La circ. OI étant moindre que le périmètre de ce polygone, le rayon du cercle isopérimètre doit être plus grand que l'apothème OI. Soit donc OC le rayon du cercle isopérimètre à P; l'arc BC sera égal au demi-côté AI. Mais le cerc. OC et le polygone P, ayant même périmètre, sont entre eux comme OC, OI; donc, puisque $OC > OI$, on a cerc. $OC > P$. Donc, etc.

PROPOSITION IX.

196. — Théorème. *Des deux polygones réguliers isopérimètres, le plus grand est celui qui a le plus grand nombre de côtés (fig. 149).*

Soient AOC le demi-angle au centre d'un polygone régulier quelconque et OC le rayon du cercle isopérimètre; l'arc DC sera égal au demi-côté AH de ce polygone. Il peut se présenter deux cas :

1° Si le demi-angle au centre COd d'un polygone régulier isopérimètre au premier est moindre que l'angle CON, on aura évidemment $a\mathrm{H} < \mathrm{arc}\ \mathrm{C}d$, et par conséquent, puisque l'arc Cd est égal au demi-côté du second polygone, l'apothème de celui-ci doit être plus grand que l'apothème OH du premier.

2° Si le demi-angle au centre COD' d'un polygone régulier isopérimètre au premier est plus grand que CON, on aura

$$\mathrm{sect.\ ODD'} : \mathrm{tr.\ OAA'} = \tfrac{1}{2}\,\mathrm{DD'}\,.\,\mathrm{OC} : \tfrac{1}{2}\,\mathrm{AA'}\,.\,\mathrm{OH};$$

mais on a $\mathrm{ODD'} < \mathrm{OAA'}$ et $\mathrm{OC} > \mathrm{OH}$; il faut donc qu'on ait $\mathrm{DD'} < \mathrm{AA'}$. Par suite, on aura $\mathrm{AH} - \mathrm{AA'} < \mathrm{DC} - \mathrm{DD'}$, ou $\mathrm{A'H} < \mathrm{CD'}$; donc, puisque l'arc CD' égale le demi-côté du second polygone, A'H est moindre que ce demi-côté; donc aussi l'apothème du polygone qui a le plus de côtés, est plus grand que l'apothème OH du premier.

Donc de deux polygones réguliers isopérimètres, celui qui a le plus grand nombre de côtés, a aussi le plus grand apothème, et est par conséquent le plus grand des deux.

GÉOMÉTRIE DANS L'ESPACE.

LIVRE V.

LA DROITE ET LE PLAN CONSIDÉRÉS DANS L'ESPACE.

§ I. Perpendiculaires et obliques à un plan.

197. — Le point où une droite rencontre un plan, se nomme le *pied* de la droite.

Une droite est dite *perpendiculaire à un plan*, lorsqu'elle est perpendiculaire à toutes les droites qui passent par son pied dans le plan. — Réciproquement, le plan est dit alors perpendiculaire à la droite.

Une droite est *oblique à un plan*, lorsqu'elle le rencontre sans qu'elle soit perpendiculaire à toutes les droites menées par son pied dans le plan.

PROPOSITION PREMIÈRE.

198. — **Théorème.** *Par trois points* A, B, C, *non en ligne droite, on peut faire passer un plan, et on n'en peut faire passer qu'un seul (fig. 3).*

Car, si l'on conçoit un plan passant par les deux points A, B, et qu'on le fasse tourner autour de la droite indéfinie AB, jusqu'à ce qu'il renferme le point C, ce plan passera par les trois points donnés A, B, C.

De plus, toute droite, telle que CD, menée par le point C et un point quelconque de la droite AB, sera contenue tout entière dans tout plan qui passe par les trois points A, B, C (8); donc, on ne peut faire passer qu'un seul plan par les trois points donnés.

Corollaires. I. *Deux plans qui ont trois points communs non en ligne droite, coïncident dans toute leur étendue indéfinie.*

II. *Trois points, non en ligne droite, ou deux droites qui se coupent, déterminent la position d'un plan.*

III. *Deux parallèles AB, CD (fig. 16), déterminent aussi la position d'un plan.* Car tout plan qui contient l'une de ces droites et un point quelconque de l'autre, coïncide avec le plan des parallèles, comme ayant avec celui-ci trois points communs, non en ligne droite (c. I).

IV. *L'intersection de deux plans qui se coupent, est une ligne droite.* Car une droite menée par deux points communs à ces plans, est contenue tout entière dans chacun de ces plans (8) et, par conséquent, se confond avec leur intersection.

PROPOSITION II.

199. — **Théorème**. *Une droite est perpendiculaire à un plan, lorsqu'elle est perpendiculaire à deux droites menées par son pied dans ce plan (fig. 150).*

Soit la droite AA′ perpend. à chacune des deux droites PB, PC, menées par le point P dans le plan MN. Je dis d'abord que la droite AA′ sera aussi perpend. à toute autre droite PD, menée dans le plan MN par le pied P de AA′.

Ayant tiré à volonté la droite BC, qui rencontre PD en D, je prends sur AA′ les longueurs égales PA, PA′, et je joins les points A, A′ aux points B, C, D. Puisque PB est perpend. sur le milieu de AA′, on a BA=BA′ (27); on a de même

CA=CA'; donc les tr. BCA, BCA' sont égaux, et l'angle CBA=CBA'. Il s'ensuit que les tr. BDA, BDA' sont égaux, comme ayant un angle égal compris entre côtés égaux chacun à chacun, et qu'ainsi DA=DA'; donc à cause de PA=PA', la droite PD est perpend. sur le milieu de AA' (27, R), et, réciproquement, AA' est perpend. sur PD.

On conclut de là que la droite AA' est perpend. à toutes les droites menées par son pied dans le plan MN; donc, conformément à la définition, cette droite est perpend. au plan MN.

Corollaire. *Toutes les perpend. PB, PC, PD élevées au même point P d'une droite AA', sont dans un même plan perpend. à cette droite au point P.*

Car, le plan MN, déterminé par les droites PB, PD, est perpend. sur AA' au point P. De plus, ce plan contiendra la droite PC; autrement l'intersection du plan MN avec le plan APC, serait une seconde perpend. sur AP, menée dans le même plan APC, au même point que PC, ce qui est impossible (22).

PROPOSITION III.

290. — **Théorème**. *Par un point donné, on peut mener une perpendiculaire à un plan, et on n'en peut mener qu'une.*

Car, 1° *soit donné le point P dans le plan MN (fig. 151).* Je mène par ce point, dans le plan donné, deux droites PB, PC perpend. entre elles, puis une perpend. quelconque PD à PB, et enfin, dans le plan CH des droites PC, PD, la perpend. PA à CP. La droite PB, perpend. aux droites PC, PD, l'est aussi à leur plan CH (200), et par conséquent à la droite PA située dans ce plan; donc AP est perpend. aux droites PB, PC et par suite au plan MN. De plus, cette perpend. est la seule que l'on puisse élever au plan MN par le point P; car s'il y en avait une autre PD, les droites PA, PD seraient deux perpend. à l'intersection PC de leur plan CH avec le plan MN, ce qui ne peut avoir lieu (22).

2° *Soit donné le point A hors du plan MN (fig. 152).* Je

mène les perpendiculaires : AD à une droite BC, tracée à volonté dans le plan MN ; DP à BC dans le même plan ; AP à DP, et je prolonge AP de PA′=PA. Puisque PD est perpend. sur le milieu de AA′, on a AD=DA′ ; et comme BD est perpend. aux droites DA, DP, elle l'est aussi à leur plan ADA′ et à DA′, située dans ce plan ; ainsi, B étant un point quelconque de BC, les triangles rectangles BDA, BDA′ sont égaux comme ayant l'angle droit BDA=BDA′ compris entre côtés égaux, BD commun et DA=DA′ ; donc BA=BA′, et par conséquent, à cause de AP=PA′, la droite PB est perpend. sur le milieu de AA′. Donc AP est perpend. aux droites PB, PD, et par suite à leur plan MN. On voit en outre que toute autre droite AB par exemple, menée du point A au plan MN, est oblique à ce plan ; car, l'angle APB étant droit, l'angle ABP est aigu.

Donc, par un point donné, on peut mener une perpend. à un plan, et on n'en peut mener qu'une seule.

Remarque. On appelle *projection* d'une droite finie AE sur un plan MN, la distance PE′ comprise entre les pieds des deux perpend. AP, EE′, abaissées des extrémités de cette droite sur ce plan. La *projection d'une oblique* AB est la distance PB, comprise entre le pied B de cette ligne et le pied P de la perpend. abaissée de son extrémité sur le plan MN. La projection de AD est PD.

PROPOSITION IV.

201. — **Théorème.** *Si d'un point* A *donné hors d'un plan* MN, *on mène la perpend.* AP *et différentes obliques* AB, AC, AE *(fig.* 153) :

1° *La perpendiculaire est plus courte que toute oblique, et réciproquement.*

Car le tr. ABP étant rectangle en P, l'oblique AB, opposée à l'angle droit APB, est plus grande que la perpend. AP.

Réciproquement, si AP est la droite la plus courte du point A au plan MN, cette droite sera la perpend. menée du point

A à ce plan ; autrement la perpend. au plan MN, menée du point A, serait plus courte que AP, ce qui est contraire à l'hypothèse.

2° *Deux obliques qui ont des projections égales, sont égales, et réciproquement.*

En effet, les angles APB, APC étant droits, si l'on suppose PB=PC, les triangles rectangles ABP, ACP, seront égaux ; donc l'oblique AB=AC.

Réciproquement, si l'oblique AB=AC, les tr. ABP, ACP, rectangles en P, seront égaux, comme ayant l'hypoténuse égale et le côté commun AP ; donc PB=PC.

3° *De deux obliques, celle qui a la plus grande projection, est la plus longue, et réciproquement.*

Soit PE, projection de l'oblique AE, plus grande que PB, projection de AB. Si l'on prend PD=PB, on aura l'oblique AD=AB ; mais on a AE>AD (26, 3°) ; donc aussi AE>AB.

Réciproquement, si l'oblique AE>AB, on aura PE>PB ; car si PE était égale à PB, ou moindre que cette droite, il faudrait aussi que PE fût égale à AB, ou moindre que cette oblique, ce qui est contraire à l'hypothèse.

Corollaires. I. La perpend. AP est la *vraie distance* du point A au plan MN, car elle est la ligne la plus courte de ce point au plan.

II. Tout point de la perpend. AP est également distant de tous les points d'une circ. BCD décrite, dans le plan MN, du pied de la perpend. comme centre. La perpend. AP s'appelle l'*axe* du cercle BCD.

III. Pour trouver le pied P de la perpend. à un plan, menée d'un point extérieur A, on marquera sur ce plan (au moyen d'un fil, par exemple) trois points B, C, D à égale distance du point A, et l'on déterminera le centre P de la circ. passant par ces trois points ; ce centre sera le point demandé.

PROPOSITION V.

202. — Théorème. *Deux perpendiculaires menées d'un même point, l'une à un plan donné et l'autre à une droite située dans ce plan, déterminent un plan perpendiculaire à cette droite (fig. 152).*

1° Si le point donné A est hors du plan donné MN, soient les deux perpend. AP sur le plan MN, et AD sur la droite BC tirée à volonté dans ce plan. Je prends DB=DC, et je joins les points B, C aux points A, P. Par rapport à la perpend. AD, les obliques AB, AC sont égales (26, 2°); et ainsi par rapport à la perpend. AP, ces mêmes obliques ont des projections égales, PB=PC (201, 2°); donc la droite DP est perpendiculaire sur le milieu de BC; donc le plan ADP est perpend. à la droite BC, puisque celle-ci est perpend. aux deux droites DA, DP.

2° Si le point donné P est situé dans le plan MN, soient les perpend. PA au plan MN et PD à la droite BC contenue dans ce plan. Je prends DB=DC, et je joins les points B, C aux points A, P. Par rapport à la perpend. PD, les obliques PB, PC sont égales, et ainsi par rapport à la perpend. AP, les obliques AB, AC ont des projections égales PB=PC, et sont égales; donc la droite AD est perpend. sur le milieu de BC (27); donc le plan ADP est perpend. à la droite BC.

Corollaire. *Le plan des deux perpend. abaissées d'un point à un plan et à une droite de ce plan, coupe celui-ci suivant une perpend. à cette droite.*

PROPOSITION VI.

203. — Théorème. *L'angle aigu que fait une oblique avec sa projection sur un plan, est le minimum de tous les angles que fait cette oblique avec les droites qui passent par son pied dans le plan (fig. 150).*

Soit ACP l'angle aigu formé par l'oblique AC avec sa projection PC sur le plan MN. Si, dans ce plan, on prend à volonté CD=CP, on aura l'oblique AD>AP ; ainsi les triangles APC, ADC ont deux côtés égaux ch. à ch., AC commun et CP=CD, et les troisièmes inégaux ; donc l'angle ACP, opposé au côté AP, est moindre que l'angle ACD, opposé au plus grand des troisièmes côtés.

Corollaire. Donc l'angle aigu que fait une droite avec sa projection sur un plan, mesure la *vraie inclinaison de cette droite sur le plan ;* il est appelé *angle de la droite avec le plan.*

§ II. Droites parallèles à un plan et entre elles.

204. — Une droite est dite *parallèle à un plan,* lorsqu'elle ne peut le rencontrer à quelque distance qu'on les suppose prolongés l'un et l'autre.

Par un point donné, on ne peut mener dans l'espace qu'une seule parallèle à une droite AB *(fig.* 154*).* Car une parallèle à cette droite AB, menée par le point C, doit se trouver dans le plan CAB, ce qui ramène à la proposition VIII, liv. I.

PROPOSITION VII.

205. — **Théorème**. *Toute droite* CD *parallèle à une droite* AC *située dans un plan* MN, *est parallèle à ce plan* (*fig.* 154).

Car, AB étant l'intersection du plan des parallèles AB, CD avec le plan MN, si la droite CD rencontrait le plan MN, elle rencontrerait aussi sa parallèle AB, ce qui est impossible ; donc CD ne peut rencontrer le plan MN et lui est parallèle.

Réciproque. *Toute droite* CD *parallèle à un plan* MN, *est parallèle à l'intersection* AB *de ce plan avec un plan* ABCD, *mené par cette droite.*

Car, puisque CD et AB sont dans un même plan, si CD rencontrait AB, elle rencontrerait aussi le plan MN, ce qui serait contre la supposition ; donc CD est parallèle à AB.

Corollaires. I. Par un point C donné hors d'un plan MN, on peut mener une infinité de droites parallèles à ce plan.

II. Une droite et un plan étant parallèles, toute parallèle à la droite, menée par un point du plan, est située dans ce plan.

III. Si une droite CD est parallèle à un plan, les plans menés par cette droite coupent le plan donné suivant des droites parallèles AB, EF.

IV. Une droite parallèle à deux plans qui se coupent, est parallèle à leur intersection.

PROPOSITION VIII.

206. — **Théorème**. *Tout plan perpendiculaire à une droite, est perpendiculaire à toute parallèle à cette droite* (*fig.* 155).

Soit le plan MN perpend. à la droite AB, parallèle à CD ; le plan de ces parallèles coupe le plan MN suivant la droite BD. Dans le plan MN, je mène par le point D la droite EF perpend. à BD. Les perpend. BA, au plan MN, et BD, à la droite EF de ce plan, déterminent le plan ABCD perpend. à EF ; donc l'angle CDE est droit (202). Mais, puisque AB est perpend. à BD et que CD est parallèle à AB, l'angle CBD est aussi droit ; donc, la droite DC est perpendiculaire aux deux droites DB, DE, et par conséquent à leur plan MN (199).

Réciproque. *Deux droites perpendiculaires à un plan sont parallèles entre elles.*

Soient les deux perpend. AB, CD au plan MN ; ces droites seront parallèles. Car, en vertu du théorème direct, une parallèle à AB, menée par le point D, est perpend. au plan MN ; donc, puisque, par le point D, on ne peut élever qu'une perpend. à ce plan, cette parallèle est la perpend. CD.

Corollaire. Deux droites A, B parallèles à une troisième C (dans l'espace), sont parallèles entre elles. Car un plan perpend. à la droite C, l'est aux deux droites A, B, parallèles à C; donc, A, B sont perpend. à ce plan, et par suite parallèles entre elles.

PROPOSITION IX.

207. — **Théorème**. *Les perpendiculaires à un plan menées de tous les points d'une droite, sont toutes situées dans un même plan (fig. 155).*

1° Soit la droite BD donnée dans le plan MN. Le plan ABD, conduit suivant BD et une perpend. BA élevée sur le plan MN par un point B de BD, contiendra aussi la perp. DC, élevée par tout autre point D de BD; car cette droite CD est parallèle à AB et, par conséquent, située dans le plan ABD (204); donc les perp. au plan MN, élevées par tous les points de BD, sont dans un même plan.

2° Soit la droite AC située hors du plan MN. Le plan BAC, conduit suivant AC et la perpend. AB, au plan MN, contiendra de même toutes les perpend. abaissées de tous les points de AC sur le plan donné MN.

Corollaire. Les pieds des perpend. abaissées de tous les points d'une droite AC sur un plan MN, forment une ligne droite BD.

Cette ligne BD s'appelle la *projection* de la droite AC sur le plan MN.

PROPOSITION X.

208. — **Théorème**. *Deux angles* (non situés dans le même plan) *qui ont les côtés parallèles chacun à chacun et dirigés dans le même sens, sont égaux (fig. 156).*

Soient les deux angles BAC, EDF. Je prends AB=DE, AC=DF, et je joins AD, BE, CF, BC, EF. Les droites AB, DE étant égales et parallèles, la figure ABED est un parallélogramme (55); donc BE est égale et parallèle à AD. Par la même raison, CF est égale et parallèle à AD; donc aussi BE est égale et parallèle à CF (206, c.), et par conséquent BCFE est un parallélogramme; donc BC=EF. Les triangles ABC, DEF sont donc égaux, et l'angle BAC=EDF.

Corollaires. I. Deux droites parallèles sont également inclinées sur un plan qui les coupe. La réciproque est-elle vraie ?

II. Une parallèle à un plan a chacun de ses points à la même distance de ce plan.

§ III. Angles dièdres; plans perpendiculaires entre eux.

209. — On appelle *angle dièdre*, ou simplement *dièdre*, l'écartement plus ou moins grand de deux plans ABC, CBD, qui se rencontrent *(fig. 157)*. Les deux plans qui forment un angle dièdre, en sont les *faces*, et leur intersection en est l'*arête*.

L'angle dièdre se désigne par quatre lettres ABCD ou DBCA; ou bien par son arête, quand il n'en peut résulter aucune équivoque.

Le plan qui divise un angle dièdre en deux parties égales, s'appelle *plan bissecteur*.

On appelle *angle plan d'un angle dièdre*, l'angle ABD, que font entre elles les deux perpend. BA, BD menées dans chacune des faces au même point de l'arête. Cet angle varie avec l'inclinaison des faces, et son plan est perpend. à l'arête.

210. — Un plan BCA qui en rencontre un autre MN *(fig. 160)*, de manière à former deux angles dièdres adjacents égaux ABCM, ABCN, est dit *perpendiculaire sur le plan* MN, et chacun des deux dièdres égaux s'appelle *dièdre droit*.

Un plan est *oblique sur un autre*, lorsqu'il fait avec celui-ci deux dièdres adjacents inégaux.

PROPOSITION XI.

211. — **Théorème.** *L'angle plan d'un angle dièdre est constant et le maximum de tous les angles que fait l'une des faces avec les droites menées dans l'autre (fig. 157).*

Car, 1° soient les angles plans ABD, MNP, formés par des perpend. menées dans chacune des faces ABC, DBC aux points B, N de l'arête AB ; puisque AB et MN, BD et NP sont perpend. à l'arête BC, elles sont parallèles entre elles ; donc l'angle ABD=MNP. Donc l'angle plan d'un dièdre est le même en quelque point de l'arête qu'il soit formé.

2° Soient menées d'un point M du plan ABC : la droite MP perpend. au plan CBD, la droite MN perpend. à BC, et MO à volonté dans le plan ABC. Les perpend. MP, MN déterminent un plan MNP perpend. à BC (202) ; ainsi, en joignant PN et PO, MNP est l'angle plan du dièdre ABCD, et MOP est l'angle que fait MO avec la face CBD. Or, comme PO$>$PN, si l'on prend PO'=PN, les tr. MPN, MPO', rectangles en P, seront égaux et l'angle MNP=MO'P ; donc, à cause de MO'P$>$MOP (40), on a MNP$>$MOP. Donc l'angle plan d'un dièdre est le *maximum* de tous les angles que fait chacune des faces avec les droites menées dans l'autre face. Cette propriété n'a pas lieu lorsque le dièdre est obtus.

Remarques. I. A cause de cette propriété, la droite MN menée perpend. à BC dans le plan ABC, est appelée la *ligne de plus grande pente* de ce plan, relativement au plan DBC supposé horizontal.

II. L'angle plan d'un dièdre est égal à l'angle que font entre elles deux perpend. aux faces, menées d'un même point, ou au supplément de cet angle (à démontrer).

PROPOSITION XII.

212. — **Théorème**. *Deux angles dièdres égaux ont leurs angles plans égaux. (fig. 158).*

Car si l'on fait coïncider le dièdre ABCD avec son égal EFGH, de manière que le point B tombe en F, à cause des angles droits ABC et EFG, DBC et HFG, le côté BA s'appliquera sur FE et BD sur FH ; donc l'angle ABD=EFH.

Réciproque. *Deux dièdres qui ont leurs angles plans égaux, sont égaux.*

En effet, plaçant le premier dièdre sur le second, de manière que l'angle ABD coïncide avec son égal EFG, l'arête BC tombera sur FG, puisque ces droites seront perpend. sur le plan EFH au point F; donc les deux dièdres coïncident et sont égaux.

PROPOSITION XIII.

213. — **Théorème**. *Tout angle dièdre a la même mesure que son angle plan (fig.* 159).

Soient un dièdre quelconque ABCD et un dièdre droit A′BCD, qui ont respectivement pour angles plans ABD et A′BD.

Si les angles ABD, A′BD sont commensurables, soit divisé A′BD en parties égales à la commune mesure, supposée contenue m fois dans ABD et n fois dans A′BD. Les plans menés par l'arête BC et les droites de division, partageront le dièdre ABCD en m et le dièdre A′BCD en n dièdres partiels égaux entre eux (242, R). On aura ainsi, à cause du rapport commun $m : n$,

$$\frac{ABCD}{A'BCD} = \frac{ABD}{A'BD}.$$

Dans le cas de l'incommensurabilité des angles plans, le raisonnement connu conduirait à la même proportion.

Or, en prenant le dièdre droit A′BCD pour unité, le premier rapport de cette proportion exprime la *mesure du dièdre* ABCD, et le second rapport exprime la mesure de l'angle plan ABD ; donc, puisque ces deux rapports sont égaux, le dièdre ABCD a la même mesure que son angle plan ABD.

PROPOSITION XIV.

214. — **Théorème**. *Tout angle dièdre droit a un angle plan droit (fig.* 160).

Soit le plan ABC perpend. au plan MN (210). Par un point D de l'intersection BC, je mène dans chacun de ces plans les perpend. DA et EF à BC. Puisque, par hypothèse, les deux dièdres ABCN, ABCM sont égaux, leurs angles plans ADE, ADF sont aussi égaux (212); or, ceux-ci étant adjacents sont droits ; donc le dièdre droit ABCN a un angle plan droit ADE.

Réciproque. *Un dièdre est droit, lorsqu'il a un angle plan droit.*

Car si l'angle plan ADE du dièdre ABCN est droit, l'angle plan ADF du dièdre adjacent ABCM sera également droit ; donc ces deux dièdres seront égaux (212, R.), et par conséquent, chacun d'eux sera droit.

Corollaires. I. Tous les angles dièdres droits sont égaux entre eux.

II. Deux dièdres adjacents, formés par deux plans obliques entre eux, sont supplémentaires, et réciproquement.

III. Les dièdres opposés par l'arête, formés par deux plans qui se coupent, sont égaux (deux réciproques).

IV. *Par une droite donnée* (non perpend. à un plan), *on ne peut mener qu'un seul plan perpend. à ce plan.*

Remarque. Tous ces corollaires se démontrent aussi par des raisonnements semblables à ceux qui ont été donnés pour démontrer les propositions analogues du livre premier (n°ʳ 22, 23, 24, 25).

PROPOSITION XV.

215. — **Théorème**. *Tout plan qui contient une droite perpendiculaire à un plan donné, est perpendiculaire à celui-ci* (fig. 160).

Soit ABC un plan qui contient la perpend. AD au plan MN. Par le point D, pied de la perpend. AD, je mène dans le plan MN la droite EF perpend. à l'intersection BC des deux plans AB, MN. La droite AD étant perpend. au plan MN, l'est à chacune des deux droites BC, EF ; donc les deux dièdres ABCN, ABCM ont des angles plans égaux ADE, ADF, et sont égaux ; donc le plan ABC est perpend. au plan MN (210).

Corollaires. I. Deux plans sont perpendiculaires entre eux, lorsque l'un d'eux est perpend. à une droite contenue dans l'autre.

II. Deux plans sont perpend. entre eux, lorsque l'un d'eux est perpend. à une droite parallèle à l'autre (la réciproque n'est pas généralement vraie).

PROPOSITION XVI.

216. — **Théorème**. *Si deux plans sont perpendiculaires entre eux, toute perpendiculaire à leur intersection, menée dans l'un d'eux, est perpendiculaire à l'autre (fig. 160).*

Soient les deux plans ABC, MN perpend. entre eux, et AD une perpend. menée à leur intersection BC dans le plan AB. Si par le pied D de cette perpend. AD, on mène dans le plan MN la perpend. EF à BC, l'angle dièdre ABCN étant droit, par hypothèse, son angle plan ADE sera aussi droit (214); donc la droite AD est perpend. aux deux droites BC, EF et par conséquent à leur plan MN.

PROPOSITION XVII.

217. — **Théorème**. *Si deux plans sont perpendiculaires entre eux, toute perpendiculaire à l'un d'eux, menée par un point de l'autre, est contenue dans ce dernier (fig. 160).*

Soient AB, MN deux plans perpend. entre eux, et A un point quelconque donné dans le premier. Si la perpend. menée par ce point A au plan MN n'était pas contenue dans le plan AB, on pourrait mener dans ce plan, par le même point, une perpendiculaire à BC, laquelle serait ainsi perpend. au plan MN. On aurait donc deux perpend. à un même plan menées par un même point A, ce qui est absurde; donc, etc.

Corollaires. I. *Tout plan perpend. à deux plans qui se coupent est perpend. à leur intersection, et réciproquement (fig. 161).*

II. *Les perpend. menées d'un point sur deux plans qui se coupent, déterminent un plan perpend. à l'intersection de ces plans.*

§ IV. Plans parallèles entre eux.

218. Deux plans sont *parallèles entre eux*, lorsqu'ils ne se rencontrent pas à quelque distance qu'on les suppose prolongés l'un et l'autre. D'où suit qu'une droite située dans l'un de ces plans, est parallèle à l'autre.

PROPOSITION XVIII.

219. Théorème. *Les intersections de deux plans parallèles par un troisième plan, sont parallèles entre elles (fig. 162).*

Soient AD, BC les intersections des plans parallèles MN, PQ, par le plan sécant BD. Les deux droites AD, BC sont dans un même plan BD, et ne peuvent se rencontrer puisqu'elles sont situées dans des plans parallèles MN, PQ ; donc les intersections AD, BC sont parallèles.

PROPOSITION XIX.

220. — Théorème. *Deux plans perpendiculaires à une même droite sont parallèles entre eux (fig. 162).*

Soit la droite AB une perpend. commune aux deux plans MN, PQ. Si ces plans se rencontraient, les droites OA, OB menées d'un point O de leur intersection, seraient deux perpend. abaissées de ce point sur AB, ce qui est impossible ; donc les deux plans MN, PQ ne peuvent se rencontrer et sont ainsi parallèles.

Corollaires. I. *Par un point donné A, on peut mener un plan parallèle à un plan donné PQ, et on n'en peut mener qu'un seul.*

Car, 1° si l'on abaisse AB perpend. à PQ, le plan MN mené au point A perpend. à AB, sera parallèle à PQ ; 2° s'il existait un second plan M'N' parallèle à PQ et passant par le point A, un plan sécant ABC, mené par AB, couperait les deux plans MN, M'N' suivant deux perpend. à AB élevées par le point A, ce qui est absurde. Donc, etc.

II. Toutes les parallèles menées d'un point à un plan, sont dans un second plan parallèle au premier.

PROPOSITION XX.

221. — Réciproque. *Deux plans parallèles ont leurs perpendiculaires communes (fig. 162).*

Soient MN, PQ deux plans parallèles, et AB une perpend. à PQ. Tout plan conduit suivant AB coupera ces plans suivant des droites parallèles AD, BC (219); mais AB, étant perpend. au plan PQ, est perpend. à la droite BC et par conséquent à sa parallèle AD ; donc, puisque le plan sécant est quelconque, AB est perpend. à toute droite AD, menée par son pied dans le plan MN ; donc AB est perpend. au plan MN.

Corollaires. I. *Deux plans* P, Q *parallèles à un troisième* R, *sont parallèles entre eux*. Car une perpend. à R le sera aux plans P, Q ; donc ceux-ci sont parallèles entre eux.

II. Deux plans parallèles font avec un plan sécant des angles dièdres alternes-internes, ou alternes-externes, ou correspondants égaux entre eux, et des angles dièdres internes, d'un même côté du plan sécant, supplémentaires ; et réciproquement.

III. Deux plans parallèles ont leurs plans perpendiculaires communs.

PROPOSITION XXI.

222. — Théorème. *Les portions de deux droites parallèles, comprises entre deux plans parallèles, sont égales (fig. 163).*

Soient les parallèles AB, CD comprises entre les plans parallèles MN, PQ. Le plan qui contient ces droites, coupe

les deux plans donnés suivant deux parallèles AC, BD, donc
ABDC est un parallélogramme, et ainsi AB=CD.

Réciproque. *Si trois droites, comprises entre deux
plans, sont égales et parallèles, ces deux plans seront parallèles.*

Soient les droites AB, CD, EF égales et parallèles, et comprises entre les plans MN, PQ. Si le plan parallèle à PQ,
mené par le point A, rencontrait les droites CD, EF aux points
C', E', la droite AB serait égale à chacune des droites C'D,
E'F, et ainsi, à cause de l'hypothèse, on aurait C'D=CD,
E'F=EF, ce qui est absurde ; donc le plan parallèle à PQ,
mené par le point A, ne peut rencontrer les droites CD, EF en
d'autres points que C, E ; donc le plan MN est parallèle à PQ.

Corollaires. I. Lorsque les droites AB, CD, sont perpend. aux plans parallèles MN, PQ, elles sont parallèles
(206, R) et par conséquent égales entre elles ; donc *deux plans
parallèles sont partout également distants.*

II. *Deux angles qui ont leurs côtés parallèles chacun à chacun, sont situés dans des plans parallèles.*

PROPOSITION XXII.

223. — **Théorème.** *Deux plans perpendiculaires à un
troisième sont parallèles, lorsqu'ils contiennent deux droites
parallèles non perpendiculaires à ce troisième plan.*

Il peut arriver deux cas : 1° les deux parallèles données
sont situées dans le troisième plan ; 2° les parallèles sont
obliques à ce plan. Dans les deux cas, on mènera dans chacun
des deux plans une perpend. au troisième, ce qui ramènera
au cor. II, n° 222.

§ V. Droites non situées dans un même plan.

224. — Lorsque deux droites, non parallèles, ne se rencontrent pas, elles ne sont pas dans un même plan. Telles
sont les droites APA', BC (*fig.* 150).

La *position relative* ou *l'inclinaison* de ces droites se détermine par l'angle que font entre elles deux parallèles à ces droites, menées d'un même point de l'espace. Par exemple, l'angle des deux droites AB, EF est l'angle CDE que fait EF avec DC parallèle à AB. Si cet angle est droit, les deux droites seront *perpend. entre elles dans l'espace.*

Des propositions précédentes résultent ces conséquences : *Deux droites non situées dans un même plan étant données, on peut toujours mener* 1° par un point quelconque de l'espace, une droite qui rencontre ces deux lignes; 2° par l'une d'elles, un plan parallèle à l'autre ; 3° par un point quelconque, un plan parallèle à chacune d'elles : 4° par ces droites, deux plans parallèles entre eux.

PROPOSITION XXIII.

225. — **Théorème**. *Deux droites, non contenues dans un même plan, ont une perpendiculaire commune, laquelle mesure la vraie distance de ces lignes* (fig. 164).

Soient les deux droites AB, CD. Par un point A de AB, je mène la parallèle AK à CD; le plan MN des droites AB, AK sera parallèle à CD (205). D'un point D de CD, je mène DE perpend. au plan MN ; la parallèle EF à AK sera parallèle à CD, et enfin FC parallèle à DE sera la perpend. commune aux droites données.

En effet, puisque DE est perpend. au plan MN, sa parallèle CF est aussi perpend. à ce plan (206), et par suite aux droites AB, EF, CD; donc CF est une perpend. commune aux droites AB, CD. De plus, toute autre droite GH, qui joint deux autres points G, H des deux droites, est oblique au plan MN, puisque GI, perpend. à EF, est aussi perpend. à MN (216) ; on a donc $GI < GH$, ou $CF < GH$. Donc CF est la perpend. commune aux droites AB, CD, et la plus courte distance de ces lignes.

PROPOSITION XXIV.

226. — Théorème. *Les portions de deux droites quelconques, comprises entre trois plans parallèles, sont proportionnelles (fig. 165).*

Soient les droites AC, EG rencontrées l'une en A, B, C, l'autre en E, F, G, par les plans parallèles M, N, P ; on aura AB : BC=EF : FG.

Car menant à AB la parallèle EI, qui rencontre en H, G les plans N, P, les deux droites HF, IG seront parallèles (219), et on aura EH : HI=EF : FG ; mais EH=AB et HI=BC (222) ; donc AB : BC=EF : FG.

§ VI. Angles polyèdres.

227. — On appelle *angle polyèdre* l'espace indéfini compris entre plusieurs plans qui se coupent en un même point. Les intersections des plans se nomment les *arêtes* de l'angle polyèdre, et les angles qu'elles forment en sont les *angles plans* ou *faces*.

L'angle polyèdre de trois faces s'appelle *angle trièdre*, ou simplement *trièdre*, que l'on désigne ainsi : SABC (*fig.* 166).

Si l'on prolonge les arêtes d'un trièdre SABC, on obtient un second trièdre SA'B'C', dont les angles plans et les angles dièdres sont respectivement égaux aux angles plans et aux angles dièdres du premier trièdre, mais disposés dans un ordre inverse. Car, par exemple, l'angle plan A'SC'=ASC, comme opposés par le sommet ; l'angle dièdre C'SA'B'=CSAB, comme opposés par l'arrête commune AA'. De plus, on voit qu'en faisant le tour des deux trièdres, dans le même sens, les angles plans et les angles dièdres égaux se présenteront dans un ordre inverse. Ces deux trièdres, et en général deux trièdres, quelle que soit leur situation relative, dont toutes les parties constituantes sont égales chacune à chacune, mais disposées dans un ordre inverse, sont dits *symétriques* l'un de l'autre.

PROPOSITION XXV.

***228. — Théorème.** *Dans tout trièdre, 1° chaque angle plan est moindre que la somme des deux autres et plus grande que leur différence; 2° la somme des trois angles plans est moindre que quatre angles droits (fig. 167).*

Car, 1° soit ASB le plus grand des trois angles plans du trièdre SABC. Dans le plan ASB, je fais l'angle BSD=BSC; je prends à volonté SD=SC et je mène les droites ADB, AC, BC. Les tr. BSD, BSC sont égaux comme ayant un angle égal compris entre côtés égaux ch. à ch., et ainsi BD=BC; mais, dans le tr. ABC, on a AB<AC+BC; donc AD<AC, et par conséquent (44) l'angle ASD<ASC; donc, ajoutant de part et d'autre BSD=BSC, il vient ASD+BSD ou ASB<ASC+BSC. D'où suit aussi ASB>ASC—BSC.

2° Si l'on coupe le trièdre proposé par un plan quelconque ABC, dans le trièdre ABCS, on aura, par ce qui précède, l'angle BAC<BAS+SAC; de même ABC<ABS+SBC, ACB<ACS+SCB; d'où, par l'addition de ces trois inégalités, la somme des trois angles du tr. ABC est moindre que la somme des six angles à la base des triangles dont le sommet commun est S, c'est-à-dire que 2 *dr.*<6 *dr.*—A (A désignant la somme des trois angles plans du trièdre). Donc A<4 *dr.*

Remarque. La seconde partie du théorème a lieu dans un angle polyèdre S de n angles plans. Car en le coupant par un plan ABCD..., on aura la somme 2 n—4 des angles du polygone ABCD... moindre que la somme 2 n—A des angles à la base des n triangles dont S est le sommet commun, c'est-à-dire 2 n—4<2 n—A, d'où A<4 *dr.* — Cette démonstration suppose que l'angle polyèdre est connexe, ce qui aura lieu quand le polygone ABCD... est lui-même convexe.

PROPOSITION XXVI.

***229. — Théorème.** *Etant donné un trièdre SABC, si par le sommet on élève sur chaque face une perpendiculaire, les angles plans du trièdre SA'B'C' ainsi formé seront respectivement les suppléments des angles qui mesurent les dièdres correspondants du trièdre donné, et réciproquement (fig. 168).*

En effet, puisque par hypothèse SA' est perpend. au plan BSC, le dièdre A'SCB est droit (215) ; par la même raison, le dièdre ASCB' est aussi droit. Or, la somme de ces deux dièdres est égale à la somme A'SCB'+ASCB=2 dièdres droits, et le premier de ceux-ci a pour angle plan A'SB' ; donc l'angle A'SB' est le supplément de l'angle qui mesure le dièdre ASCB. On prouverait de même que A'SC', B'SC' sont les suppléments des angles plans des dièdres ASBC, BSAC.

Réciproquement, les arêtes du trièdre SABC étant aussi perpend. sur les faces du trièdre SA'B'C', les angles plans du premier sont respectivement les suppléments des angles qui mesurent les dièdres du second.

Remarque. Deux trièdres sont dits *supplémentaires*, lorsque les angles plans de l'un sont les suppléments des angles qui mesurent les dièdres de l'autre.

PROPOSITION XXVII.

***230. — Théorème.** *Dans tout trièdre, 1° la somme des trois angles dièdres est comprise entre deux et six droits; 2° la somme de deux quelconques est moindre que le troisième augmenté de deux droits.*

Car, 1° si l'on représente par A, B, C les trois dièdres, et par a, b, c les angles plans correspondants du trièdre supplémentaire, on aura :

$$A=2-a, \ B=2-b, \ C=2-c ;$$

d'où, par l'addition,

$$A+B+C=6-(a+b+c).$$

Mais la somme $a+b+c$ est plus grande que zéro et moindre que 4 dr. (228, 2°); donc la somme $A+B+C$ est moindre que 6 et plus grande que 2 droits.

2° Si A, B, C sont les dièdres ; $2—A$, $2—B$, $2—C$ seront les angles plans du trièdre supplémentaire (229), et l'on aura (228) :

$$2—A<2—B=2—C;$$

donc
$$B+C<2+A.$$

PROPOSITION XXVIII.

231. — **Théorème**. *Dans deux trièdres qui ont les trois angles plans égaux chacun à chacun, les dièdres opposés aux angles plans égaux sont égaux (fig. 169).*

1° Soient les trièdres SABC, TDEF, dans lesquels les trois angles plans ASB, ASC, BSC sont respectivement égaux aux angles plans DTE, DTF, ETF et disposés dans le même ordre ; je dis que les dièdres CSAB, FTDE, opposés aux angles plans égaux BSC, ESC, seront égaux.

D'un point C de l'arête SC, je mène les perpend. : CO au plan ASB, CA à l'arête SA et CB à SB ; les plans AOC, BOC seront respectivement perpend. aux arêtes SA, SB (202), et ainsi les angles CAO, CBO seront les angles plans des dièdres CSAB, CSBA. Si l'on prend TF=SC et que l'on fasse la même construction dans le second trièdre, les angles FDP, FEP seront les angles plans des dièdres FTDE, FTED, et l'on aura CAO=FDP.

En effet, les tr. SAC, TDF rectangles en A et en D, sont égaux comme ayant l'hypoténuse SC=TF et l'angle ASC=DTF ; donc SA=TD et AC=DF. Par la même raison, les tr. SBC, TEF, rectangle en B et en E, sont égaux, et l'on a SB=TE, BC=EF. Cela posé, si l'on porte le quadrilatère SAOB sur TDPE, de manière que le côté SA s'applique sur son égal TD, l'angle ASB coïncidera avec son égal DTE, le côté SB avec son égal TE et les angles droits SAO, SBO avec les angles droits TDP, TEP ; donc le point O tombera en P et ainsi AO=DP,

BO=EP. Les tr. AOC, DPF, rectangles en O et en P, sont donc égaux, puisque l'hypoténuse AC=DF, et le côté AO=DP ; donc l'angle CAO=FDP, et par conséquent le dièdre CSAB=FTED (212, R.)

2° Si les angles plans égaux étaient disposés dans un *ordre inverse*, la démonstration précédente ne changerait que dans la superposition des deux quadrilatères ; dans ce cas, après avoir fait coïncider deux côtés égaux, comme dans le premier cas, on rabattra le premier quadrilatère sur le second, autour du côté commun ; etc.

Remarque. Lorsque les angles dièdres CSAB, FTDE sont obtus, les points O, P tombent hors de ces dièdres dans les plans ASB, DTE ; alors la démonstration précédente prouve l'égalité des suppléments de ces deux dièdres. La démonstration s'applique encore quand les angles plans ASC, DTF sont obtus.

PROPOSITION XXIX.

***232. — Théorème.** *Deux trièdres sont égaux ou symétriques, lorsqu'ils ont : 1° les trois angles plans égaux chacun à chacun, 2° un dièdre égal compris entre deux angles plans égaux chacun à chacun ; 3° un angle plan égal adjacent à deux dièdres égaux chacun à chacun ; 4° les trois dièdres égaux chacun à chacun.*

A démontrer par la superposition, en faisant coïncider le premier trièdre S avec le second T ou avec le trièdre T′ symétrique de T, selon que, dans les trièdres donnés, les parties égales ch. à ch. sont semblablement ou inversement disposées.

On peut observer que le 4° et le 3ᵉ cas sont les réciproques des 1ᵉᵉ et 2ⁿ, et se ramènent à ceux-ci par le th. XXVI.

Corollaire. *Dans deux trièdres égaux ou symétriques, à des angles plans égaux sont opposés des dièdres égaux, et réciproquement.*

PROPOSITION XXX.

***233.** — **Théorème**. *Dans un trièdre isoèdre, aux angles plans égaux sont opposés des dièdres égaux, et réciproquement* (à démontrer).

PROPOSITION XXXI.

***234.** — **Théorème**. *Dans tout trièdre, si deux angles plans sont inégaux, au plus grand des deux est opposé un plus grand dièdre, et réciproquement* (à démontrer).

Théorèmes à démontrer.

1. Tout point du plan perpend. sur le milieu d'une droite est également distant des extrémités de cette droite ; et tout point situé hors de ce plan est inégalement distant des mêmes extrémités.

2. Un plan dont trois points sont chacun à même distance des extrémités d'une droite, est perpend. sur le milieu de celle-ci.

3. Le lieu géométrique de tous les points chacun également distants de deux points donnés, est un plan.

4. Les perpend. menées d'un point à un plan et à une parallèle à ce plan, déterminent un second plan qui est à la fois perpend. au plan et à la droite donnés.

5. Les plans perpend. sur les milieux des côtés d'un triangle se coupent suivant une même droite perpend. au plan de ce triangle.

6. Deux plans parallèles sont également inclinés sur une droite qui les rencontre.

7. Lorsque deux plans sont perpend. entre eux, toute droite perpend. à l'un d'eux est parallèle à l'autre.

8. Si des trois sommets et du centre de gravité d'un triangle, on mène quatre droites parallèles entre elles et terminées à un même plan, la somme *algébrique* des trois premières droites est égale à trois fois la quatrième.

9. Tout point du plan bissecteur d'un dièdre est également éloigné des faces de ce dièdre ; et tout point situé hors de ce plan est inégalement éloigné des mêmes faces.

10. Tout plan perpend. sur le plan bissecteur d'un angle dièdre est égale-

ment incliné sur les faces de ce dièdre, et coupe celle-ci suivant deux droites également inclinées sur l'arête du dièdre.

11. Les deux projections, sur les faces d'un dièdre, d'une droite située dans le plan bissecteur, font avec l'arête des angles égaux.

12. Tout plan qui rencontre les quatre côtés d'un quadrilatère *gauche* (dont les côtés opposés ne sont pas situés dans un même plan) détermine six segments tels, que le produit des quatre segments qui n'ont aucune extrémité commune, est égal au produit des quatre autres. — Réciproque.

Problèmes à résoudre.

1. Trouver sur un plan une droite dont chacun des points soit à égale distance de deux points donnés, ou de deux droites situées dans un même plan.

2. Par une droite donnée, mener un plan également distant de deux points donnés.

3. Par une droite donnée, mener un plan qui fasse avec un plan donné un angle dièdre aussi donné (2 solutions).

4. Mener une droite également éloignée de trois points donnés.

5. Par un point donné, mener un plan également distant de trois points donnés (4 sol.).

6. Par un point donné, mener un plan perpend. à une droite.

7. Deux points étant donnés hors d'un plan, trouver dans ce plan un point, tel que les droites qui le joignent aux deux points fassent avec le plan un angle donné.

8. Par un point mener un plan perpend. à deux plans donnés.

9. Par un point donné, mener une droite qui coupe deux droites non situées dans un même plan.

10. Par un point donné, mener un plan parallèle à deux droites non situées dans un même plan.

11. Mener par deux droites non comprises dans un même plan, deux plans parallèles entre eux.

12. Trouver le lieu des points de l'espace à égale distance de trois droites, situées dans un même plan.

13. Trouver le lieu des points qui divisent dans le rapport $m : n$ toutes les droites qui joignent les intersections d'une suite de plans parallèles, par deux droites non situées dans un même plan.

LIVRE VI.

LE PLAN ET LES POLYGONES SPHÉRIQUES.

§ I. Plans sécants et tangents.

235. — La *sphère* est un corps terminé entièrement par une surface courbe, dite *surface sphérique*, dont tous les points sont également distants d'un point intérieur nommé *centre* (*fig.* 170).

On appelle *rayon* de la sphère, toute droite OA, OM, ON, menée du centre à un point quelconque de la surface ; et *diamètre*, toute droite AB, passant par le centre et terminée de part et d'autre à la surface. Tous les rayons d'une même sphère sont égaux ; tous les diamètres sont aussi égaux et doubles du rayon.

236. — Un plan est dit *tangent à la sphère,* lorsqu'il n'a qu'un point commun avec la surface.

PROPOSITION PREMIÈRE.

237. — **Théorème.** *Toute section plane de la sphère est un cercle, dont l'axe est un diamètre de cette sphère* (*fig.* 170).

1° Soit une section plane AMB, qui passe par le centre O de la sphère. Les droites OA, OM,... menées du centre O à divers points de la courbe AMBR, sont égales comme étant des rayons de la sphère ; donc la section ABM est un cercle dont l'axe (204, c. II) est le diamètre DE.

2° Soit une section plane quelconque CNH. Si du centre O on mène la perpend. OP sur le plan de la section, et les obliques OC, ON, OF,... à divers points de la courbe CNH, ces obliques étant égales comme rayons de la sphère, auront sur le plan de la section des projections égales CP, NP, FP,... ; donc la section CNH est un cercle, dont l'axe est le diamètre OPD.

Corollaires. I. Toute section qui passe par le centre de la sphère, est appelée *grand cercle. Tous les grands cercles sont égaux ; deux grands cercles se coupent suivant un diamètre de la sphère et par conséquent en deux parties égales.*

II. *Deux points de la surface sphérique*, non situés sur un même diamètre, *déterminent un grand cercle.* Car ces deux points et le centre de la sphère sont dans un plan unique.

III. *Tout grand cercle divise la sphère*, ainsi que sa surface, *en deux parties égales*, nommées *hémisphères.* Car si l'on fait tourner l'une de ces parties autour du centre, jusqu'à ce que sa base coïncide de nouveau avec celle de l'autre, les deux surfaces convexes coïncideront, autrement elles auraient des points inégalement distants du centre.

IV. Toute section qui ne passe pas par le centre de la sphère, se nomme *petit cercle.* Un petit cercle est d'autant plus petit qu'il est plus éloigné du centre de la sphère, et réciproquement ; car $CP = \sqrt{OC^2 - OP^2}$.

V. Deux petits cercles égaux sont également éloignés du centre de la sphère, et réciproquement.

VI. Tous les cercles parallèles ont pour axe commun le même diamètre de la sphère.

Remarque. L'angle ADM que font entre eux deux arcs de grands cercles, est l'angle dièdre ADOM formé par les plans de ces arcs, et s'appelle *angle sphérique.* Cet angle est droit, aigu ou obtus, suivant que le dièdre correspondant est droit, aigu ou obtus.

PROPOSITION II.

238. — **Théorème**. *Par quatre points* A, B, C, D non situés dans un même plan, *on peut faire passer une sphère, et on n'en peut faire passer qu'une.*

Car l'axe du cercle qui passe par les trois points A, B, C, et le plan perpend. sur le milieu de la droite AD, se rencontrent en un point unique O, également distant des quatre points A, B, C, D.

Corollaire. Une sphère est *déterminée de grandeur et de position* par quatre points donnés, non compris dans un même plan.

PROPOSITION III.

239. — **Théorème**. *Le plus court chemin d'un point à un autre,* sur la surface sphérique, *est l'arc de grand cercle qui joint les deux points donnés (fig. 171).*

Soit ACB l'arc de grand cercle qui joint les points A et B. Par un point quelconque C de cet arc, soient menés les deux cercles CMN, CPQ respectivement perpend. aux diamètres AO, BO. Les plans de ces cercles et leur intersection CI seront perpend. au plan OAB (215 et 217); la droite CI étant ainsi perpend. aux rayons CD, CE, est une tangente commune aux circ. CMN, CPQ, qui n'auront donc que le point C commun Il suit de là évidemment qu'une certaine portion de toute ligne qui joint les points A et B, mais qui ne passe pas par le point C, sera toujours comprise entre ces deux circonférences.

Cela posé, le plus court chemin du point B au point C est égal à celui du point B à tout autre point P de la circ. CPQ; car, puisque BO est perpend. sur CE et PE, en faisant tourner l'hémisphère GBPB'H autour du diamètre BB', on peut amener le point P sur le point C, et alors le plus court chemin de B en C représentera aussi celui de B en P. De même, le plus court chemin de A en C est égal à celui de A à tout autre point de la circ. CMN ; donc le plus court chemin de **A** en **B** *doit passer par tout point* C *de l'arc de grand cercle* ACB. Donc, cet arc est la ligne la plus courte entre les points donnés **A** et **B**.

Corollaire. Par les extrémités d'un diamètre on peut faire passer une infinité de plus courts chemins égaux à une demi-circ. de grand cercle.

PROPOSITION IV.

240. — **Théorème**. *Les extrémités du diamètre perpendiculaire au plan d'un cercle, sont chacun également distants de tous les points de la circonférence de ce cercle* (*fig.* 170),

1° Soit le grand cercle **AMB** perpend. au diamètre **DE**. Les angles **DOA**, **DOM** étant droits, les arcs de grands cercles **DA**, **DM** sont des quadrants ; de même, les arcs **EA**, **EM** sont des quadrants. Donc les points **D**, **E** sont chacun à égale distance de tous les points de la circ. **AMB**.

2° Soit le petit cercle **CNH** perpend. au même diamètre **DE**. Les tr. **OPC**, **OPN**, rectangles en **P**, ayant les hypoténuses égales **OC**, **ON**, comme rayons de la sphère, et le côté **OP** commun, les angles au centre **DOC**, **DON** sont égaux ; donc les arcs de grands cercles **DC**, **DN** sont égaux, et il en est de même des arcs **EC**, **EN**. Donc les points **D**, **E** sont chacun à même distance de tous les points de la circ. du cercle **CNH**.

Corollaires. I. A cause de cette propriété, les points **D**, **E** sont appelés les *pôles du cercle* **AMB** et de tout cercle **CNH** qui lui est parallèle. La distance du pôle d'un cercle à un point de sa circ., se nomme le *rayon polaire de ce cercle*.

Tout cercle de la sphère a deux pôles et deux rayons polaires correspondants, qui servent à le décrire.

II. *Chaque rayon polaire d'un grand cercle est un quadrant perpend. à la circ. de ce cercle*. Car le plan DOM étant perpend. au grand cercle AMB, l'angle AMD est droit (**237**, Rem.). — Réciproque.

III. *Deux arcs de grands cercles* DA, DM *perpend. à un troisième* AM, *se coupent au pôle* D *de celui-ci.*

IV. *Un point* D *est le pôle d'un arc de grand cercle* AM, *lorsque ses distances à deux points* A, M *de cet arc, sont des quadrants.* Car alors les angles DOA, DOM étant droits, DO est perpend. aux droites OA, OM, et par conséquent à leur plan AMB; donc D est le pôle de l'arc AM.

PROPOSITION V.

241. — **Théorème.** *L'angle sphérique a pour mesure l'arc de grand cercle compris entre ses côtés et décrit de son sommet comme pôle* (fig. 172).

Soit l'angle sphérique BAC. Les arcs AB, AC, étant supposés des quadrants, si l'on mène les rayons OB, OC, les angles au centre AOB, AOC seront droits, et ainsi BOC sera l'angle plan du dièdre BAOC, qui est l'angle sphérique BAC (237, Rem.); mais l'angle au centre BOC a pour mesure l'arc BC; donc l'angle BAC a la même mesure, c'est-à-dire l'arc de grand cercle BC décrit de son sommet A comme pôle.

Corollaire. Si deux arcs de grands cercles se coupent, 1° deux angles sphériques adjacents sont supplémentaires; 2° deux angles sphériques opposés par le sommet sont égaux. (Réciproques).

PROPOSITION VI.

242. — **Théorème.** *Si d'un point* A *de la surface sphérique, donné hors d'une circ.* DEB' *de grand cercle, on mène à cette circ. divers arcs de grands cercles* AB, AC, AD (fig. 173):

1° *L'arc perpendiculaire* AB, *moindre qu'un quadrant, est plus petit que tout arc oblique* AC. — Le contraire a lieu pour l'arc AHB' plus grand qu'un quadrant.

Car si l'on mène AP perpend. au rayon OB, et par suite au plan ODE (246), la droite PB sera la ligne la plus courte que l'on puisse mener du point P à la circ. DEB'; ainsi

PB$<$PC, et par conséquent la droite oblique AB$<$AC (204) ; donc aussi l'arc AB$<$AC.

2° *Deux arcs obliques qui ont sur la circ. DEB' des projections égales, sont égales.*

Car si l'arc BC$=$BD, on aura PC$=$PD et par suite l'arc AC$=$AD.

3° *L'arc perpendiculaire étant toujours moindre qu'un quadrant, de deux arcs obliques qui ont des projections inégales, le plus grand est celui qui a la plus grande projection.* — La propriété contraire a lieu par rapport à l'arc perpend. AHB'.

Car si l'arc BE$>$BD, on aura PE$>$PD, et ainsi l'arc AE$>$AD.

Remarque. Les réciproques de ces trois propriétés sont vraies (*à démontrer*).

PROPOSITION VII.

243. — **Théorème**. *Tout plan perpendiculaire à l'extrémité d'un rayon est tangent à la sphère (fig. 173).*

Soit le plan AP perpend. à l'extrémité du rayon OA. Toute droite OP, menée du centre à un point quelconque de ce plan, est plus longue que le rayon OA ; donc tous les points du plan AP, excepté le point A, sont hors de la surface sphérique ; donc le plan est tangent à la sphère.

Réciproque. *Tout plan tangent à la sphère est perpend. au rayon du point de contact.*

Corollaire. Par un point de la surface sphérique, on ne peut mener qu'un plan tangent.

Remarque. L'intersection de deux surfaces sphériques est une circonférence dont le plan est perpend. à la ligne des centres, et dont le centre se trouve sur cette ligne. Les conditions d'intersection et de contact de deux sphères sont les mêmes que pour deux cercles (76, 77).

§ II. Triangles sphériques et angles trièdres.

244. — Un *polygone sphérique* est une portion de la surface de la sphère terminée entièrement par des arcs de grands cercles plus petits qu'une demi-circonférence (*fig.* 174).

Ces arcs se nomment les *côtés* du polygone, dont les *angles* sont les dièdres formés par les plans de ces arcs (237, Rem.)

Un *triangle sphérique* est un polygone sphérique de trois côtés. Il prend le nom de *rectangle, isocèle, équilatéral scalène*, dans les mêmes cas qu'un triangle rectiligne.

245. — **Remarque**. Si l'on joint le centre O de la sphère (*fig.* 175) avec les sommets A, B, C, d'un triangle sphérique, on formera un dièdre OABC dont les angles plans AOB, AOC, BOC ont respectivement pour mesure les arcs AB, AC, BC, ou côtés du triangle, et dont les dièdres sont les angles du triangle. Réciproquement, tout trièdre placé au centre d'une sphère intercepte sur la surface de cette sphère un triangle dont les côtés mesurent les angles plans du trièdre, et dont les angles sont les dièdres du même trièdre.

D'où il suit que le *triangle sphérique et le trièdre jouissent des mêmes propriétés*.

Cette remarque et la conclusion s'appliquent au polygone sphérique et à l'angle polyèdre.

PROPOSITION VIII.

246. — **Théorème**. *Dans tout triangle sphérique, 1° un côté quelconque est plus petit que la somme des deux autres et plus grand que leur différence, 2° la somme des trois côtés est moindre que la circonférence d'un grand cercle (fig. 175).*

Car, 1° puisque chaque côté d'un triangle est supposé moindre qu'une demi-circ. de grand cercle, le côté AB, par exemple, est sur la surface sphérique la ligne la plus courte entre les points A et B (240); donc $AP < AC + BC$, et par conséquent $BC > AC - AC$.

2° Si l'on prolonge les côtés AB, AC jusqu'à leur rencontre en D, les arcs ABD, ACD seront deux demi-circ. (237, c. I), et dans le tr. BCD on aura BC<BD+CD ; donc, ajoutant de part et d'autre AB+AC, AB+AC+BC<ABD+ACD ; donc le périmètre du tr. ABC est moindre qu'une circonférence d'un grand cercle.

Corollaire. *Le périmètre de tout polygone sphérique convexe est moindre qu'une circ. de grand cercle (fig. 174).* Car prolongeant le côté DC jusqu'en F avec le côté AB prolongé, puisque BC<BF+CF, le périmètre du polygone proposé sera moindre que celui du quadrilatère AFDE ; de même, prolongeant les côtés BA, DE jusqu'en G, puisque AE<AG+GE, le périmètre du quadrilatère AFDE sera moindre que celui du tr. DFG, ou qu'une circ. de grand cercle. Donc le périmètre du polygone proposé est plus petit qu'une circ. de grand cercle.

Remarque. Notre démonstration de la proposition précédente n'étant point basée sur les propriétés de l'angle polyèdre, en vertu de la remarque du n° 245, on peut conclure que

Dans tout trièdre, 1° chaque angle plan est moindre que la somme des deux autres et plus grand que leur différence ; 2° la somme des trois angles plans est moindre que quatre angles droits (*fig.* 175).

Dans un angle polyèdre convexe, la somme de tous les angles plans est moindre que 4 droits.

Ces propriétés sont celles du n° 228. On voit par là l'avantage qui résulte de l'étude simultanée des polygones sphériques et des angles polyèdres.

PROPOSITION IX.

247. — **Théorème**. *Etant donné un triangle ABC, si de ses sommets comme pôles on décrit des arcs de grands cercles, les côtés du triangle A'B'C' ainsi formé seront les supplé-*

ments des angles opposés du triangle proposé, et réciproquement (*fig.* 176).

En effet, les points B, C étant, par hypothèse, les pôles des arcs A'C', A'B', les distances A'B, A'C sont des quadrants ; donc le sommet A' est le pôle de l'arc BC (240, c. IV). Par la même raison, le sommet B' est le pôle de AC, et C' celui de AB. Donc *les sommets du tr.* A'B'C' *sont aussi les pôles des côtés opposés du tr.* ABC. — A cause de cette propriété, ces deux triangles sont appelés *triangles polaires*.

Cela posé, les côtés de l'angle A étant prolongés, s'il est nécessaire, jusqu'à leur rencontre en D et en E avec B'C', puisque les points B', C', sont les pôles respectifs des arcs ACE, ABD, les arcs B'E, DC' sont des quadrants, et ainsi on a $B'E + DC' = \frac{1}{2}$ circ., ou bien $B'C' + DE = \frac{1}{2}$ circ. ; mais, comme le point A est le pôle de l'arc DE, l'angle BAC ou A a pour mesure l'arc DE (241) ; donc $B'C' + A = \frac{1}{2}$ circ. De même, $A'C' + B = \frac{1}{2}$ circ. ; $A'B' + C = \frac{1}{2}$ circ. Donc chaque côté du tr. A'B'C' est le supplément de l'angle opposé du tr. ABC.

Réciproquement, $FC + BG = BC + FG = \frac{1}{2}$ circ. ; mais l'angle $A' = FG$; donc $BC + A' = \frac{1}{2}$ circ. Donc aussi chaque côté du tr. ABC est le supplément de l'angle opposé dans le tr. A'B'C'. — A cause de cette propriété, les triangles polaires sont aussi appelés *triangles supplémentaires*.

Corollaire. *Chaque angle d'un triangle sphérique a pour mesure une demi-circ. moins le côté opposé dans le triangle polaire.* — On conclut de là le théorème du n° 229.

Remarque. En décrivant le tr. A'B'C' au moyen du tr. ABC, des deux points où se coupent les arcs décrits des pôles B, C, par ex., il ne faut considérer que celui qui se trouve du même côté de BC que le point A.

PROPOSITION X.

248. — **Théorème.** *Dans tout triangle sphérique, 1° la somme des trois angles est toujours comprise entre deux et six* *angles droits,* 2° *l'excès de la somme de deux angles sur le troisième est moindre que deux droits.*

Car, 1° si l'on désigne par A, B, C les trois angles d'un tr. ABC, et par a, b, c les côtés opposés du triangle polaire A′B′C′, on aura (247) :

$$A = 2 - a,\ B = 2 - b,\ C = 2 - c;$$

d'où, par l'addition,

$$A + B + C = 6 - (a + b + c).$$

Or la somme $a + b + c$ des côtés du tr. A′B′C′ est moindre qu'une circ. (246) et toujours plus grande que zéro ; donc l'excès de 6 droits sur cette somme est compris entre 2 et 6 droits, c'est-à-dire que $6 > A + B + C > 2$.

2° Si A, B, C sont les angles du triangle proposé, 2—A, 2—B, 2—C seront les côtés du triangle polaire, et ainsi on aura (247) :

$$2 - C < 2 - A + 2 - B;$$

donc

$$A + B - C < 2.$$

On conclut de là le théorème du n° **230**.

Corollaire. Un triangle sphérique peut avoir deux angles droits ou obtus, trois angles droits ou obtus. Il est dit *birectangle* ou *trirectangle*, selon qu'il a deux ou trois angles droits ; dans l'un et l'autre cas, les côtés opposés aux angles droits sont des quadrants (240, c. III). Le triangle trirectangle est contenu huit fois dans la surface de la sphère.

249. — *Deux tr.* ABC, A′B′C′ *qui ont leurs sommets diamétralement opposés (fig.* 177), *ont leurs côtés et leurs angles égaux chacun à chacun, mais disposés dans un ordre inverse.*

Car, par exemple, le côté A′B′=AB, comme répondant à des angles au centre égaux A′OB′=AOB ; l'angle A′B′C′=ABC, comme étant égaux chacun à l'angle A′BC′. De plus, on voit qu'en faisant le tour des deux triangles, dans le même sens, les côtés et les angles égaux se présenteront dans un ordre inverse. Ces deux triangles sont appelés *triangles symétriques.*

En général, deux *triangles sphériques* sont dits **symétriques** lorsqu'ils ont les côtés et les angles égaux chacun à chacun, mais disposés dans un ordre inverse.

Un triangle sphérique isocèle a pour symétrique un triangle isocèle, qui lui est égal. Un triangle sphérique scalène ne peut pas coïncider avec son symétrique.

PROPOSITION XI.

250. — **Théorème**. *Deux triangles situés sur des sphères égales, ou sur la même sphère, sont égaux ou symétriques, lorsqu'ils ont les trois côtés égaux chacun à chacun* (*fig.* 178).

1° Si les deux tr. ABC, DEF ont les côtés égaux, AB=DE, AC=DF, BC=EF, et *disposés dans le même ordre,* ils seront égaux.

Car, si l'on fait coïncider la sphère O avec son égal O', de manière que le côté AB couvre son égal DE, comme AC=DF, le sommet C tombera, sur la surface de la sphère O', en un point de l'arc décrit du pôle D et du rayon polaire DF ; de même, puisque BC=EF, le sommet C tombera sur l'arc décrit du pôle E avec le rayon polaire EF ; donc le point C tombera sur l'intersection F de ces arcs. Donc tr. ABC=tr. DEF.

2° Si les deux tr. ABC, D'E'F' ont les côtés égaux, AB=D'E', AC=D'F', BC=E'F', et *disposés dans un ordre inverse,* ils seront symétriques.

Car alors le tr. ABC est égal au tr. DEF, symétrique de D'E'F'; donc les deux triangles proposés sont symétriques.

PROPOSITION XII.

251. — **Théorème**. *Deux triangles situés sur la même sphère ou sur des sphères égales, sont égaux ou symétriques lorsqu'ils ont un angle égal compris entre deux côtés égaux chacun à chacun.*

Car on peut faire coïncider l'un de ces triangles avec l'autre ou avec le symétrique de l'autre.

PROPOSITION XIII.

252. — **Théorème**. *Deux triangles situés sur la même sphère ou sur deux sphères égales, sont égaux ou symétriques, lorsqu'ils ont un côté égal adjacent à deux angles égaux chacun à chacun.*

Même mode de démonstration.

PROPOSITION XIV.

253. — **Théorème**. *Deux triangles situés sur la même sphère ou sur deux sphères égales sont égaux ou symétriques, lorsqu'ils ont les angles égaux chacun à chacun.*

Soient ABC, DEF (*fig*. à tracer) deux triangles tels, que l'angle $A=C$, $B=E$, $C=F$, et $A'B'C'$, $D'E'F'$ leurs triangles polaires. Puisque les angles A, D, sont les suppléments des côtés opposés $B'C'$, $E'F'$ dans les triangles polaires (247), on a $B'C'=E'F'$; on a de même $A'C'=D'F'$, $A'B'=D'E'$; donc les tr. $A'B'C'$, $D'E'F'$, étant équilatéraux entre eux, sont égaux ou symétriques (250) et par conséquent l'angle $A'=D$, $B'=E'$, $C'=F'$. Mais de ce que les triangles $A'B'C'$, $D'E'F'$ ont les angles égaux ch. à ch., il s'ensuit de même que les côtés sont égaux dans leurs polaires ABC, DEF ; donc ceux-ci sont égaux ou symétriques.

Corollaire général. Il suit des quatre propositions qui précèdent que dans *deux triangles sphériques égaux* ou symétriques, *les côtés égaux sont opposés à des angles égaux*, et réciproquement *les angles égaux sont opposés à des côtés égaux*.

Remarques. I. La proposition précédente n'a pas lieu dans les triangles rectilignes, où l'égalité des angles entraîne seulement la proportionnalité des côtés opposés ; tandis que les triangles sphériques, *situés sur des sphères égales*, ne peuvent être semblables sans être égaux, à cause de la proportionnalité des arcs semblables à leurs rayons.

II. Des quatre derniers théorèmes, on conclut le théorème du n° 232.

PROPOSITION XV.

254. — **Théorème**. *Dans tout triangle sphérique isocèle, les angles opposés aux côtés égaux sont égaux.* (*fig.* 179).

Soit le côté AB=AC. Du sommet A, je mène sur le milieu D de la base CB, l'arc de grand cercle AD. Les tr. ABD, ADC qui ont le côté AD commun, AB=AC par hypothèse, BD=DC par construction, sont symétriques (250); donc les angles B, C, opposés au côté commun AD, sont égaux.

Réciproque. *Un triangle sphérique qui a deux angles égaux, est isocèle.*

Car si les angles B, C du tr. ABC sont égaux, les côtés opposés A'B', A'C' seront égaux dans le triangle polaire A'B'C' (247); donc, en vertu du théorème direct, l'angle B'=C'. Mais de l'égalité des angles B', C' résulte de même l'égalité des côtés opposés dans le tr. ABC; donc le côté AB=AC, et le tr. ABC est isocèle.

Corollaire. *Dans un triangle isocèle, l'arc mené du sommet au milieu de la base est perpend. à celle-ci et divise l'angle du sommet en deux parties égales.*

Remarque. On conclut de cette proposition, le th. du n° 233.

PROPOSITION XVI.

255. — **Théorème**. *Si deux côtés d'un triangle sphérique sont inégaux, le plus grand est opposé à un plus grand angle, et réciproquement.*

La démonstration de cette proposition est absolument semblable à celle du n° 48. — Le trièdre jouit d'une propriété analogue.

PROPOSITION XVII.

256. — **Théorème**. *Si deux triangles sphériques ont deux côtés égaux chacun à chacun, comprenant des angles inégaux, au plus grand de ces angles est opposé le plus grand des troisièmes côtés.*

Remarques. Les conditions d'égalité ou de symétrie de deux polygones sphériques sont analogues à celles du n° 63. Le symétrique d'un polygone sphérique se construit et se définit comme celui d'un triangle.

§ III. Mesure des polygones sphériques.

257. — On appelle *fuseau*, la partie de la surface sphérique comprise entre deux demi-circonférences de grands cercles terminés à un diamètre commun ; et *onglet sphérique*, la partie du volume de la sphère comprise entre deux demi-grands cercles.

PROPOSITION XVIII.

258. — **Théorème**. *Deux triangles sphériques symétriques sont équivalents (fig. 180).*

Soient ABC , A'B'C' deux triangles qui ont les côtés égaux chacun à chacun : AB=A'B' , AC=A'C' , BC=B'C', mais inversement disposés.

Soit P le pôle du petit cercle ADCB circonscrit au tr. ABC. Je mène les arcs de grands cercles PA , PB , PC qui seront égaux entre eux (240) ; je fais l'angle CPD=APB, et je joins DB, DC. Les triangles isocèles APB, DPC, qui ont, par construction, un angle égal compris entre côtés égaux, sont superposables ou égaux ; de même, les triangles isocèles APC, BPD, qui ont l'angle APC=BPD, sont aussi égaux ; donc le tr. ABC, qui est la somme des tr. BPC , APB , APC, est égal en surface au tr. DBC, qui est la somme des tr. BPC , DPB , DPC. De plus, puisque AB=DC=A′B′, AC=DB=A′C′, les tr. DBC, A′B′C′ ont leurs côtés égaux disposés dans le même ordre et sont égaux (250, 1°); donc enfin les tr. ABC, A′B′C′ sont équivalents.

Remarque. Si le pôle P tombait hors des tr. ABC, DBC, chacun de ces triangles serait l'excès de la somme de deux triangles isocèles sur le troisième, et la conclusion resterait la même.

PROPOSITION XIX.

259. — **Théorème**. *Lorsque deux grands cercles CAG, DAH se coupent dans l'hémisphère ACDGH, la somme des triangles opposés ACD, AGH est égale au fuseau dont l'angle est CAD (fig. 184).*

Car, menant les diamètres CG, DH, on voit que les tr. BCD, AGH sont symétriques (249) et par conséquent équivalents entre eux; donc la somme des tr. ACD, AGH est égale au fuseau ACBDA, qui est la somme des tr. ACD, BCD.

PROPOSITION XX.

260. — **Théorème**. *Deux fuseaux sont proportionnels à leurs angles, et aux arcs de grands cercles qui mesurent leurs angles (fig. 184).*

Soient les deux fuseaux ACBDA, ACBEA, dont les angles CAD, CAE ont pour mesure les arcs de grands cercles CD, CE.

Si les arcs CD, CE sont commensurables, soit divisé CE en parties égales à la commune mesure, supposée contenue m fois dans CD et n fois dans CE. Les grands cercles menés par le diamètre AB et chaque point division, partageront les fuseaux ACBDA, ACBEA respectivemeut en m et en n fuseaux superposables ou égaux; on aura ainsi, par suite de l'égalité des rapports à $m : n$,

$$\text{ACBDA} : \text{ACBEA} = \text{CD} : \text{CE} = \text{CAD} : \text{CAE}.$$

Dans le cas de l'incommensurabilité des arcs CD, CE, le raisonnement connu conduirait à la même conclusion.

Corollaires. I. Si l'on prend pour unité de surface sphérique le triangle trirectangle t, et que l'on désigne par **A** l'angle d'un fuseau quelconque, on aura :

$$F : 2t = A : 1 \ dr. \ ; \ \text{d'où} \ \frac{F}{t} = \frac{2A}{1 \ dr}.$$

Donc *l'aire d'un fuseau a pour mesure le double de son angle.*

II. De la proportion précédente on déduit

$$F : 8 \ t = A : 4 \ dr.$$

Donc *un fuseau est à la surface de la sphère comme son angle est à 4 dr., ou comme l'arc qui mesure cet angle est à la circ. d'un grand cercle.*

Remarque. La proposition a lieu pour deux onglets sphériques, et il en résulte des conséquences analogues.

PROPOSITION XXI.

261. — **Théorème**. *L'aire d'un triangle sphérique a pour mesure l'excès de la somme de ses trois angles sur deux angles droits (fig. 182).*

Soit le tr. ABC. Si l'on prolonge les côtés AC, BC jusqu'à leur rencontre en D et en E avec la circ. dont fait partie le côté AB, on aura :
$$ABC + BCD = \text{fus. A},$$
$$ABC + ACE = \text{fus. B},$$
et (259)
$$ABC + CDE = \text{fus. C} ;$$
d'où, par l'addition, en observant que la somme des six triangles excède la demi-surface de la sphère de 2 tr. ABC,

$$2 . ABC + \tfrac{1}{2} \text{ surf. sph.} = \text{fus. A} + \text{fus. B} + \text{fus. C}.$$

Donc, en retranchant de part et d'autre $\tfrac{1}{2}$ surf. sph., divisant ensuite tout par 2 t, on aura (260, c. I)

$$\frac{ABC}{t} = \frac{\text{fus.A}}{2t} + \frac{\text{fus.B}}{2t} + \frac{\text{fus.C}}{2t} - \frac{\tfrac{1}{2}\text{surf.sph.}}{2t}$$

$$= \frac{A}{1 \ dr.} + \frac{B}{1 \ dr.} + \frac{C}{1 \ dr.} - 2 = \frac{A + B + C - 2dr.}{1 \ dr.}.$$

En sous-entendant l'unité d'aire t et l'unité d'angle, on a, conformément à l'énoncé du théorème,

$$ABC = A + B + C - 2.$$

Corollaire. Le tr. ABC est équivalent à un fuseau dont l'angle est

$$\frac{A + B + C - 2dr}{2}.$$

Remarque. Il existe un triangle sphérique ABC dont l'angle $A = 100°$, $B = 80°$, $C = 60°$ (248). On a $A + B + C - 2dr. = 60°$; donc $\dfrac{ABC}{t} = \dfrac{60°}{90°} = \dfrac{2}{3}$, c'est-à-dire que le $tr.$ ABC égale les $\frac{2}{3}$ du triangle trirectangle, ou le $\frac{1}{12}$ de la surface sphérique.

PROPOSITION XXII.

262. — **Théorème**. *L'aire d'un polygone sphérique a pour mesure la somme de ses angles, moins autant de fois deux angles droits qu'il a de côtés moins deux.*

Car tout polygone peut être décomposé, par des diagonales menées d'un sommet à tous les autres, en autant de triangles qu'il y a de côtés moins deux dans ce polygone ; donc, en vertu du th. précédent, si n désigne le nombre des côtés et s la somme des angles, l'aire du polygone sera exprimée par $s - 2\ dr.\ (n-2)$, ou bien $s - 2\ n + 4$, en sous-entendant l'unité d'angle.

Problèmes relatifs au livre VI.

PROBLÈME PREMIER.

263. — *Trouver*, par une construction plane, *le rayon d'une sphère donnée* (*fig.* 183).

Avec un compas sphérique (à branches courbes), déterminez sur la surface de la sphère donnée trois points A, B, C qui soient chacun à même distance de deux points M, N, pris à volonté sur cette surface ; ensuite avec les distances rectilignes AB , AC , BC, décrivez sur un plan un triangle rectiligne A'B'C' ; le rayon O'A' du cercle circonscrit à ce triangle sera celui de la sphère donnée.

Car, la droite MN étant une corde de la sphère, le plan perpend. sur son milieu passera par le centre O et par chacun des points A, B, C ; donc ie cercle circonscrit au tr. A'B'C', égal au tr. ABC, est égal à un grand cercle de la sphère.

Remarque. Pour tracer sur cette même sphère des arcs de grands cercles, on prendra une ouverture de compas égale à la corde A'D d'un quadrant.

PROBLÈME II.

264. — *Tracer sur une sphère donnée le grand cercle qui passe par deux points donnés* M, N (*fig.* 183).

Des points donnés M , N comme pôles, avec une ouverture de compas égale à la corde d'un quadrant, décrivez deux **arcs**, qui se couperont en un point P ; de ce point P comme pôle et du même rayon, décrivez l'arc MN, qui appartiendra au grand cercle demandé (240).

Remarque. La même construction sert à prolonger un arc de grand cercle donné.

PROBLÈME III.

265. — *Par un point de la surface d'une sphère, mener l'arc de grand cercle perpendiculaire à un arc de grand cercle donné* (*fig.* 183).

Du point donné R ou B, situé sur l'arc donné MN ou hors de cet arc, avec un rayon polaire égal à un quadrant, coupez l'arc MN, prolongé s'il est nécessaire, en un point Q ; ensuite du pôle Q avec le même rayon décrivez BR, qui sera l'arc perpend. à MN, mené par le point donné (240).

PROBLÈME IV.

266. — *Diviser un arc de grand cercle en deux parties égales (fig. 183).*

Après avoir déterminé un point B à égale distance des extrémités M, N de l'arc donné MN, abaissez du point B l'arc BR perpend. sur MN (265); le point R sera le milieu de l'arc MN (242).

PROBLÈME V.

267. — *En un point d'un arc de grand cercle faire un angle égal à un angle donné.*

Appliquer la construction du n° 91. Mener ensuite l'arc bissecteur de l'angle.

PROBLÈME VI.

268. — *Décrire le petit cercle qui passe par trois points donnés E, F, G (fig. 183).*

Elevez des arcs de grands cercles perpend. sur les milieux des arcs de grands cercles qui joignent les points E et F, F et G (266); le point P où ces arcs se rencontreront sera le pôle du petit cercle demandé.

Corollaire. *Pour trouver le rayon GH de ce cercle,* on prendra sur une circ. de grand cercle A'B'C'D un arc P'G' égal au rayon polaire PG, et la perpend. G'H' au diamètre P'A' sera égale à GH.

PROBLÈME VII.

269. — *Par une droite donnée, mener un plan tangent à une sphère donnée (fig. 172).*

Soit ADE le plan tangent à la sphère O au point A. Si l'on mène le rayon OA, et la droite OP perpend. sur la droite donnée DE, le plan OAP sera perpend. à DE (243 et 202), et coupera la sphère suivant un grand cercle ABA' tangent en A à la droite PA. Ainsi par le centre O menez le plan OPA perpend. à DE ; par le point P, tirez PA tangente au grand cercle ABA′, ce qui donnera le point A ; le plan ADE sera le plan tangent demandé. Car il est facile de voir que le rayon OA est perpend. à ce plan.

Remarque. Il y a deux plans tangents passant par DE ; la droite OP est la bissectrice de leur angle plan. — Par un point P on peut mener une infinité de plans tangents ; le lieu de tous les points de contact est une circonférence de petit cercle, appelée *courbe de contact*.

PROBLÈME VIII.

270. — *Etant donnés les trois angles plans d'un trièdre, trouver par une construction plane les trois angles dièdres* (*fig.* 184).

Au centre O d'un cercle quelconque, je fais les trois angles AOC′, AOB, BOC″ respectivement égaux aux angles plans du trièdre donné ; je mène les perpend. C′A sur OA et C″B sur OB, qui se rencontreront en un point P ; de ce point j'élève sur C′AD la perpend. PC‴, qui rencontrera en un point C‴ la circ. décrite du centre A avec le rayon AC′=AD ; enfin, joignant AC‴, DAC‴ sera l'angle plan du dièdre COAB.

En effet, si l'on fait tourner les triangles rectangles OAC′, OBC″, autour des charnières OA, OB, jusqu'à ce que les points C′, C″ se réunissent en un point C de l'espace, les plans ACP, BCP et leur intersection CP seront perpend. au plan AOB (217) ; donc les tr. APC, APC‴, rectangles en P, ayant l'hypoténuse AC=AC″ et le côté AP commun, sont égaux ; donc l'angle DAC‴=à DAC, est l'angle plan du dièdre COBA.

Remarques. I. Lorsque le point P tombe entre A et C′, l'angle DAC‴ et le dièdre qu'il mesure sont obtus.

II. En vertu des propriétés du trièdre (246, R., ou 228, 1°), *la perpend.* C″B *doit toujours couper la corde* C′D *entre ses extrémités*. Car menant sur le diamètre BO les perpend. CF et

DE, on aura l'angle BOF$=$BOA$+$AOC′ et BOE$=$BOA$-$AOC′;
donc le troisième angle plan BOC″ du trièdre est compris entre
les angles limites BOF, BOE, et par conséquent la perpend.
C″B à OB rencontrera toujours la corde C′D.

III. La construction indiquée peut servir à trouver les angles
d'un triangle sphérique donné par ses trois côtés, et tracé sur
une sphère de rayon donné.

PROBLÈME IX.

271. — *Connaissant deux angles plans d'un trièdre avec
l'angle dièdre compris, trouver le troisième angle plan (fig. 184).*

Ayant construit les angles AOB, AOC′ respectivement égaux
aux angles plans donnés, et l'angle DAC‴ égal à l'angle plan
du dièdre compris, on mènera les perpend. C‴P sur CAD et
PBC″ sur OB ; BOC″ sera l'angle plan demandé (*à démontrer*).

Remarque. On résoudrait d'une manière semblable le
trièdre dans lequel on connaît un angle plan et les deux
dièdres adjacents.

Théorèmes à démontrer.

1. La circ. du grand cercle perpendiculaire sur le milieu d'un arc de grand
cercle, est le lieu des points de la surface sphérique également distants chacun
dès extrémités de cet arc. Réciproque.

2. Lorsque deux circ. de la sphère se coupent, le grand cercle qui passe
par leurs pôles, est perpend. sur le milieu de l'arc de grand cercle qui joint les
deux points d'intersection.

3. Deux circ. de la sphère se coupent, lorsque le plus grand rayon polaire
est à la fois plus petit que la somme du petit rayon polaire et de la distance
des pôles, et plus grand que leur différence. (Il ne faut considérer que le plus
petit rayon polaire de chaque circ. et la plus petite distance des pôles).

4. Deux circ. de la sphère se touchent lorsque la distance des pôles est
égale à la somme ou à la différence des rayons polaires.

5. L'intersection de deux surfaces sphériques est une circonf. dont l'axe
est la ligne des centres des deux sphères. — Les conditions d'intersection et
de contact de deux sphères sont les mêmes que pour deux cercles.

6. Dans tout triangle sphérique :

1° Les arcs de grands cercles perpend. sur les milieux des côtés se coupent en un même point également distant des trois sommets ;

2° Les arcs de grands cercles bissecteurs des angles se coupent en un même point également éloigné des trois côtés ;

3° Les arcs de grands cercles menés des sommets perpendiculairement sur les côtés opposés se coupent en un même point ;

4° Les arcs de grands cercles menés des sommets sur les milieux des côtés opposés se coupent en un même point.

7. Tout trièdre jouit de quatre propriétés analogues.

8. Dans un triangle sphérique dont un côté passe par le pôle du cercle circonscrit, l'angle opposé à ce côté est égal à la somme des deux autres. — Réciproque.

9. Dans un quadrilatère sphérique inscrit, la somme de deux angles opposés est égale à la somme des deux autres. Réciproque.

Problèmes à résoudre.

1. Par un point donné sur la surface sphérique, mener un arc de grand cercle sur lequel une circ. donnée intercepte un arc de longueur donnée.

2. Par une droite mener un plan qui détermine un cercle de rayon donné.

3. Par un point mener un plan tangent à deux sphères données.

4. Mener un plan tangent à trois sphères données.

5. Mener par un point donné un arc de grand cercle tangent à un cercle donné.

6. Mener un grand cercle tangent à deux cercles donnés.

7. Décrire un cercle passant par deux points et tangent à un cercle donné.

8. Faire un fuseau égal à un triangle donné.

9. Transformer un polygone sphérique en un triangle équivalent (n° 357).

LIVRE VII.

LES POLYÈDRES.

Définitions.

272. — On appelle en général *polyèdre* un corps entièrement terminé par des polygones plans, nommés *faces*, dont l'ensemble forme la *surface polyédrique*.

Les sommets et les côtés communs aux faces sont les *sommets* et les *arêtes* du polyèdre. Une droite qui joint deux sommets non adjacents à une même arête, se nomme *diagonale*. Un plan déterminé par trois sommets non situés dans la même face est un *plan diagonal*.

273 — Un polyèdre prend le nom de *tétraèdre, hexaèdre, octaèdre, dodécaèdre, icosaèdre,* selon qu'il a 4, 6, 8, 12, 20 faces.

274. — On ne considère que les polyèdres dont tous les angles dièdres sont saillants ou moindres que deux dièdres droits, et qu'on appelle *polyèdres convexes*. Un polyèdre convexe est entièrement situé d'un même côté du plan d'une quelconque de ses faces.

275. — Parmi les *polyèdres irréguliers* on distingue particulièrement la *pyramide* et le *prisme*.

La pyramide est un polyèdre dont l'une des faces, nommée *base*, est un polygone quelconque, et dont toutes les autres faces sont des triangles ayant leur sommet en un même point, qui est le *sommet* de la pyramide.

L'ensemble des triangles forme la *surface latérale* de la pyramide.

Une pyramide est *triangulaire, quadrangulaire, pentagonale hexagonale*, etc. selon que sa base est un triangle, un quadrilatère, un pentagone, un hexagone, etc. Une pyramide triangulaire n'est autre chose qu'un tétraèdre.

276. — La *hauteur* d'une pyramide est la perpendiculaire abaissée du sommet sur le plan de la base.

277. Une pyramide est dite *régulière* lorsque sa base est un polygone régulier et que ses faces latérales sont des triangles isocèles égaux.

Toutes les arêtes latérales étant alors égales, la droite qui joint le sommet au centre de la base, est perpend. à la base, et se nomme l'axe de la pyramide. Tous les triangles isocèles égaux ont une même hauteur, qui est appelée *l'apothème* de la pyramide.

278. — Le prisme est un polyèdre dont les faces latérales sont des parallélogrammes terminés de part et d'autre à deux polygones plans égaux et parallèles, nommés *bases*.

Les faces latérales prises ensemble forment la *surface latérale* du prisme.

Un prisme est *triangulaire, rectangulaire*, etc. selon que ses bases sont des triangles, des quadrilatères, etc.

279. — La *hauteur* d'un prisme est la distance de ses deux bases, c'est-à-dire la perpend. menée d'un point de l'une des deux bases sur le plan de l'autre.

280. — Un prisme est *droit* lorsque ses arêtes latérales sont perpend. aux plans des bases; alors chacune de ces arêtes égale la hauteur, et chaque face latérale est un rectangle.

Dans tout autre cas, le prisme est *oblique* et a une hauteur plus petite qu'une arête latérale.

281. — Le prisme qui a pour bases deux parallélogrammes, prend le nom de *parallélipipède*.

Le *parallélipipède* est *rectangle* lorsque toutes ses faces sont des rectangles.

282. — Le parallélipipède rectangle dont les six faces sont des carrés, s'appelle *cube*. Un cube n'est autre chose qu'un hexaèdre régulier.

§ I. Egalité des polyèdres.

PROPOSITION PREMIÈRE.

283. — **Théorème**. *Deux tétraèdres sont égaux, lorsqu'ils ont trois faces égales chacune à chacune et semblablement disposées* (*fig.* 185).

Soient les deux tétraèdres SABC, S'A'B'C' tels, que les trois triangles ABC, ABS, BCS soient respectivement égaux aux trois triangles A'B'C', A'B'S', B'C'S', et semblablement disposés à chacun des sommets B ; B'. Si l'on place le tétraèdre SABC sur S'A'B'C', de manière que la base ABC coïncide avec son égale A'B'C', les deux trièdres B , B', formés de trois angles plans égaux chacun à chacun, coïncideront (250 ou 232), et l'arête BS tombera sur son égale B'S' ; donc les deux tétraèdres proposés sont égaux.

Corollaire. *Deux tétraèdres sont égaux, lorsqu'ils ont :* 1° un dièdre égal compris entre deux faces égales ch. à ch., et semblablement disposés ; 2° une face égale adjacente à deux dièdres égaux ch. à ch. et semblablement disposés ; 3° les six arêtes égales ch. à ch. et semblablement disposées, à chaque angle trièdre.

PROPOSITION II.

284. — **Théorème**. *Deux pyramides sont égales, lorsqu'elles ont un trièdre compris entre trois faces égales chacune à chacune, et semblablement disposées.*

Même mode de démonstration.

PROPOSITION III.

285. — **Théorème**. *Si une pyramide est coupée par un plan parallèle à sa base, 1° les arêtes latérales et la hauteur de la pyramide sont divisées dans un même rapport; 2° la base et la section sont des polygones semblables; 3° les aires de ces polygones sont entre elles comme les carrés de leurs distances au sommet (fig. 186).*

Car, 1° les plans ABC, A′B′C′ étant parallèles, leurs intersections AB, A′B′ par le plan SAB sont parallèles (219); donc les tr. SAB, SA′B′ sont semblables. Les tr. SBC et SB′C′, etc. sont semblables, par la même raison; il en résulte la suite rapports égaux

$$\frac{SA}{SA'} = \frac{SB}{SB'} = \frac{SC}{SC'} = \ldots\ldots = \frac{SO}{SO'}.$$

2° Puisque AB est parallèle à A′B′, BC à B′C′, CD à C′D′ etc., on a l'angle ABC=A′B′C′, BCD=B′C′D′, etc. De plus, à cause de la similitude des tr. SAB et SA′B′, SBC et SB′C′, etc. on a aussi

$$\frac{SB}{SB'} = \frac{AB}{A'B'} = \frac{BC}{B'C'} = \frac{SC}{SC'} = \frac{CD}{C'D'} = \ldots\ldots;$$

donc les deux polygones ABCDE, A′B′C′D′E′ ont les angles égaux chacun à chacun et les côtés homologues proportionnels; donc ils sont semblables.

3° La base et la section étant des polygones semblables, puisque AB : A′B′=SA : SA′=SO : SO′, on a

$$ABCDE : A'B'C'D'E' = AB^2 : A'B'^2 = SO^2 : SO'^2.$$

PROPOSITION IV.

286. — **Théorème**. *Deux prismes sont égaux, lorsqu'ils ont un trièdre compris entre trois faces égales chacune à chacune et semblablement disposées (fig. 187).*

Soient la base ABCDE et les deux parallélogrammes BF, BH respectivement égaux à la base A′B′C′D′E′ et aux parallélogrammes B'F', B'H', et en outre semblablement disposés à chacun des sommets B', B; je dis que les deux prismes ABCDEK, A'B'C'D'E'K' seront égaux.

Car, les trièdres B et B' ayant leurs trois angles plans égaux ch. à ch. et semblablement placés, savoir : l'angle ABC=A'B'C', ABG=A'B'G', GBC=G'B'C', si l'on place le premier prisme sur le second, de manière que les bases égales coïncident, ces deux trièdres B et B' coïncideront (250 ou 232), et comme l'arête BG=B'G', le point G tombera en G'; de plus, à cause de l'égalité des parallélogrammes BF et B'F', BH et B'H', les arêtes GF, GH tomberont sur leurs égales G'F', G'H', et ainsi la base supérieure FGHIK coïncidera avec son égale F'G'H'I'K'. Donc les prismes proposés sont égaux.

Corollaire. *Deux prismes droits qui ont des bases égales et des hauteurs égales, sont égaux.*

Remarque. Deux polyèdres sont égaux, lorsqu'ils ont les faces égales chacune à chacune, et semblablement disposées. — La démonstration de cette proposition est due à M. Cauchy; elle se trouve développée dans la note 12e sur les Eléments de Legendre.

PROPOSITION V.

287. — **Théorème**. *Dans tout prisme, les sections planes parallèles sont des polygones égaux (fig. 188).*

Soient ABCD et MNPK deux sections parallèles. Les droites AB, KM, étant les intersections de deux plans parallèles ABC, KMN par le plan AF, sont parallèles, et par conséquent égales, puisqu'elles sont, en outre, comprises entre les parallèles AE, BF; par une semblable raison, BC est parallèle et égale à MN, CD à NP, AD à KP. De plus, les angles ABC et KMN, BCD et MNP, etc. sont égaux, comme ayant les côtés parallèles et dirigés dans le même sens. Donc les deux polygones ABCD, KMNP sont équiangles et équilatéraux entre eux; donc ils sont égaux.

Corollaire. — *Toute section parallèle à la base est égale à cette base.*

Remarque. Une section perpendiculaire aux arêtes latérales d'un prisme, se nomme *section droite*.

PROPOSITION VI.

288. — **Théorème**. *Dans tout parallélipipède, 1° les faces opposées sont égales et parallèles ; 2° les dièdres opposés sont égaux ; 3° les trièdres opposés sont symétriques (fig. 189).*

En effet, 1° dans le parallélogramme AC, le côté AD est égal et parallèle à BC, et dans le parallélogramme AF, le côté AE est égal et parallèle à BF ; ainsi les angles EAD, FBC sont égaux et ont leurs plans parallèles (208 et 222, c. II). Donc les parallélogrammes opposés ADHE, BCGF sont égaux et parallèles. On démontrera de même que les faces opposées AF et DH sont égales et parallèles. D'ailleurs, d'après la définition du parallélipipède, les bases AC et EG sont égales et parallèles ; donc, etc.

2° Puisque les faces opposées sont parallèles, une section plane perpendiculaire aux arêtes sera un parallélogramme, dont les angles opposés égaux seront les angles plans des dièdres opposés correspondants : donc ceux-ci sont égaux.

3° Si l'on prolonge extérieurement les arêtes du trièdre G, on formera un nouveau trièdre GC'F'H' symétrique de GCFH, et égal au trièdre A, puisque les angles BAD et H'GF', BAE et H'GC', DAE et F'GC', qui ont les côtés parallèles et dirigés dans le même sens, sont égaux et, en outre, semblablement disposés ; donc les trièdres A et G sont symétriques.

Corollaires. I. *Dans le parallélipipède, deux faces opposées quelconques peuvent être prises pour bases.*

II. Toute section plane, faite dans le parallélipipède, est un parallélogramme.

PROPOSITION VII.

289. — **Théorème**. *Dans tout parallélipipède, les quatre diagonales se coupent mutuellement en un même point et en deux parties égales (fig. 189).*

En effet, l'arête BF étant égale et parallèle à DH, le quadrilatère BDHF est un parallélogramme, dans lequel les diagonales BH et DF, qui sont aussi deux diagonales du parallélipipède AG. se coupent mutuellement en deux parties égales au point O. Par la même raison, ABGH étant un parallélogramme, les diagonales BH et AG se coupent en deux parties égales au point O ; et il en est encore de même de DF et CE. Donc les quatre diagonales se coupent en un même point O et en deux parties égales.

Remarque. *Le point de rencontre O des quatre diagonales d'un parallélipipède divise en deux parties égales toute droite menée par ce point et terminée à la surface.*

A cause de cette propriété, le point O est dit le *centre* du parallélipipède.

*§ II. Symétrie des polyèdres.

290. — Deux *points* sont dits *symétriques* par rapport à un troisième point, appelé *centre de symétrie*, lorsque celui-ci divise en deux parties égales la droite qui joint les deux premiers. Ainsi le centre d'un parallélipipède est le centre de symétrie des points de la surface pris deux à deux.

Deux *points* sont dits *symétriques* par rapport à un plan, nommé *plan de symétrie*, lorsque ce plan est perpend. sur le milieu de la droite qui joint ces deux points.

Deux *polyèdres* sont dits *symétriques* par rapport à un point ou à un plan, lorsque les sommets de l'un ont pour points symétriques les sommets de l'autre.

PROPOSITION VIII.

291. — **Théorème**. *Deux polyèdres symétriques, par rapport à un plan, ont : 1° les arêtes et les droites symétriques égales ; 2° les faces symétriques égales ; 3° les dièdres symétriques égaux ; 4° les angles polyèdres homologues symétriques* (*fig.* 190).

Soient A, B, C, D, etc. des sommets quelconques du premier polyèdre, et A′, B′, C′, D′, etc. les symétriques du second, par rapport au plan de symétrie XY.

1° Puisque, suivant la définition, le plan XY est perpend. sur le milieu de chacune des droites AA′, BB′, CC′, etc. les trapèzes rectangles AMNB, AMPC,... sont respectivement égaux aux trapèzes rectangles A′MNB′, A′MNC′,... ; donc AB=A′B′, AC=A′C′, AD=A′D′,... Donc deux arêtes ou deux droites symétriques quelconques sont égales.

2° Il suit de là que deux triangles symétriques quelconques ABC et A′B′C′, BCD et B′C′D′, ABD et A′B′D′, etc. sont équilatéraux entre eux, et qu'ainsi l'angle ABC=A′B′C′, l'angle CBD=C′B′D′, l'angle ABD=A′B′D′, etc. Or, si le point C est situé dans le plan ABD, on aura l'angle ABD=ABC+CBD, et par conséquent l'angle A′B′D′=A′B′C′+C′B′D′, ce qui exige que le point C′ soit situé dans le plan A′B′D′ ; donc chaque face polygonale plane du premier polyèdre répond à une face plane égale dans le second. Donc deux faces symétriques sont égales.

3° Soit BC l'arête commune à deux faces adjacentes, dans lesquelles sont situés les triangles ABC, BCD, et soit B′C′ l'arête symétrique de BC. En vertu de ce qui précède, les deux trièdres BACD, B′A′C′D′ ont les angles plans égaux ch. à ch., savoir : ABD=A′B′D′, ABC=A′B′C′, BCD=B′C′D′ ; donc les dièdres symétriques ABCD, A′B′C′D′ sont égaux.

4° Deux angles polyèdres homologues BACDE., B′A′C′D′E′, ayant les angles plans et les dièdres égaux chacun à chacun, mais disposés dans un ordre inverse, sont symétriques.

Corollaires. I. *Un polyèdre* P *n'a qu'un seul symétrique*
P′. Car si P″ est un second polyèdre symétrique de P, les
polyèdres P′ et P″ seront égaux, comme ayant les faces égales
ch. à ch., également inclinées entre elles et semblablement
placées.

Donc *deux polyèdres sont symétriques*, du moins quant à
leur forme, quelle que soit d'ailleurs leur situation relative,
*lorsque le symétrique du premier, construit conformément à la
définition, est égal au second.*

II. *Deux polyèdres symétriques sont décomposables en un
même nombre de tétraèdres symétriques chacun à chacun, et
inversement disposés.*

Remarque. Tout ce qui précède a lieu pour deux polyèdres symétriques, par rapport à un point.

PROPOSITION IX.

292. — **Théorème**. *Deux tétraèdres sont symétriques,
lorsqu'ils ont un trièdre compris entre trois faces égales chacune
à chacune et inversement disposées (fig.* 191),

Soient SABC, *sabc* deux tétraèdres tels qu'on ait : triangle
ABC=*abc*, tr. ABS=*abs*, tr. SBC=*sbc*. Sur la base ABC, je
construis le tétraèdre S′ABC symétrique de SABC. Les tétraèdres S′ABC, *sabc* seront égaux, comme ayant un trièdre compris entre trois faces égales ch. à ch. et semblablement disposés (283); donc les tétraèdres donnés sont symétriques.

Corollaires. I. *Deux tétraèdres sont encore symétriques,
lorsqu'ils ont un dièdre égal compris entre deux faces égales
ch. à ch. et inversement disposées.*

II. Deux tétraèdres symétriques ont des hauteurs égales
SO, *so* ; car SO=S′O=*so*.

PROPOSITION X.

293. — **Théorème**. *Deux prismes sont symétriques,*

lorsqu'ils ont un trièdre compris entre trois faces égales chacune à chacune et inversement disposées.

Même mode de démonstration.

Corollaire. *Le plan qui passe par deux arêtes opposées d'un parallélipipède, le décompose en deux prismes triangulaires symétriques.*

Ce corollaire résulte d'ailleurs de ce que ces deux prismes sont symétriques par rapport au centre du parallélipipède.

§ III. Similitude des polyèdres.

294. — Deux *tétraèdres* sont dits *semblables*, lorsqu'ils ont un trièdre formé de trois arêtes proportionnelles, semblablement disposées et également inclinées entre elles.

Deux *polyèdres* sont dits *semblables* lorsqu'ils sont composés d'un même nombre de tétraèdres semblables chacun à chacun et semblablement disposés.

PROPOSITION XI.

295. — **Théorème.** *Deux tétraèdres semblables ont les faces homologues semblables et les angles trièdres homologues égaux (fig. 192).*

Soient les deux tétraèdres semblables SABC, S'A'B'C'. Suivant la définition, les trièdres S, S', par exemple, ont leurs arêtes proportionnelles, disposées de la même manière et également inclinées entre elles, c'est-à-dire qu'on a : SA : S'A'$=$SB : S'B'$=$SC : S'C', et l'angle ASB$=$A'S'B', BSC$=$B'S'C', ASC$=$A'S'C'. Il suit de là que les triangles SAB et S'A'B', SBC et S'B'C', SAC et S'A'C', ayant un angle égal compris entre côtés proportionnels, sont semblables et donnent les proportions

SA : S'A'$=$AB : A'B'$=$BC : B'C'$=$AC : A'C' ;

donc les tr. ABC, A'B'C' ont les côtés proportionnels et sont semblables. Donc les deux tétraèdres ont les faces homologues semblables chacune à chacune.

Donc aussi deux angles trièdres homologues, B et B', par exemple, sont égaux comme ayant les angles plans égaux ch. à ch. et semblablement placés.

Corollaires. I. *Deux tétraèdres semblables ont les arêtes homologues proportionnelles, et réciproquement.*

II. *Deux tétraèdres semblables ont les angles dièdres égaux chacun à chacun, et réciproquement.*

PROPOSITION XII.

***296**. — **Théorème**. *Deux tétraèdres sont semblables, lorsqu'ils ont, 1° un dièdre égal compris à deux faces semblables chacune à chacune et semblablement disposées ; 2° une face semblable adjacente à trois dièdres égaux chacun à chacun et semblablement disposés (fig. 192).*

1° Soient le dièdre SB=S'B' et les faces SAB, SBC respectivement semblables aux faces S'A'B', S'B'C' et semblablement placées. On aura SA : S'A'=SB : S'B'=SC : S'C' ; de plus, les trièdres S, S', ayant un angle dièdre SB=S'B' compris entre deux angles plans égaux chacun à chacun ASB=A'S'B', BSC=B'S'C', sont égaux ; donc les deux tétraèdres SABC, S'A'B'C' sont semblables (294).

2° Soient la face ASC semblable à A'S'C' et les dièdres SA, SB, SC respectivement égaux aux dièdres S'A', S'B', S'C' et semblablement disposés. Les trièdres S et S' seront égaux, comme ayant l'angle ASC=A'S'C' compris entre dièdres égaux ch. à ch. ; donc l'angle ASB=A'S'B', l'angle BSC=B'S'C'. Par une raison semblable, l'angle SAB=S'A'B', l'angle SCB=S'C'B' ; donc les trièdres S et S' sont compris éntre trois faces semblables ch. à ch. et semblablement placées. Donc aussi les tétraèdres proposés sont semblables.

PROPOSITION XIII.

***297**. — **Théorème**. *Deux pyramides semblables ont les* *faces homologues semblables, les dièdres et les angles polyèdres homologues égaux (fig. 193).*

Soit une pyramide quelconque SABCDE, composée de tétraèdres SABC, SACD, SAE respectivement semblables aux tétraèdres S'A'B'C', S'A'C'D', S'A'D'E' et semblablement disposés ; la base ABCDE étant supposée un polygone plan, je dis d'abord que A'B'C'D'E' sera aussi un polygone plan. Car, à cause de la similitude des tétraèdres, les dièdres supplémentaires SACB, SACD sont respectivement égaux aux dièdres S'A'C'B', S'A'C'D' ; donc ceux-ci sont aussi supplémentaires, et il en est de même des dièdres S'A'D'C', S'A'D'E' ; donc A'B'C'D'E' est un polygone plan.

Cela posé, les faces latérales homologues SAB et S'A'B', etc. communes à deux tétraèdres semblables et aux pyramides, et les bases ABCDE, A'B'C'D'E', composées d'un même nombre de triangles semblables ch. à ch. et semblablement disposés, sont semblables.

Les dièdres homologues sont égaux ; car, par exemple, les dièdres SC, S'C', composés de dièdres égaux chacun à chacun comme appartenant à des tétraèdres semblables, sont égaux.

Enfin les angles polyèdres homologues C et C', par exemple, sont égaux comme ayant les angles plans et les dièdres égaux ch. à ch. et disposés dans le même ordre.

Corollaires. I. Deux pyramides semblables ont les arêtes homologues proportionnelles.

II. Deux pyramides sont semblables, lorsqu'elles ont un trièdre compris entre trois faces semblables chacune à chacune et semblablement disposées.

III. Dans une pyramide quelconque, toute section plane parallèle à la base détermine une seconde pyramide semblable à la première.

PROPOSITION XIV.

***298**. — **Théorème**. *Deux polyèdres semblables ont les faces homologues semblables, les dièdres et les angles polyèdres homologues égaux (fig. 193).*

Soient SABC , SACD , SADE , SCDF,..... les tétraèdres qui composent le premier polyèdre donné ; et S′A′B′C′ , S′A′C′D′, S′A′D′E′ , S′C′D′F′,..... les tétraèdres homologues qui composent le second polyèdre. On démontrera d'abord, comme dans le théorème précédent, que chaque face polygonale plane, ABCDE par exemple, du premier polyèdre, répond à une face plane semblable A′B′C′D′E′, dans l'autre ; donc les faces homologues sont semblables.

Les dièdres homologues, tels que CD et C′D′, étant formés de dièdres égaux ch. à ch., comme appartenant à des tétraèdres homologues, sont égaux.

Enfin, les angles polyèdres homologues, ayant ainsi les angles plans et les dièdres égaux ch. à ch. et semblablement disposés, sont aussi égaux.

Corollaires. I. *Deux polyèdres semblables peuvent se partager en un même nombre de tétraèdres semblables chacun à chacun et semblablement placés.*

Car si l'on divise en triangles semblables toutes les faces homologues des deux polyèdres, excepté celles qui forment deux angles polyèdres homologues S et S′, ces triangles seront les bases de tétraèdres semblables ch. à ch., comme ayant un dièdre égal compris entre faces semblables ch. à ch.

II. *Deux polyèdres semblables ont les arêtes et les diagonales homologues proportionnelles.*

299. — Deux *tétraèdres* et en général deux *polyèdres* sont dits *inversement semblables*, lorsque le symétrique de l'un est directement semblable à l'autre. D'où suit que deux polyèdres inversement semblables ont les faces homologues semblables, les dièdres égaux ch. à ch. et les angles polyèdres homologues symétriques.

§ IV. Mesure et équivalence des polyèdres.

300. — La *mesure* du volume d'un corps est le *rapport* de ce volume à l'*unité de volume*. On a choisi pour unité de volume, le cube ayant l'unité de longueur pour arête. Ainsi, selon que l'on prend pour unité de longueur le mètre, le décimètre, etc. l'unité de volume est le mètre cube, le décim. cube, etc.

Deux *corps* géométriques sont dits *équivalents*, lorsqu'ils sont égaux en volume sans pouvoir coïncider exactement par superposition. Par exemple, un tétraèdre peut être équivalent à un prisme, à une sphère, etc.

PROPOSITION XV.

301. — **Théorème**. *Deux parallélipipèdes rectangles de même base sont entre eux comme leurs hauteurs* (fig. 194).

Soient AG et AN deux parallélipipèdes rectangles, qui ont le rectangle ABCD pour base commune ; je dis qu'on aura AG : AN = AE : AK.

1° Si les hauteurs AE, AK sont commensurables entre elles, soit divisée AE en parties égales à leur commune mesure, contenue 7 fois, par ex., dans AE et 4 fois dans AK. Les plans parallèles à la base ABCD, menés par les points de division, partageront le parallélipipède AG en 7 parallélipipèdes partiels égaux entre eux, comme ayant des bases égales à ABCD et des hauteurs égales à AO ; le parallélipipède AN contiendra 4 de ces parallélipipèdes partiels. On aura donc AG : AN = AE : AK = 7 : 4.

2° Si les hauteurs sont incommensurables entre elles, le raisonnement connu conduira à la même proportion.

Remarque. On appelle *dimensions* d'un parallélipipède rectangle, les trois arêtes qui aboutissent à un même sommet; elles se désignent sous les noms de longueur, largeur, hauteur.

PROPOSITION XVI.

302. — **Théorème**. *Le volume d'un parallélipipède rectangle a pour mesure le produit de ses trois dimensions, ou bien le produit de sa base par sa hauteur* (fig. 195).

Soit le parallélipipède rectangle AG. Ayant pris à partir du point A les longueurs AB′, AD′, AE′, égales chacune à l'unité de longueur u, je mène, par le point B′, le plan B′G′ parallèle à la face AH ; par le point D′, le plan D′K parallèle à la face AF ; enfin par le point E′, le plan E′N parallèle à la base ABCD. On aura ainsi les parallélipipèdes rectangles : AG et AG′, qui ont même base AH et sont proportionnels à leurs hauteurs AB et AB′ ; AG′ et AK, qui ont même base AF et sont entre eux comme leurs hauteurs AD et AD′ ; enfin AK et AN, qui ont la base commune AI et sont comme leurs hauteurs AE et AE′. D'où résultent les trois proportions :

$$\frac{AG}{AG'} = \frac{AB}{AB'} = \frac{AB}{u},$$

$$\frac{AG'}{AK} = \frac{AD}{AD'} = \frac{AD}{u},$$

$$\frac{AK}{AN} = \frac{AE}{AE'} = \frac{AE}{u}.$$

Multipliant ces proportions par ordre, supprimant ensuite les facteurs AG′, AK, et observant que AN est l'unité de volume V, on aura

$$\frac{AG}{V} = \frac{AB}{u} \cdot \frac{AD}{u} \cdot \frac{AE}{u};$$

et puisque $\dfrac{AB}{u} \cdot \dfrac{AD}{u}$ exprime la mesure de la base ABCD,

on a aussi

$$\frac{AG}{V} = \frac{ABCD}{S} \cdot \frac{AE}{u}.$$

En sous-entendant l'unité de longueur et l'unité de surface, on peut écrire

$$\text{volume AG} = AB \cdot AD \cdot AE = ABCD \cdot AE.$$

Corollaires. I. *Deux parallélipipèdes quelconques P, P′ sont entre eux comme les produits de leurs bases B, B′ par leurs hauteurs H, H′.* Car on a la proportion identique P : P′ = B . H : B′H′.

II. *Deux parallélipipèdes de même hauteur sont comme leurs bases.*

III. *Un prisme triangulaire droit, ayant pour base un triangle rectangle, a pour mesure le produit de sa base par sa hauteur.* Car un tel prisme est la moitié du parallélipipède rectangle qui a même hauteur et une base double (286).

Remarque. *Un cube a pour mesure la 3ᵉ puissance de son arête.* De là vient le mot *cube* employé en arithmétique pour désigner la 3ᵉ puissance d'un nombre.

PROPOSITION XVII.

303. — **Théorème**. *Le volume de tout prisme triangulaire a pour mesure le produit de sa base par sa hauteur.*

1° Soit un prisme triangulaire droit ABCEDF (*fig.* 196). Par le point A, je mène AH perpend. sur BC. Le plan DAHG partagera le prisme proposé en deux prismes droits ABHEDG, AHCDGF, dont les bases ABH, AHC sont des triangles rectangles en H, et qui auront respectivement pour mesure (202, c. III) ABH . AD, AHC . AD ; donc le volume du prisme donné a pour mesure (ABH+AHC)AD ou ABC . AD, c'est-à-dire le produit de sa base par sa hauteur.

2° Soit un prisme triangulaire oblique ABCEFH (*fig.* 197), ayant une face rectangulaire ABFE. Par les arêtes AB, EF, je mène deux plans ABC', EFH' perpend. à CH. Le prisme droit ABC'EFH' sera égal en volume au prisme ABCEFH ; car ces deux prismes ont une partie commune ABCEFH', et les tétraèdres CABC', HEFH' sont égaux, comme ayant des bases égales ABC', EFH' (287), et pour hauteurs les arêtes CC', HH', qui sont égales, puisqu'en ajoutant CH' à chacune d'elles on a C'H'=CH=BF.

Cela posé, si l'on mène la perpend. CD sur AB, puisque HC' est perpend. sur la base ABC', le plan HC'DI sera perpend. à AB (202) et par suite au plan ABC (215) ; ainsi IP perpend. à DC, sera la hauteur du prisme oblique. Mais les tr. ABC, ABC', qui ont même base AB, et les triangles CDC', DIP, rectangles en C' et en P, qui sont semblables comme ayant l'angle DCC'=IDP, donnent

$$ABC : ABC' = CD : C'D = ID : IP;$$

d'où
$$ABC' . ID = ABC . IP.$$

Le premier membre de cette égalité exprime la mesure du prisme droit (1°) ; donc le prisme oblique donné, équivalent au prisme droit, a pour mesure ABC . IP, c'est-à-dire sa base multipliée par sa hauteur.

3° Enfin soit un prisme oblique quelconque de hauteur FP (*fig.* 198). Par le point B, je mène perpendiculairement aux arêtes latérales le plan A'BC', qui rencontrera CA prolongée en un point A', et j'achève le prisme A'BCE'FH, dont la face A'BFE' sera un rectangle. D'après (2°), les prismes A'BCH, A'BAE ont pour mesure A'BC . FP , A'BA . FP ; donc, le prisme proposé, égal à leur différence, a pour mesure (A'BC—A'BA). FP, ou ABC . FP, produit de sa base par sa hauteur. Donc *le volume de tout prisme triangulaire a pour mesure le produit de sa base par sa hauteur.*

Corollaire. *Tout prisme triangulaire a pour mesure sa section droite multipliée par son arête latérale.*

PROPOSITION XVIII.

304. — **Théorème.** *Le volume de tout prisme a pour mesure le produit de sa base par sa hauteur.*

Car, 1° tout parallélipipède AG (*fig.* 189) se décompose en deux prismes triangulaires de même hauteur H que ce parallélipipède, et dont les mesures respectives sont ABD . H, DBC . H ; donc vol. AG = (ABD+BDC) . H = ABCD . H.

2° Un prisme quelconque P est décomposable en autant de prismes triangulaires, de même hauteur H, qu'on peut former de triangles dans la base B ; soit $B = t + t' + t'' + \ldots$ On aura $P = t.H + t'.H + t''.H + \ldots$; donc
$$\text{vol. prisme } P = B . H.$$

Corollaires. I. *Tout prisme P a pour mesure le produit de sa section droite s par une arête latérale* a ; *c'est-à-dire qu'on a* $P = s . a.$

II. Deux prismes quelconques sont entre eux comme les produits de leurs bases par leurs hauteurs ; deux prismes de même base sont comme leurs hauteurs, et deux de même hauteur sont comme leurs bases.

III. *Deux prismes de bases équivalentes et de même hauteur sont équivalents.*

305. — *La surface latérale de tout prisme a pour mesure le produit du périmètre de sa section droite par une arête latérale.*

PROPOSITION XIX.

306. — **Lemme**. *Deux tétraèdres de bases équivalentes et de même hauteur sont équivalents (fig. 199).*

Soient les tétraèdres SABC, S'A'B'C', ou T, T', de bases équivalentes ABC, A'B'C' et de même hauteur AV$=$H. Soit divisée la hauteur commune H en un nombre n de parties égales AO ou h; les plans menés par les points de division parallèlement aux plans des bases, couperont les deux tétraèdres suivant les triangles DEF et D'E'F', GHI et G'H'I', etc. qui seront équivalents. Car on a (285)

$$\frac{ABC}{DEF} = \frac{A'B'C'}{D'E'F'} = \frac{AV^2}{OV^2} ;$$

donc, puisque les bases sont équivalentes, les sections DEF, D'E'F' le sont aussi ; et il en est de même de deux sections quelconques, faites à même distance des sommets.

Cela posé, si par les points B et C, E et F,..... on mène à l'arête AS des parallèles terminées aux plans sécants, on formera une suite de prismes *extérieurs*, ayant h pour hauteur, ABC, DEF,... pour bases inférieures, et dont la somme P$>$T. De même, si par les points E' et F', H' et I',... on mène à l'arête A'S' des parallèles terminées aux plans inférieurs, on formera une suite de prismes *intérieurs* au tétraèdre T', ayant pour hauteur h, pour bases supérieures les sections D'E'F', G'H'I',..... et dont la somme P'$<$T'. On aura ainsi $\qquad$ T$-$T'$<$P$-$P'.

Or, à partir des sommets S et S′, le premier prisme extérieur et le premier prisme intérieur sont équivalents, comme ayant pour bases des sections équivalentes et même hauteur h; de même, les prismes suivants pris deux à deux sont équivalents; donc la différence $P—P'=ABC . h$, mesure du prisme extérieur construit sur ABC, ce qui réduit l'inégalité précédente à

$$T—T' < ABC . h.$$

Donc, puisque $h=\dfrac{H}{n}$ décroît indéfiniment en même temps que n augmente, les deux tétraèdres ne peuvent différer d'une quantité donnée, si petite qu'on veuille la supposer; donc $T=T'$.

Corollaire. *Deux tétraèdres et deux polyèdres symétriques sont équivalents* (294, 292. c. II).

PROPOSITION XX.

307. — **Théorème.** *Le volume de toute pyramide a pour mesure le tiers du produit de sa base par sa hauteur.*

1° Soit le tétraèdre SABC (*fig.* 200). Si par les points A, C on mène à l'arête BS les parallèles AD, CE, terminées au plan SDE parallèle à la base ABC, on formera un prisme triangulaire ABCDSE de même base et de même hauteur SO que le tétraèdre; et si, en outre, on tire la diagonale CD du parallélogramme ACDE, ce prisme se composera de trois tétraèdres SABC, SCDE, SACD, qui seront équivalents entre eux. En effet, les deux premiers SABC, CSDE sont équivalents, comme ayant des bases égales ABC, DSE, et même hauteur SO; le second et le troisième SCDE, SACD sont équivalents, comme ayant pour bases les tr. CDE, ACD, qui sont les deux moitiés du même parallélogramme, et pour hauteur commune la perpend. abaissée du sommet S sur le plan ACED; donc les trois tétraèdres SABC, SCDE, SACD sont équivalents entre eux, et ainsi chacun d'eux est le tiers du prisme ABCDSE. Or, celui-ci a pour mesure ABC. SO; donc la mesure du tétraèdre proposé

SABC$=\frac{1}{3}$ ABC . SO, ou *le tiers du produit de sa base par sa hauteur*.

2° Toute pyramide est décomposable en autant de tétraèdres, de même hauteur H qu'elle, qu'on peut former de triangles dans la base B ; soit B$=t+t'+$... On aura

$$\text{vol. pyramide}=\tfrac{1}{3}t \cdot H+\tfrac{1}{3}t' \cdot H+\ldots=\tfrac{1}{3}B \cdot H.$$

Corollaires. I. Toute pyramide est le tiers du prisme de même base et de même hauteur.

II. Deux pyramides de même hauteur sont proportionnelles à leurs bases ; et deux de même base sont proportionnelles à leurs hauteurs.

308. — **Remarque**. La surface latérale d'une pyramide régulière étant composée de triangles isocèles égaux (**277**), *l'aire de cette surface a pour mesure la moitié du produit du périmètre de la base par l'apothème de la pyramide*.

PROPOSITION XXI.

309. — **Théorème**. *Un tronc de pyramide*, compris entre la base et une section parallèle à cette base, *est équivalent à la somme de trois pyramides ayant même hauteur que le tronc, et pour bases respectives la base inférieure du tronc, la base supérieure et une moyenne proportionnelle entre ces deux bases* (fig. 201).

Soient le tétraèdre SABC et la pyramide polygonale TGHIK de bases équivalentes et de même hauteur h. Si les sections DEF, G'H'I'K' sont respectivement parallèles aux bases et faites à une même distance h' des sommets S, T, on aura (**285**)

$$\frac{ABC}{DEF}=\frac{GHIK}{G'H'I'K'}=\frac{h^2}{h'^2};$$

donc, puisque les bases sont équivalentes, les deux sections seront équivalentes, et le tétraèdre SDEF sera équivalent à la pyramide TG'H'I'K' ; donc le tronc de tétraèdre sera aussi équivalent au tronc de pyramide, et ainsi il suffira de démontrer le théorème énoncé pour le seul cas du tronc de tétraèdre.

Soit ABCDEF un tronc de tétraèdre, ayant pour bases ABC, DEF, et pour hauteur la distance EO des deux bases. Si par le point E on mène les plans EAC, EDC, on le décomposera en trois tétraèdres, savoir :

EABC, qui a même hauteur EO que le tronc, et pour base, la base inférieure ABC du tronc;

ECDF ou CDEF, qui a aussi même hauteur que le tronc, la perpend. abaissée du sommet C sur le plan DEF, et pour base, la base supérieure DEF du tronc;

Enfin EACD, qui est équivalent au tétraèdre MACD, que l'on obtient en menant EM parallèle à l'arête AD et joignant MD, MC. Car ces deux tétraèdres ont même base ACD, et même hauteur, puisque leurs sommets E, M sont situés sur une parallèle EM au plan ACD (205); donc le tétraèdre EACD est équivalent à EAMC, qui a même hauteur EO que le tronc, et dont la base AMC sera moyenne proportionnelle entre celles du tronc. En effet, menant MN parallèle à BC, les triangles ABC, AMC, qui ont même hauteur, donnent

$$ABC : AMC = AB : AM = AC : AN ;$$

les tr. AMC, AMN, qui ont aussi même hauteur, donnent de même

$$AMC : AMN = AC : AN ;$$

donc, à cause du rapport commun et de tr. AMN = tr. DEF,

$$ABC : AMC = AMC : DEF,$$

c'est-à-dire que la base AMC est moyenne proportionnelle entre les deux bases ABC, DEF. Donc un tronc de pyramide, etc.

Corollaire. *Le volume d'un tronc de pyramide, à bases parallèles* B, B' *a pour mesure le tiers de sa hauteur* H, *multiplié par la somme faite des deux bases et de la racine carrée de leur produit; c'est-à-dire qu'on a*

$$\tfrac{1}{3}H\left(B + B' + \sqrt{B \cdot B'}\right).$$

Remarque. On peut démontrer que le troisième tétraèdre t'' est moyen proportionnel entre les deux autres t, t', sans le transformer en un tétraèdre équivalent EAMC. Car

t et t'', ayant pour hauteur commune la perpend. menée du point C sur le plan ABE, sont entre eux comme leurs bases ABE, ADE, et par conséquent comme AB, DE, puisque ces bases ont même hauteur ; donc

$$t : t'' = \text{ABE} : \text{ADE} = \text{AB} : \text{DE}.$$

On a de même

$$t'' : t' = \text{ACD} : \text{CDF} = \text{AC} : \text{DF} ;$$

donc enfin $\qquad\qquad t : t'' = t'' : t'.$

PROPOSITION XXII.

310. — **Théorème**. *Le tronc de prisme triangulaire, compris entre la base et une section inclinée à cette base, est équivalent à la somme de trois tétraèdres ayant pour base commune celle du tronc et pour sommets ceux de la section* (*fig.* 202).

Soit ABCDEF un tronc de prisme triangulaire terminé par la section DEF inclinée à la base ABC. Si l'on mène les plans EAC, EDC, on le décomposera en trois tétraèdres, savoir :

Le tétraèdre EABC, qui a pour base ABC et pour sommet le point E ;

Le tétraèdre EACD, qui est équivalent au tétraèdre BACD, comme ayant même base ACD, ainsi que même hauteur, puisque les sommets E, B sont situés sur une parallèle BE au plan ADC ; donc le tétraèdre EACD est équivalent à un tétraèdre DABC qui a pour base ABC et pour sommet le point D ;

Enfin le tétraèdre ECDF, qui est équivalent au tétraèdre ABCF ; car ces deux tétraèdres ont des bases équivalentes CFE, CFB (158, c. II), et même hauteur, leurs sommets D, A étant sur une parallèle au plan BCF ; donc le tétraèdre ECDF est équivalent à un tétraèdre FABC, qui a pour base ABC et pour sommet le point F. Donc le tronc de prisme triangulaire, etc.

Corollaires. 1. *Le volume d'un tronc de prisme triangu-*

laire a pour mesure le produit de la base B *par la moyenne des trois distances* d, e, f *de cette base aux sommets de la section ;* c'est-à-dire qu'on a

$$V = \tfrac{1}{3} B \, (d+e+f).$$

II. Soit g la distance du centre de gravité de la section au plan de la base ; on aura $3\,g = d+e+f$, et par suite

$$V = Bg.$$

III. Si l'on appelle s la section droite du prisme ; a, b, c les arêtes latérales, et g' la droite qui joint les centres de gravité de la base et de la section, on aura aussi

$$V = \tfrac{1}{3} s \, (a+b+c) = sg'.$$

IV. En désignant par B' la base d'un tronc de parallélipipède ; par a', b', c', d', m les distances des sommets et du centre de la section au plan de la base ; le volume de ce tronc aura pour expressions :

$$V' = \tfrac{1}{4} B' \, (a'+b'+c'+d') = B'm.$$

Remarque. Les arêtes latérales étant également inclinées sur le plan de la base, il est aisé de voir que l'on aura

$$\frac{a}{d} = \frac{b}{e} = \frac{c}{f} ;$$

donc après avoir déterminé, par des mesures directes, les arêtes et une hauteur, on pourra calculer les deux autres hauteurs.

311. — On obtient le volume d'un polyèdre quelconque, en le décomposant en tétraèdres ou en pyramides qui aient pour sommet commun un des sommets A du polyèdre, et pour bases les faces du polyèdre, excepté celles qui forment l'angle polyèdre A.

§ V. Rapport des polyèdres.

PROPOSITION XXIII.

312. — **Théorème**. *Deux tétraèdres qui ont un angle trièdre égal* ou symétrique *sont proportionnels aux produits des arêtes qui comprennent ce trièdre (fig. 203).*

Soient les deux tétraèdres SABC, SDEF, qui ont l'angle trièdre S commun. Soit mené le plan EAC. Les tétraèdres SABC, SACE, qui ont pour hauteur commune la perpend. abaissée du sommet A sur le plan SBC, sont entre eux comme leurs bases SBC, SEC, de sorte qu'on a

$$\frac{SABC}{SACE} = \frac{SBC}{SEC} = \frac{SB}{SE} \quad (158);$$

les tétraèdres SACE, SDEF, qui ont pour hauteur commune la perpend. menée du sommet E sur le plan SAC, sont aussi comme leurs bases ASC, DSE et on a

$$\frac{SACE}{SDEF} = \frac{ASC}{DSE} = \frac{SA.SC}{SD.SF} \quad (168);$$

donc
$$\frac{SABC}{SDEF} = \frac{SA.SB.SC}{SD.SE.SF}.$$

Cette démonstration s'applique encore lorsque les tétraèdres ont un trièdre symétrique.

PROPOSITION XXIV.

313. — **Théorème.** *Deux polyèdres semblables sont proportionnels aux cubes de leurs arêtes homologues.*

1° Soient les deux tétraèdres semblables SABC, S'A'B'C' (*fig.* 192). En vertu du théorème qui précède, on a

$$\frac{SABC}{S'A'B'C'} = \frac{SA}{S'A'} \cdot \frac{SB}{S'B'} \cdot \frac{SC}{S'C'};$$

mais, à cause de la proportionnalité des arêtes homologues, on a aussi

$$\frac{SA}{S'A'} = \frac{SB}{S'B'} = \frac{SC}{S'C'};$$

donc
$$\frac{SABC}{S'A'B'C'} = \frac{SA^3}{S'A'^3} = \frac{SB^3}{S'B'^3} = \frac{SC^3}{S'C'^3}.$$

2° Soient P et P' deux polyèdres composés de tétraèdres semblables chacun à chacun, t et s, t' et s', t'' et s'', etc. On aura, en appelant a et a' deux arêtes homologues des polyèdres,

$$\frac{t}{s} = \frac{t'}{s'} = \frac{t''}{s''} = \ldots = \frac{a^3}{a'^3},$$

et par suite

$$\frac{t + t' + t'' + \ldots}{s + s' + s'' + \ldots} = \frac{a^3}{a'^3};$$

donc

$$\frac{P}{P'} = \frac{a^3}{a'^3}.$$

§ VI. Polyèdres inscrits et circonscrits à la sphère.

PROPOSITION XXV.

314. — **Théorème.** *Tout tétraèdre peut être inscrit dans une sphère, et peut aussi être circonscrit à une sphère.*

En effet, 1° l'axe du cercle circonscrit au triangle ABC et le plan perpend. sur le milieu de l'arête SA se rencontrent en un point unique O, lequel est à même distance des quatre sommets du tétraèdre donné SABC; donc le point O est le centre de la sphère circonscrite à ce tétraèdre.

2° Les plans bissecteurs des trois dièdres adjacents à la face ABC se coupent en un même point O' également distant des quatre faces du tétraèdre donné SABC; donc ce point est le centre de la sphère inscrite dans le tétraèdre.

315. — Un *polyèdre* est dit *régulier*, lorsque toutes ses faces sont des polygones réguliers égaux formant des dièdres égaux.

PROPOSITION XXVI.

316. — **Théorème.** *Tout polyèdre régulier peut être circonscrit à une sphère, et peut aussi être inscrit dans une sphère (fig. 204).*

Par le milieu D d'une arête AB du polyèdre régulier donné, je mène un plan perpend. à cette arête ; ce plan sera perpend. aux deux faces adjacentes dont AB est le côté commun (215), passera par leurs centres C , E, et déterminera l'angle plan CDE du dièdre qu'elles font entre elles. En outre, les perpend. CO , EO aux mêmes faces seront contenues dans ce plan, et se couperont en un point O, qui sera le centre de la sphère inscrite et celui de la sphère circonscrite.

En effet, les triangles rectangles CDO , EDO, ont l'hypoténuse commune OD et le côté CD=DE ; donc OC=OE. De plus, en joignant le point O avec le centre G d'une troisième face du polyèdre, et menant les perpend. EF , GF à B'A', les triangles OEF , OFG auront l'angle OFE=OFG=$\frac{1}{2}$ CDE, compris entre deux côtés égaux, OF commun et FE=FG ; donc OE=OG=OC, et ainsi de suite. Donc la sphère décrite du centre O et du rayon OC touchera toutes les faces du polyèdre dans leur centre, et le polyèdre sera circonscrit à cette sphère.

De plus, le point O est également distant de tous les sommets du polyèdre, puisque OC , OE, OG, etc. sont perpend. aux faces du polyèdre ; donc ce polyèdre sera inscrit dans la sphère décrite du centre O et du rayon OA. Donc tout polyèdre régulier, etc.

Corollaires. I. *Un polyèdre régulier* pouvant être décomposé en autant de pyramides régulières qu'il a de faces, *a pour mesure le tiers du produit de sa surface par le rayon de la sphère inscrite.*

II. Deux polyèdres réguliers de même nom sont semblables et ont leurs arêtes proportionnelles aux rayons des sphères inscrites et circonscrites.

III. Un polyèdre régulier étant inscrit dans une sphère, les arcs de grands cercles qui joignent les sommets, diviseront la surface de la sphère en autant de polygones sphériques réguliers égaux que le polyèdre a de faces.

PROPOSITION XXVII.

317. — **Théorème**. *Il existe cinq polyèdres réguliers.*

Je dis d'abord qu'*il ne peut exister plus de cinq polyèdres réguliers.*

Car on ne peut réunir à chaque sommet que 3, 4, ou 5 angles de triangles équilatéraux, ou 3 angles de carrés, ou enfin 3 angles de pentagones réguliers. Un plus grand nombre de ces angles, ou même trois angles d'hexagones réguliers, ne peuvent plus former d'angle polyèdre, puisque leur somme surpasserait quatre angles droits. Donc, il ne peut y avoir que cinq polyèdres réguliers, savoir : trois formés avec des triangles équilatéraux, ce sont le *tétraèdre*, l'*octaèdre* et l'*icosaèdre*; un formé avec des carrés, l'*hexaèdre* ; enfin un formé avec des pentagones réguliers, le *dodécaèdre*.

Je dis, en second lieu, que *ces cinq polyèdres existent réellement*.

1° *Tétraèdre.* — Soit élevée sur le plan d'un triangle équilatéral ABC, par le centre O de ce triangle, la perpend. OS, telle que AS=AB (*fig.* 205). Les droites SA , SB , SC seront égales comme étant des hypoténuses de triangles rectangles égaux ; donc les faces ABC , ASB,... sont des triangles équilatéraux égaux, et forment, en outre, des dièdres égaux. Donc SABC est un tétraèdre régulier.

2° *Octaèdre.* — Sur un carré ABCD, on peut construire une pyramide régulière (*fig.* 206), dont la hauteur OS=OA ; et si l'on prolonge SO de OS′=OS, on aura un octaèdre régulier SABCDS′. Car toutes les arêtes AB, AS, AS′,... étant égales, les faces ABS , ABS′,... sont des triangles équilatéraux égaux entre eux ; de plus, deux angles polyèdres quelconques, A et S, par exemple, sont égaux comme appartenant à des pyramides régulières égales ABSDS′ et SABCD.

3° *Icosaèdre.* — Sur un pentagone régulier B′C′H′I′D′, je construis d'abord une pyramide pentagonale régulière (*fig.* 207) dont la hauteur OA′ soit telle qu'on ait B′A′=B′C′ ; les faces latérales de cette pyramide seront des triangles équilatéraux égaux entre eux, et chacun des angles B′A′I′ , B′A′H′,..... sera un angle de pentagone régulier, car les tr. B′A′I′ , B′D′I′ sont évidemment égaux. Cela posé, aux sommets A, B, C du triangle équilatéral ABC, égal à A′B′C′, je forme des angles pentaèdres égaux chacun à A′, ce qui donnera une surface convexe composée de dix triangles équilatéraux formant des dièdres égaux, et dont les angles DEF , EFG,... égaux chacun à un angle de pentagone régulier, seront alternativement saillants, et rentrants. Or, deux surfaces égales ainsi formées peuvent se réunir de manière que chaque angle saillant du bord de l'une coïncide avec un angle rentrant égal du bord de l'autre ; d'où résultera une surface unique et continue, qui, étant composée de vingt triangles équilatéraux formant des dièdres égaux, sera celle d'un icosaèdre régulier.

4° *Hexaèdre*. — On peut former, sur un carré ABCD, un parallélipipède rectangle, dont la hauteur $AE = AB$ (*fig*. 208) ; on aura ainsi un hexaèdre régulier ou cube.

5° *Dodécaèdre* — On peut toujours assembler six pentagones réguliers égaux, de manière à former une surface convexe (*fig*. 209), dont les trièdres A , B , C,... seront égaux, et dont les angles FGH , GHI,..... égaux chacun à un angle de pentagone régulier, seront alternativement rentrants et saillants. Or, deux surfaces égales ainsi formées peuvent se réunir de manière que chaque angle saillant du bord de l'une coïncide avec un angle rentrant égal du bord de l'autre ; d'où résultera une surface unique et continue, qui, étant composée de dix pentagones réguliers égaux formant des dièdres égaux, sera celle d'un dodécaèdre régulier.

On conclut de ce qui précède qu'il existe réellement cinq polyèdres réguliers, et que chacun d'eux est déterminé par son arête.

Problèmes relatifs au livre VII.

PROBLÈME PREMIER.

318. — *Calculer le volume d'un* ponton *ou* hexaèdre, *dont deux faces opposées sont des rectangles, ayant leurs côtés respectivement parallèles et leurs centres situés sur une perpendiculaire à ces faces* (*fig*. 210).

Soient ABCD et EFGH les faces rectangulaires du ponton dont la section droite est un trapèze IKMN. Si par deux arêtes opposées, on mène un plan ABGH, on décomposera le volume du ponton en deux prismes triangulaires tronqués AEHBFG, ADHBCG ; le premier de ces prismes aura pour mesure le tiers du produit de sa section droite IMN par la somme de ses trois arêtes parallèles, et le second, le tiers du produit de sa section droite IKM par la somme de ses trois arêtes (310). Donc, si l'on fait $AB=a$, $AD=b$, $EF=c$, $EH=d$, en désignant par h la hauteur OP du ponton et par V le volume cherché, on aura

$$V=\tfrac{1}{6}dh\,(a+2c)+\tfrac{1}{6}bh\,(2a+c).$$

PROBLÈME II.

319. — *Trouver le volume d'un tétraèdre, en fonction de ses six arêtes (fig. 211).*

Soit A'BC' la projection de la base du tétraèdre SABC sur le plan mené par le point B perpendiculairement à l'arête SC. Le tétraèdre proposé sera le tiers du prisme qui aurait A'BC' pour section droite et SC pour arête latérale ; on aura donc $SABC=\tfrac{1}{3}\cdot A'BC'\cdot SC$, ou

$$V=\tfrac{1}{3}c\cdot A'BC'.$$

Mais on trouve aisément par un théorème connu (133) que la mesure du triangle

$$A'B\,C'=\tfrac{1}{4}\sqrt{4\alpha^2\beta^2-(\alpha^2+\beta^2-\gamma^2)^2}\ ;$$

donc

$$V=\tfrac{c}{12}\sqrt{4\alpha^2\beta^2-(\alpha^2+\beta^2-\gamma^2)^2}.$$

Cela posé, dans les triangles SBC, SAC, on a :

$$SC'=\frac{b^2+c^2-a'^2}{2c}=\frac{A}{2c},\quad \alpha^2=b^2-SC'^2=\frac{4b^2c^2-A^2}{4c^2}\,;$$

$$SD=\frac{a^2+c^2-b'^2}{2c}=\frac{B}{2c},\quad \beta^2=a^2-SD^2=\frac{4a^2c^2-B^2}{4c^2}.$$

D'où résulte $SC'-SD=DC'$ ou

$$AA'=\frac{A-B}{2c}\quad\text{et}\quad \gamma^2=c'^2-AA'^2=\frac{4c^2c'^2-(A-B)}{4c^2}\,;$$

de plus, $\quad \alpha^2 + \beta^2 - \gamma^2 = \dfrac{4c^2(a^2 + b^2 - c'^2) - 2AB}{4c^2} = \dfrac{4c^2 C - 2AB}{4c^2}$:

Substituant ces valeurs dans l'expression de V, on trouve

$$V = \tfrac{1}{12} \sqrt{(4\,a^2\,b^2\,c^2 - a^2\,A^2 - b^2\,B^2 - c^2\,C^2 + ABC)},$$

où $\quad A = b^2 + c^2 - a'^2$, $B = a^2 + c^2 - b'^2$, $C = a^2 + b^2 - c'^2$.

Dans l'application de ces formules, on observera que a, b, c, désignent les arêtes d'un même trièdre, et a', b', c', les trois autres respectivement opposées aux premières.

Remarque. Les quatre faces du tétraèdre peuvent être regardées comme les bases d'autant de tétraèdres ayant pour sommet commun le centre de la sphère inscrite. Soit donc S la surface du tétraèdre donné, et soit r le rayon de la sphère inscrite ; on aura $V = \tfrac{1}{3} S \cdot r$, d'où $r = \dfrac{3V}{S}$.

PROBLÈME III.

320. — *Trouver l'expression du volume d'un tronc de pyramide à bases parallèles, en le considérant comme étant la différence de deux pyramides.*

Soient B, B' les bases et H la hauteur du tronc ; h et x les hauteurs de la pyramide entière et de la pyramide retranchée. On aura pour le volume du tronc

$$V = \tfrac{1}{3} Bh - \tfrac{1}{3} B'x.$$

Mais on a (285) $\dfrac{B}{h^2} = \dfrac{B'}{x^2} = r$, r désignant un nombre abstrait ;

d'où $B = rh^2$, $B' = rx^2$, $\sqrt{BB'} = rhx$, et par suite

$$V = \tfrac{1}{3}(h^3 - x^3)\, r = \tfrac{1}{3}\, r\,(h-x)(h^2 + hx + x^2),$$

ou $\qquad V = \tfrac{1}{3}(h-x)(rh^2 + rhx + rx^2)$;

donc, à cause des valeurs précédentes et de $h - x = H$,

$$V = \tfrac{1}{3} H\,(B + B' + \sqrt{BB'}).$$

Remarque. Ce problème peut tenir lieu du théorème n° 309.

PROBLÈME IV.

321. — *Etant donnée l'arête* a *d'un polyèdre régulier, trouver le rayon* R *de la sphère circonscrite et le rayon* r *de la sphère inscrite.*

Tétraèdre. Si par les milieux des trois arêtes AB , BS , SC (*fig.* 205), on mène un plan DEF, la section DEFG sera un carré dont le côté égale $\frac{1}{2} a$, et dont le centre O′ est celui des deux sphères. On aura ainsi $2\text{O}′\text{F}^2 = \dfrac{a^2}{4}$; O′S² ou $\text{R}^2 = \text{O}′\text{F}^2 +$ SF² $= \frac{5}{8} a^2$; OO′² ou $r^2 = \text{R}^2 - \text{AO}^2 = \dfrac{3a^2}{8} - \dfrac{a^2}{3} = \frac{1}{24} a^2$; donc

$$\text{R} = \tfrac{1}{4} a \sqrt{6}, \quad r = \tfrac{1}{12} a \sqrt{6}.$$

Octaèdre. On a (*fig.* 206) $2\,\text{OA}^2$ ou $2\,\text{R}^2 = a^2$; OI² ou $r^2 = \text{OS}^2 - \text{SI}^2 = \frac{1}{2} a^2 - \frac{1}{3} a^2 = \frac{1}{6} a^2$; d'où résulte

$$\text{R} = \tfrac{1}{2} a \sqrt{2}, \quad r = \tfrac{1}{6} a \sqrt{6}.$$

Icosaèdre. Le plan mené par les milieux des trois arêtes CA , AB . BD (*fig.* 207) coupera le polyèdre suivant un décagone régulier dont le côté égale $\frac{1}{2} a$, et dont le centre est celui des deux sphères. Soit x le rayon de ce décagone ; on aura (146) : $\frac{1}{2} x(-1 + \sqrt{5}) = \frac{1}{2} a$, $\text{R}^2 = x^2 + \frac{1}{4} a^2$, $r^2 = \text{R}^2 - \frac{1}{3} a^2$; d'où l'on tire

$$\text{R} = \tfrac{1}{4} a \sqrt{10 + 2\sqrt{5}}, \quad r = \tfrac{1}{12} a (\sqrt{27} + \sqrt{15}).$$

Hexaèdre. On trouve facilement (*fig.* 208)

$$\text{R} = \tfrac{1}{2} a \sqrt{3}, \quad r = \tfrac{1}{2} a.$$

Dodécaèdre. Le plan mené par les milieux des trois arêtes AB , BC , CG (*fig,* 209) coupera ce polyèdre suivant un décagone régulier ayant même centre que les deux sphères. Soit x le rayon de ce décagone ; on aura :

$$\tfrac{1}{2} x (-1 + \sqrt{5}) = \text{RT} , \; \text{R}^2 = x^2 + \tfrac{1}{4} a^2 , \; r^2 = x^2 - \text{O}′\text{R}^2 .$$

De plus, dans le pentagone régulier ABCDE, on a (146) :

$$\tfrac{1}{2}\text{O}′\text{B}^2(5 - \sqrt{5}) = a^2 ; \text{O}′\text{R}^2 = \text{O}′\text{B}^2 - \tfrac{1}{4}a^2 = \tfrac{1}{4}a^2\left(\frac{3 + \sqrt{5}}{5 - \sqrt{5}}\right). \text{ Et puis-}$$

que RT est le côté du pentagone régulier inscrit dans le premier, on a aussi $\text{RT}^2 = \frac{1}{2} \text{O}′\text{R}^2 (5 - \sqrt{5}) = \frac{1}{8} a^2 (3 + \sqrt{5})$. Substituant ces valeurs dans les premières égalités, on trouve

$$R = \tfrac{1}{4} a (\sqrt{15} + \sqrt{3}), \quad r = \tfrac{1}{2} a \sqrt{\frac{25 + 11\sqrt{5}}{10}}.$$

Remarque: Au moyen de ces valeurs on trouvera facilement l'expression du volume de chaque polyèdre régulier, en fonction de l'arête.

Théorèmes à démontrer.

1. Dans tout tétraèdre, les droites qui joignent les sommets aux centres de gravité des faces opposées, se coupent en un même point, appelé le *centre de gravité du tétraèdre*. — Ce centre se trouve au quart de chaque droite, à partir de la face correspondante.

2. Dans tout tétraèdre, la distance du centre de gravité à un plan est le quart de la somme algébrique des distances des quatre sommets au même plan.

3. Dans un tétraèdre ayant un trièdre droit, la somme des carrés des faces qui comprennent ce trièdre, est égale au carré de la face opposée.

4. Dans tout tétraèdre, le plan bissecteur d'un angle dièdre divise la face opposée en deux parties proportionnelles aux faces adjacentes à ce dièdre.

5. La somme des carrés des arêtes d'un prisme quadrangulaire est égale à la somme des carrés des diagonales, plus huit fois le carré de la droite qui joint les milieux de celles-ci.

6. Dans un polyèdre régulier, la somme des perpendiculaires abaissées d'un point intérieur sur les différentes faces, est constante.

Problèmes à résoudre.

1. Déterminer la diagonale d'un parallélipipède rectangle dont les dimensions sont a, b, c.

2. Connaissant le volume V d'un parallélipipède, et sachant que les arêtes sont entre elles comme les nombres m, n, p, calculer ces trois arêtes.

3. Calculer en fonction des arêtes d'un tétraèdre les droites qui joignent les sommets aux centres de gravité des faces opposées.

4. Etant données les bases et la hauteur d'un tronc de pyramide, trouver le volume de la pyramide totale et celui de la petite pyramide

5. Par une droite tracée sur une face d'un tétraèdre, mener un plan qui le divise en deux parties qui soient entre elles dans un rapport donné.

6. Partager une pyramide en deux parties proportionnelles à m et n, par un plan parallèle à la base.

7. Partager un tronc de pyramide en deux parties qui soient entre elles dans un rapport donné, par un plan parallèle aux bases.

8. Trouver le volume d'un tronc de pyramide à bases parallèles, connaissant une base B, la hauteur H et le rapport $m : n$ des côtés homologues des deux bases.

LIVRE VIII.

LES TROIS CORPS RONDS.

§ I. Cylindre droit.

322. — On appelle *cylindre droit*, le corps engendré par un rectangle ABCD faisant une révolution entière autour d'un côté immobile AB (*fig. 212*).

Dans ce mouvement, les côtés AD, BC, restant toujours perpendiculaires à AB, décrivent deux cercles égaux et parallèles DGE, CHF, qu'on appelle les *bases du cylindre*, et la droite CD, nommée *génératrice*, en décrit la *surface convexe*, dite *surface cylindrique*. La droite immobile AB est l'*axe* ou la *hauteur* du cylindre.

Toute section MIN, faite dans le cylindre perpendiculairement à l'axe AB, est un cercle égal à chacune des bases. Car cette section n'est autre chose que le cercle que décrirait la droite OM, égale et parallèle à AD.

Toute section CDEF, faite suivant l'axe, est un rectangle double du rectangle générateur ABCD.

323. — Deux *cylindres droits* sont dits *semblables* lorsque leurs axes sont proportionnels aux rayons des bases.

324. Une tangente HK à la base d'un cylindre et la génératrice HG du point de contact déterminent un plan qui touche le cylindre suivant cette génératrice.

325. — Un *prisme* est dit *inscrit dans un cylindre*, lorsque ses bases sont inscrites dans celles de ce cylindre, qui, réciproquement, est *circonscrit* au prisme. Les arêtes du prisme, étant alors comprises dans la surface convexe du cylindre, celui-ci touche le prisme suivant ces arêtes.

De même, un *prisme* est dit *circonscrit à un cylindre*, lorsque ses bases sont circonscrites à celles de ce cylindre, qui est alors *inscrit* dans le prisme. Dans ce cas, le prisme et le cylindre se *touchent* suivant les génératrices menées par les points de contact des bases.

PROPOSITION PREMIÈRE.

326. — **Lemme.** *La surface convexe et le volume d'un cylindre droit sont les limites respectives de la surface latérale et du volume d'un prisme inscrit, à base régulière, dont le nombre des faces latérales va en doublant indéfiniment (fig. 213).*

En effet, 1° la surface latérale S d'un prisme régulier inscrit dans le cylindre, ayant pour mesure le périmètre P de sa base multiplié par la hauteur H du cylindre, on a $S = P . H$. Pour la surface latérale S′ du prisme circonscrit, à base régulière et d'un même nombre de faces latérales, on a de même $S' = P' . H$. D'où, par la division, et observant que les périmètres P, P′ des deux bases sont comme leurs apothèmes a, R,

$$\frac{S}{S'} = \frac{P}{P'} = \frac{a}{R}.$$

Or, lorsque le nombre des côtés des bases va en doublant indéfiniment, on sait que le rapport $\dfrac{a}{R}$ a pour limite l'unité (120) ; donc le rapport $\dfrac{S}{S'}$ a la même limite, c'est-à-dire que les surfaces S et S′ convergent vers une limite commune, qui est la surface du cylindre. Donc surf. conv. cyl. = lim. S.

2° Le rapport des volumes V, V′ de deux prismes réguliers à bases semblables B, B′, l'un inscrit, l'autre circonscrit au cylindre, est donné par la proportion

$$\frac{V}{V'}=\frac{B'}{B}=\left(\frac{a}{R}\right)^2;$$

donc aussi vol. cyl.=lim. V.

PROPOSITION II.

327 — Théorème. *La surface convexe d'un cylindre droit a pour mesure le produit de la circonférence de sa base par sa hauteur (fig. 213).*

Soient R le rayon de la base et H la hauteur d'un cylindre droit ; on aura

surf. convexe cyl.=circ. R . H=2π RH.

Car si l'on inscrit dans ce cylindre une suite de prismes à bases régulières, dont le nombre des faces latérales va indéfiniment en doublant, la surface latérale S de chacun de ces prismes aura pour mesure le périmètre P de sa base multiplié par la hauteur H (305), et l'on aura

S=P . H.

Cette égalité ayant lieu pour chacun des prismes de cette suite indéfinie, on peut y remplacer (19) les quantités variables S , P par leurs limites respectives ; on aura donc

surf. conv. cyl.=circ. R . H.

Remarque. La surface totale d'un cylindre=$2\pi R^2+2\pi RH=2\pi R(R+H)$.

PROPOSITION III.

328. — Théorème. *Le volume d'un cylindre droit a pour mesure le produit de sa base par sa hauteur (fig. 213).*

Soient R et H le rayon de la base et la hauteur d'un cylindre droit ; on aura vol. cyl.=cerc. R . H=$\pi R^2 H$.

Car si l'on inscrit dans ce cylindre une suite de prismes à bases régulières, dont le nombre des faces latérales va indéfiniment en doublant, le volume V de chacun de ces prismes aura pour mesure le produit de sa base B par la hauteur H, et l'on aura   V=B . H.

Cette égalité ayant lieu pour chacun des prismes de cette suite indéfinie, on peut y remplacer les quantités variables par leurs limites respectives ; donc vol. cyl.=cerc. R . H.

Corollaire. *Deux cylindres de même base sont entre eux comme leurs hauteurs ; et deux de même hauteur sont comme leurs bases.*

329. — La surface convexe et le volume d'un *cylindre droit tronqué* valent respectivement la surface convexe et le volume du cylindre droit de même base et de même axe. Car les deux parties non communes sont égales par superposition.

PROPOSITION IV.

330. — **Théorème**. *Deux cylindres droits semblables sont entre eux comme les cubes des rayons des bases, ou comme les cubes des hauteurs.*

Car on a $\dfrac{C}{C'} = \dfrac{\pi R^2 H}{\pi R'^2 H'} = \dfrac{R^2}{R'^2} \cdot \dfrac{H}{H'}$. Mais, à cause de la similitude des deux cylindres, on a aussi (323) $\dfrac{H}{H'} = \dfrac{R}{R'}$; donc en substituant dans la proportion précédente ,

$$\frac{C}{C'} = \frac{R^3}{R'^3} = \frac{H^3}{H'^3}.$$

Remarque. *Les surfaces convexes de deux cylindres droits semblables sont entre elles comme les carrés des rayons des bases, ou comme les carrés des hauteurs.*

§ II. Cône droit.

331. — On appelle *cône droit*, le corps engendré par un triangle rectangle SAB faisant une révolution entière autour d'un côté immobile SA (*fig.* 214).

Dans ce mouvement, le côté mobile AB décrit un cercle BCE, qu'on appelle la *base du cône*, et l'hypoténuse SB en décrit la *surface convexe*, dite *surface conique*.

Le point S est le *sommet* du cône, la droite SA en est l'*axe* ou la *hauteur*, et SB en est le *côté* ou la *génératrice*.

Toute section FGH *perpendiculaire à l'axe du cône est un cercle.* Car elle n'est autre chose que le cercle que décrirait la droite OF perpend. à SA.

Toute section faite suivant l'axe est un triangle double du triangle générateur.

332. — *Deux cônes droits* sont dits *semblables*, lorsque leurs axes sont proportionnels aux rayons des bases.

333. — Une tangente CK à la base d'un cône et la génératrice SC du point de contact, déterminent un plan qui touche le cône suivant cette génératrice.

334. — Une *pyramide* est dite *inscrite* ou *circonscrite à un cône de même sommet*, lorsque sa base est inscrite ou circonscrite à celle de ce cône ; celui-ci est dit alors *circonscrit* ou *inscrit* à la pyramide, qu'il *touche* suivant des génératrices.

PROPOSITION V.

335. — **Lemme**. *La génératrice, la surface convexe et le volume d'un cône droit sont les limites respectives de l'apothème, de la surface latérale et du volume d'une pyramide régulière inscrite dont le nombre des faces latérales va en doublant indéfiniment (fig. 215).*

En effet, 1° dans le tr. SAI on a $SA - SI < AI$; mais $AI = AO - IO$ peut devenir moindre que toute grandeur donnée, quand le nombre des côtés du polygone régulier inscrit dans la base du cône va en doublant indéfiniment : la génératrice SA du cône est donc la limite de l'apothème SI de la pyramide inscrite.

2° La surface latérale S d'une pyramide régulière inscrite ayant pour mesure le demi-périmètre P de sa base par son apothème A, on a $S = \frac{1}{2} P \cdot A$ (n° 308). On a de même, pour la surface latérale de la pyramide circonscrite semblable, $S' = \frac{1}{2} P' \cdot g$, g étant la génératrice du cône ; d'où résulte

$$\frac{S}{S'} = \frac{P}{P'} \cdot \frac{A}{g} = \frac{a}{R} \cdot \frac{A}{g}.$$

Mais, quand le nombre des côtés des deux bases va en doublant indéfiniment, les rapports $\frac{a}{R}$, $\frac{A}{g}$ ont chacun pour limite l'unité; le rapport $\frac{S}{S'}$ a donc la même limite, c'est-à-dire que S et S' convergent vers une limite commune qui est la surface convexe du cône. Donc surf. conv. cône$=$lim. S.

3° Le rapport des volumes V, V' de deux pyramides régulières, à bases semblables B, B', l'une inscrite, l'autre circonscrite au cône, est donné par la proportion

$$\frac{V}{V'} = \frac{B}{B'} = \left(\frac{a}{R}\right)^2;$$

on conclut de là que vol. cyl.$=$lim. V.

PROPOSITION VI.

336. — **Théorème**. *La surface convexe d'un cône droit a pour mesure la moitié du produit de la circ. de sa base par sa génératrice (fig. 215).*

Soient R le rayon de la base et g la génératrice d'un cône droit ; on aura

$$\text{surf. conv. cône} = \tfrac{1}{2} \text{ circ. R} \cdot g = \pi R g.$$

Car si l'on inscrit dans ce cône une suite de pyramides à bases régulières, dont le nombre des faces latérales va indéfiniment en doublant, la surface latérale S de chacune de ces pyramides aura pour mesure le périmètre P de sa base multiplié par la moitié de son apothème A, et l'on aura

$$S = \tfrac{1}{2} P \cdot A.$$

Donc, en substituant aux quantités variables, S, P, A leurs limites respectives : surf. conv. cône, circ. R, g, on a

$$\text{surf. conv. cône} = \tfrac{1}{2} \text{ circ. R} \cdot g.$$

Remarque. La surface totale d'un cône$=\pi R^2 + \pi \pi R g = \pi R(R+g)$.

PROPOSITION VII.

337. — **Théorème**. *Le volume d'un cône droit a pour mesure le tiers du produit de sa base par sa hauteur (fig. 215).*

Soient R le rayon de la base et H la hauteur d'un cône droit; on aura

$$\text{vol. cône} = \tfrac{1}{3}\,\text{cerc. R}\,.\,\text{H} = \tfrac{1}{3}\pi\,\text{R}^2\text{H}.$$

En effet, si l'on inscrit dans ce cône une suite de pyramides à bases régulières, dont le nombre des faces latérales va indéfiniment en doublant, le volume V de chacune de ces pyramides aura pour mesure le tiers du produit de sa base B par sa hauteur H, et l'on aura

$$V = \tfrac{1}{3}\,B\,.\,H.$$

Donc, en remplaçant les quantités variables V, B par leurs limites, $\qquad$ vol. cône $= \tfrac{1}{3}$ cerc. R . H.

Corollaires. I. Un cône droit est le tiers du cylindre de même base et de même hauteur.

II. Deux cônes droits de même base sont entre eux comme leurs hauteurs ; et deux de même hauteur sont comme leurs bases.

PROPOSITION VIII.

338. — **Théorème**. *Deux cônes semblables sont proportionnels aux cubes des rayons des bases, ou aux cubes des hauteurs.*

Même démonstration que dans le n° 330.

339. — On appelle *tronc de cône à bases parallèles*, le corps compris entre la base d'un cône droit et une section parallèle à cette base. On peut le considérer comme engendré par un trapèze rectangle ABOF (*fig.* 214) faisant une révolution autour de sa hauteur AO, appelée *axe* du tronc.

PROPOSITION IX.

340 — **Théorème**. *La surface convexe d'un tronc de cône droit, à bases parallèles, a pour mesure la demi-somme des circ. des deux bases, multipliée par sa génératrice ; ou bien, la circ. de la section faite à même distance des bases, multipliée par sa génératrice (fig. 214).*

Car, 1° d'après (336), on a la surface convexe du tronc de cône DBFH, différence entre la surface convexe du cône entier et celle du cône retranché,

$$S = \pi AB . BS - \pi OF . FS,$$

ou, à cause de $BS = BF + FS$,

$$S = \pi AB . BF + \pi (AB - OF) FS.$$

Mais, les triangles semblables SAB, SOF donnent $AB : OF = BS : FS$; d'où $AB - OF : OF = BF : FS$, et $(AB - OF) OF = OF . BF$. Substituant dans l'expression précédente, il vient

$$S = \pi AB . BF + \pi OF . BF = (\pi AB + \pi OF) . BF,$$

ou bien $\qquad S = \frac{1}{2} (\text{circ. } AB + \text{circ. } OF) BF.$

2° Menant le plan MN perpend. sur le milieu de AO, dans le trapèze ABFO, on aura $2 MI = AB + OF$; donc aussi

$$S = 2 \pi MI . BF = \text{circ. } MI . BF.$$

Remarque. Soient R et R′ les rayons des bases, r le rayon moyen et g la génératrice d'un tronc de cône droit ; on aura

$$\text{surf. conv. tronc de cône} = \pi (R + R') g = 2 \pi r g.$$

PROPOSITION X.

341. — *Le volume d'un tronc de cône droit, à bases parallèles, a pour mesure le tiers de sa hauteur multiplié par la somme faite des deux bases et de leur moyenne proportionnelle (fig. 214).*

En effet, d'après (337), on a le volume du tronc BDFH,

$$V = \frac{1}{3} \pi AB^2 . AS - \frac{1}{3} \pi OF^2 . OS,$$

ou, à cause de $AS = AO + OS$,

$$V = \frac{1}{3} \pi AB^2 . AO + \frac{1}{3} \pi (AB^2 - OF^2) OS.$$

Mais, par les triangles semblables ABS, OFS, on a AB : OF$=$AO$+$OS : OS; d'où AB$-$OF : OF$=$AO : OS ; par suite (AB$-$OF)OS$=$OF.AO, et (AB$^2-$OF^2)OS$=$(AB$+$OF)OF.AO, en multipliant de part et d'autre par AB$+$OF ; donc, par la substitution dans l'égalité précédente,

$$V=\tfrac{1}{3}\pi AB^2 . AO+\tfrac{1}{3}\pi (AB+OF) OF . AO,$$

ou $\qquad V=\tfrac{1}{3} AO (\pi AB^2+\pi OF^2+\pi AB . OF).$

Remarques. I. En nommant R, R$'$ les rayons des bases, et H la hauteur du tronc de cône, on a

$$V=\tfrac{1}{3}\pi (R^2+R'^2+RR') H.$$

II. Ce théorème se démontre encore comme suit : si l'on inscrit dans le tronc de cône une suite de troncs de pyramide, à bases régulières, dont le nombre des faces latérales va en doublant indéfiniment, le volume de chacun de ces troncs de pyramide aura pour expression (309)

$$V'=\tfrac{1}{3} H (B+B'+\sqrt{B, B'});$$

donc, en remplaçant les variables par leurs limites respectives, on aura l'expression trouvée plus haut.

§ III. Sphère.

342. — La sphère peut être considérée comme engendrée par un demi-cercle DAE (*fig.* 170) faisant une révolution autour du diamètre DE supposé fixe. Car, dans ce mouvement, la demi-circ. DAE décrira une surface dont tous les points seront à même distance du centre O.

La surface sphérique a donc pour *génératrice* une demi-circ. DAE, faisant une rotation autour du diamètre DE, appelée *axe*. Les cercles décrits par tous les points de la génératrice sont perpend. à l'axe et se nomment les *parallèles* de la surface ; les sections faites suivant l'axe sont égales et s'appellent les *méridiens* de la surface.

343. — On appelle *zone sphérique*, la partie de la surface sphérique comprise entre les circonférences de deux cercles parallèles ; *segment sphérique*, la portion du volume de la sphère comprise entre les deux mêmes cercles.

La *hauteur* d'une zone ou d'un segment est la distance des centres des deux cercles parallèles qui en sont les *bases*.

Si l'un des deux cercles est nul, la zone n'a qu'une base et prend le nom de *calotte sphérique*. Dans le même cas, le segment n'a aussi qu'une base.

344. — Un *secteur sphérique* est le corps engendré par un secteur circulaire OBC faisant une rotation autour d'un diamètre extérieur AO (*fig.* 216). Un secteur a pour base la zone que décrit l'arc BC du secteur circulaire. Si le secteur a pour base une calotte sphérique, il prend le nom de *cône sphérique*.

345. — On appelle *pyramide sphérique*, une pyramide qui a pour sommet le centre de la sphère et pour base un polygone sphérique.

PROPOSITION XI.

346. — **Lemme**. *Si un demi-polygone régulier, d'un nombre pair de côtés, fait une révolution autour de son diamètre extérieur AG, la surface engendrée par la ligne polygonale ABCD aura pour mesure la circ. inscrite dans le demi-polygone, multipliée par la projection de cette ligne sur l'axe AG* (*fig.* 216).

Soient menées les perpend. BM, CN, DP, sur l'axe AG. La surface décrite par la génératrice ABCD, dont AP est la projection, se composera des surfaces décrites par les côtés AB, BC, CD, qui ont pour projections respectives AM, MN, NP.

La surface engendrée par AB est celle d'un cône dont BM est le rayon de la base : ainsi, le point I étant le milieu de AB, on a (336) surface $AB = \text{circ. } BM \times \frac{1}{2} AB = 2\pi\, BM . AI$. Or, les triangles rectangles ABM, AOI, qui ont l'angle commun OAB, sont semblables et donnent $BM : OI = AM : AI$; d'où $BM . AI = OI \times AM$. Donc, par la substitution dans l'expression précédente,   surf. $AB = 2\pi\, OI . AM = \text{circ. } OI \times AM$.

La surf. BC est celle d'un tronc de cône de hauteur MN, dont BM , CN sont les rayons des bases ; ainsi, en menant du milieu H de BC la droite HL perpend. sur l'axe AG, on a (340) surf. BC=circ. HL$\times$BC=2πHL . BC. Mais, si l'on mène BK perpend. à CN, les tr. BCK , OHL seront semblables comme ayant leurs côtés perpend. chacun à chacun : BC à OH, BK à HL, CK à OL, et on aura BC : OH=BK ou MN : HL ; d'où HL . BC=OH . MN ; donc, en observant que l'apothème OH=OI, surf. BC=2πOH . MN=circ. OI . MN.

On démontrera de même que

$$\text{surf. CD=circ. OI . NP ;}$$

donc enfin, par l'addition,

$$\text{surf. ABCD=circ. OI (AM+MN+NP)=circ. OI . AP.}$$

Corollaire. *La zone engendrée par l'arc AB, tournant autour du diamètre AG, est la limite de la surface S engendrée par une ligne polygonale régulière inscrite ADHEB dont le nombre des côtés va en doublant indéfiniment (fig. 247).*

Car on a S=circ. OI$\times$AM ; et si au secteur circulaire OAB on circonscrit un secteur polygonal régulier OA'D'H'E'B', semblable à OADHEB , la surface S' engendrée par la ligne A'D'H'E'B' aura pour expression S'=circ. OI'$\times$A'M' : d'où résulte

$$\frac{S}{S'}=\frac{circ. OI \times AM}{circ. OI' \times A'M'}=\frac{OI}{OI'}\times\frac{AM}{A'M'}.$$

Mais, en joignant AB , A'B', on aura, par les triangles semblables,

$$\frac{AM}{A'M'}=\frac{BM}{B'M'}=\frac{OB}{OB'}=\frac{OI}{OI'}=\frac{a}{R}.$$

a désignant l'apothème OI, et R le rayon OI' de l'arc AB; donc $\frac{S}{S'}=\left(\frac{a}{R}\right)^2$, et par suite zone AB=lim. S.

PROPOSITION XII.

347. — **Théorème.** *La surface d'une zone sphérique a pour mesure le produit de sa hauteur par la circ. d'un grand* *cercle, et la surface de la sphère a pour mesure le produit de son diamètre par la circ. d'un grand cercle (fig. 217).*

Car, 1° si dans l'arc AB on inscrit une suite de lignes polygonales régulières dont le nombre des côtés va en doublant indéfiniment, la surface S engendrée par chacune de ces lignes aura pour mesure la circonférence inscrite, multipliée par la hauteur AM de la zone ; ainsi on aura, a désignant l'apothème,

$$S = \text{circ. } a \times AM ;$$

donc, en substituant aux quantités variables S , a, leurs limites respectives, zone AB = circ. OA . AM.

La zone à deux bases décrite par l'arc BC, étant la différence des zones décrites par les arcs AC et AB, on a

zone BC = circ. OA . AN — circ. OA . AM = circ. OA . MN.

2° La surface de la sphère, engendrée par la demi-circ. ABG, égale zone AB + zone BG ; or, zone AB = circ. OA . AM et zone BG = circ. OA . MG ; donc, par l'addition,

surf. sph. OA = circ. OA (AM + MG) = circ. OA . AG.

Corollaires. I. Soient Z et H la surface et la hauteur d'une zone prise sur une sphère de rayon R ; on a

$$Z = 2 \pi R . H.$$

Donc, *deux zones d'une même sphère sont entre elles comme leurs hauteurs.*

II. Si l'on désigne par S la surface de la sphère, on aura

$$S = 2 \pi R . 2R = 4 \pi R^2.$$

Donc *la surface de la sphère est équivalente à 4 fois celle d'un grand cercle.*

III. Soit D le diamètre de la sphère ; on aura

$$S = \pi D^2.$$

Donc *la surface de la sphère est équivalente à celle d'un cercle qui aurait pour rayon le diamètre de la sphère, et les surfaces de deux sphères sont comme les carrés de leurs diamètres.*

Remarque. Le triangle trirectangle étant le huitième de la surface sphérique, on a $t = \frac{1}{8} S = \frac{1}{2} \pi R^2$. Au moyen de cette valeur de t, on obtiendra aisément les expressions de l'aire du fuseau, du triangle et du polygone sphériques (260, 261, 262)

PROPOSITION XIII.

348. — Lemme. *Si un demi-polygone régulier, d'un nombre pair de côtés, fait une révolution autour de son diamètre extérieur AG, le volume du corps engendré par le secteur polygonal OAE aura pour mesure la surface qui lui sert de base, multipliée par le tiers de l'apothème OI (fig. 216).*

Soient menés les perpend. BM, CN, DP, EQ à l'axe AG, et les apothèmes égaux OI, OH,... sur les côtés AB, BC,... Le volume engendré par le tr. OAB est la somme des cônes engendrés par les tr. rectangles OBM, ABM; ainsi, BM étant le rayon de la base commune à ces cônes, on a (337)

$$\text{vol. OAB} = \tfrac{1}{3}\,\text{cerc. BM}\,(\text{OM}+\text{MA}) = \tfrac{1}{3}\pi\,\text{BM}^2 \cdot \text{AO}.$$

Mais les tr. rectangles ABM, AOI, qui ont l'angle A commun, sont semblables et donnent AB : OA = BM : OI; d'où BM . OA = AB . OI, et par conséquent

$$\text{vol. OAB} = \tfrac{1}{3}\pi\,\text{BM} \cdot \text{AB} \cdot \text{OI}.$$

Donc, puisque surf. AB = π BM . AB (336), on a

$$\text{vol. OAB} = \text{surf. AB} \cdot \tfrac{1}{3}\text{OI},$$

c'est-à-dire la surface décrite par la base AB du tr. AOB, multipliée par le tiers de sa hauteur, *résultat qui aurait encore lieu, si le tr. OAB était scalène.*

Maintenant, si l'on prolonge le côté CB jusqu'à sa rencontre en R avec OA prolongé, on aura, en vertu de ce qui précède,

$$\text{vol. OBC} = \text{vol. OCR} - \text{vol. OBR} = \text{surf. CR} \cdot \tfrac{1}{3}\text{OH} -$$
$$\text{surf. BR} \cdot \tfrac{1}{3}\text{OH}\,;$$

donc, en observant que OH = OI et que surf. CR — surf. BR = surf. BC, $\text{vol. OBC} = \text{surf. BC} \cdot \tfrac{1}{3}\text{OI}.$

Cette démonstration étant applicable chaque fois que la base du triangle est oblique à l'axe AG, on a de même

$$\text{vol. OCD} = \text{surf. CD} \cdot \tfrac{1}{3}\text{OI}.$$

Lorsque la base du triangle, tel que ODE, est parallèle à l'axe AG, en retranchant du cylindre engendré par le rectangle DEPQ, les deux cônes égaux engendrés par les triangles rectangles égaux ODP , OEQ, on aura : vol. ODE=vol. DEPQ—2 vol. ODP=cerc. DP . PQ—$\frac{1}{3}$ cerc. DP . 2 OP , ou puisque 2 OP=PQ, vol. ODE=$\frac{2}{3}$ cerc. DP . PQ=$\frac{2}{3}\pi$DP^2 . PQ ; donc, à cause de surf. DE=2πDP . PQ (327) et de DP=OI,

$$\text{vol. ODE=surf. DE} . \tfrac{1}{3} \text{OI}.$$

Faisant la somme de tous ces résultats, on trouve

$$\text{vol. OAE=surf. ABCDE} . \tfrac{1}{3} \text{OI}.$$

Corollaires. I. *Le cône sphérique engendré par le secteur circulaire* OAB, *faisant une révolution autour du diamètre* AG, *est la limite du corps engendré par un secteur polygonal inscrit* OADHEB *dont le nombre des côtés va en doublant indéfiniment* (*fig.* 217).

En effet, on trouve aisément que le rapport des volumes V , V′ des corps produits par la révolution de deux secteurs polygonaux réguliers, l'un OADHEB inscrit, l'autre OA′D′H′E′B′ circonscrit au secteur OAB, est exprimé par la proportion

$$\frac{V}{V'}=\left(\frac{a}{R}\right)^3;$$ d'où suit que cône sph. OAB=lim. V.

II. Le volume V du corps produit par la révolution d'un demi-polygone régulier, d'un nombre pair de côtés, autour de son diamètre extérieur, á pour mesure le tiers du produit de sa surface S par l'apothème a du polygone ; de sorte qu'on a : V=$\frac{1}{3}$S . a=$\frac{1}{3}$. 2πR . 2R . a=$\frac{4}{3}\pi a^2$R , R désigne le rayon du polygone.

PROPOSITION XIV.

349. — **Théorème**. *Le volume d'un secteur sphérique a pour mesure le produit de la zone qui lui sert de base par le tiers du rayon, et le volume de la sphère a pour mesure le produit de sa surface par le tiers du rayon* (*fig.* 217).

En effet, 1° si dans le secteur circulaire OAB on inscrit une suite de secteurs polygonaux, dont le nombre des côtés va en doublant indéfiniment, le volume V engendré par chacun de ces secteurs, faisant une révolution autour de AG, aura pour mesure la surface S qui lui sert de base, multipliée par le tiers de l'apothème a; c'est-à-dire qu'on aura :

$$V = S \cdot \tfrac{1}{3} a.$$

Donc, en substituant aux quantités variables V, S, a leurs limites respectives,

$$\text{cône sph. } OAB = \text{zone } AB \cdot \tfrac{1}{3} OA.$$

Le secteur sphérique engendré par le secteur circulaire OBC, étant la différence des sect. sph. décrits par OAC, OAB on a sect. sph. $OBC = \text{zone } AC \cdot \tfrac{1}{3} OA - \text{zone } AB \cdot \tfrac{1}{3} OA$, ou

$$\text{sect. sph. } OBC = \text{zone } BC \cdot \tfrac{1}{3} OA.$$

2° La sphère engendrée par le demi-cercle $ABG = $ sect. $OAB + $ sect. $OBG = \text{zone } AB \cdot \tfrac{1}{3} OA + \text{zone } BG \cdot \tfrac{1}{3} OA$; donc,

$$\text{vol. sphère } OA = \text{surf. sph. } OA \cdot \tfrac{1}{3} OA.$$

Corollaires. I. Soient R le rayon de la sphère et H la hauteur de la zone qui sert de base au secteur sphérique, on a

$$\text{sect. sph. } H = \text{zone } H \cdot \tfrac{1}{3} R = 2\pi R \cdot H \cdot \tfrac{1}{3} R = \tfrac{2}{3}\pi R^2 H.$$

Donc, *deux sect. sph. pris dans la même sphère sont entre eux comme les hauteurs des zones qui en sont les bases.*

II. En nommant V le volume de la sphère, R le rayon, et D le diamètre, on a

$$V = \tfrac{4}{3}\pi R^3 = \tfrac{1}{6}\pi D^3.$$

On conclut de là que *deux sphères sont entre elles comme les cubes de leurs rayons et comme les cubes de leurs diamètres.*

III. Le carré CDEF étant circonscrit au cerc. OA (*fig. 218*), si le demi-carré ABCD et le demi-cercle AHB font une rotation autour du diamètre AB, le premier décrira un cylindre qui sera circonscrit à la sphère qu'engendre le second. Soit $OA = R$; la surface totale du cylindre $= 2\pi R \cdot 2R + 2\pi R^2 = 6\pi R^2$ et en la comparant à celle de la sphère, on aura $6\pi R^2 : 4\pi R^2 = 3 : 2$. Si l'on compare le volume $\pi R^2 \cdot 2R$ ou $2\pi R^3$ du cylindre à celui de la sphère, on aura de même $2\pi R^3 : \tfrac{4}{3}\pi R^3 = 3 : 2$.

Donc *la surface totale d'un cylindre et celle de la sphère inscrite sont dans le rapport de 3 : 2 ; et les volumes de ces corps sont dans le même rapport.*

Remarque. La mesure de la pyramide trirectangle

$p=\frac{1}{3}V=\frac{1}{6}\pi R^3$. Au moyen de cette valeur, on trouvera la mesure de l'onglet et de la pyramide sphériques.

PROPOSITION XV.

350. — **Théorème.** *Le corps engendré par un segment circulaire MBC, faisant une révolution autour d'un diamètre AO extérieur à ce segment, est équivalent à la moitié du cône dont la base aurait pour rayon la corde BC du segment, et dont la hauteur serait la projection EF de cette corde sur l'axe (fig. 219).*

Car on a vol. MBC=vol. OBMC—vol. OBC. Mais (349) vol. OBMC=surf. BMC . $\frac{1}{3}$ OB=$\frac{2}{3}\pi$OB^2 . EF, et (348) vol. OBC=surf. BC . $\frac{1}{3}$OI=$\frac{2}{3}\pi$OI^2 . EF ; donc, par la soustraction
$$\text{vol. MBC}=\tfrac{2}{3}\pi\,(\text{OB}^2-\text{OI}^2).\,\text{EF},$$
ou, puisque dans le tr. rectangle BOI , OB^2—OI^2=BI^2= $\frac{1}{4}$BC^2,
$$\text{vol. MBC}=\tfrac{1}{2}\cdot\tfrac{1}{3}\pi\text{BC}^2 . \text{EF}.$$

PROPOSITION XVI.

351. — **Théorème.** *Le volume d'un segment sphérique à deux bases, a pour mesure la demi-somme de ses bases multipliée par sa hauteur, plus le volume d'une sphère dont cette hauteur est le diamètre (fig. 219).*

En effet, vol. MBEFC=vol. BCFE+vol. MBC. Mais on a
$$(341)\ \text{vol. BCFE}=\tfrac{1}{3}\pi\text{EF}\,(\text{BE}^2+\text{CF}^2+\text{BE . CF}),\ \text{ou}$$
$$\text{vol. BCFE}=\tfrac{1}{6}\pi\text{EF}\,(2\text{BE}^2+2\text{CF}^2+2\text{BE . CF}) ;$$
de plus, par le théorème précédent, en observant que BD étant égale et parallèle à EF, le tr. BDC donne BC^2=BD^2+(CF—BE)^2=EF^2+CF^2+BE^2—2CF . BE, on a aussi
$$\text{vol. MBC}=\tfrac{1}{6}\pi\text{BC}^2 . \text{EF}=\tfrac{1}{6}\pi\text{EF}\,(\text{EF}^2+\text{CF}^2+\text{BE}^2-2\text{CF . BE}) ;$$
donc, en additionnant ces deux égalités et réduisant, on aura
$$\text{vol. MBEFC}=\tfrac{1}{6}\pi\text{EF}\,(3\text{BE}^2+3\text{CF}^2+\text{EF}^2),$$
ou
$$\text{vol. MBEFC}=\tfrac{1}{2}\,(\pi\text{BE}^2+\pi\text{CF}^2)\,\text{EF}+\tfrac{1}{6}\pi\text{EF}^3,$$
ce qui s'accorde avec l'énoncé du théorème.

Remarques. I. Lorsque le segment n'a qu'une base,

BE$=$0 et EF devient AF ; ce qui réduit l'expression précé-
dente à   vol. MAFC$=\frac{1}{2}\pi \text{CF}^2 . \text{AF}+\frac{1}{6}\pi\text{AF}^3$.

II. Si l'on représente par V_2 le volume d'un segment à
deux bases, par R, R' les rayons des bases, et par H la hauteur du segment, on aura
$$V_2=\tfrac{1}{2}\pi\,(\text{R}^2+\text{R}'^2)\,\text{H}=\tfrac{1}{6}\pi\text{H}^3;$$
si le segment n'a qu'une base, R'$=$0 et on aura
$$V_1=\tfrac{1}{2}\pi\text{R}^2 . \text{H}+\tfrac{1}{6}\pi\text{H}^3.$$

Problèmes relatifs au livre VIII.

PROBLÈME I.

352. — *Trouver l'expression du volume produit par un
triangle faisant une rotation autour d'une droite extérieur à ce
triangle, mais située dans son plan (fig. 220).*

Si des sommets et du centre de gravité du triangle donné
ABC, on abaisse sur l'axe XY les perpend. AA'$=a$, BB'$=b$,
CC'$=c$, GG'$=g$, le volume engendré par le triangle sera égal
à l'excès des troncs de cône produits par les trapèzes AA'BB',
BB'C'C', sur le tronc produit par le trapèze AA'C'C ; de sorte
qu'on aura, en faisant A'B'$=d$, B'C'$=d'$,
$$\text{vol. ABC}=\tfrac{1}{3}\pi d\,(a^2+b^2+ab)+\tfrac{1}{3}\pi d\,(b^2+c^2+bc)-\tfrac{1}{3}\pi\,(d+d')$$
$$(a^2+c^2+ac)=\tfrac{1}{3}\pi d\,(b^2-c^2+ab-ac)+\tfrac{1}{3}\pi d'$$
$$(b^2-a^2+bc-ac),$$
ou, en observant que chaque expression est divisible par
$a+b+c=3g$,
$$\text{vol. ABC}=\pi g\,[(b-c)\,d+(b-a)\,d'.]$$
Mais on a
$$2\,\text{ABC}=(a+b)\,d+(b+c)\,d-(a+c)(d+d')$$
$$=(b-c)d+(b-a)d' ;$$
par conséquent
$$\text{vol. ABC}=\pi g . 2\,\text{ABC}=\text{ABC} . \text{circ.}\,g.$$
c'est-à-dire que *le volume engendré a pour mesure l'aire du
triangle multipliée par la circ. que décrit son centre de gravité.*

PROBLÈME II

353. — *Calculer le volume et la surface du corps engendré par un polygone régulier, d'un nombre pair de côtés, faisant une révolution autour d'un axe parallèle à l'un des côtés, et situé dans le plan du polygone.*

Soient g, a, a' les distances à l'axe du centre du polygone et des centres de gravité de deux triangles opposés, déterminés par les diamètres menés des extrémités d'un côté quelconque. Le volume engendré par ces deux triangles égaux t aura pour expression (352)

$$t \cdot 2\pi a + t \cdot 2\pi a' = 2t\pi (a + a'),$$

ou, puisqu'on a évidemment $a + a' = 2g$,

$$2t \cdot 2\pi g = 2t \cdot \text{circ.} \, g.$$

Ainsi, soient A l'aire et n le nombre des côtés du polygone donné ; on aura pour le volume engendré

$$V = \frac{n}{2} \cdot 2t \cdot \text{circ.} \, g = A \cdot \text{circ.} \, g.$$

On trouvera d'une manière semblable pour la surface

$$S = P \cdot \text{circ.} \, g,$$

P représentant le contour du polygone générateur.

PROBLÈME III.

354. — *Trouver le volume et la surface de l'anneau rond, ou tore, engendré par la rotation d'un cercle autour d'un axe extérieur situé dans le même plan.*

Soit g la distance du centre du cercle à l'axe ; on trouvera, par la considération des limites,

$$V = 2\pi^2 R^2 g \,, \; S = 4\pi^2 R g.$$

PROBLÈME IV.

355. — *Déterminer directement la mesure de toute pyramide*

Soient B la base et H la hauteur d'une pyramide quelconque P. Ayant divisé H en n parties égales x, d'où $x = \dfrac{H}{n}$, et mené par les points de division des plans parallèles à B, sur la base et sur chacune des sections faites par ces plans, construisons des prismes extérieurs ayant leurs arêtes parallèles à une même arête de la pyramide, et la hauteur commune $\dfrac{H}{n}$. Si l'on désigne par $B_1, B_2, B_3, \ldots$ les sections à partir du sommet de la pyramide, on aura pour la somme de tous ces prismes,

$$V = \frac{H}{n}(B_1 + B_2 + B_3 + \ldots + B).$$

Mais les distances des sections au sommet de la pyramide étant respectivement $\dfrac{H}{n}$, $\dfrac{2H}{n}$, $\dfrac{3H}{n}, \ldots$ on a (285) $B : B_1 = H^2 : \dfrac{H^2}{n^2} = 1 : \dfrac{1}{n^2}$; $B : B_2 = H^2 : \dfrac{2^2 \cdot H^2}{n^2} = 1 : \dfrac{2^2}{n^2}$; et ainsi de suite.

D'où suit $B_1 = \dfrac{B}{n^2}$, $B_2 = \dfrac{2^2 \cdot B}{n^2}$, $B_3 = \dfrac{3^2 \cdot B}{n^2}$, etc., et par conséquent

$$B_1 + B_2 + B_3 + \ldots + B = \frac{B}{n^2}(1 + 2^2 + 3^2 + \ldots + n^2);$$

donc, par la substitution,

$$V = \frac{BH}{n^3}(1 + 2^2 + 3^2 + \ldots + n^2),$$

ou, puisque la somme des n premiers carrés

$$= \frac{n}{1} \cdot \frac{n+1}{2} \cdot \frac{2n+1}{3} = \frac{n(2n^2 + 3n + 1)}{6},$$

$$V = \frac{BH}{n^2}\left(\frac{2n^2 + 3n + 1}{6}\right) = \frac{BH}{3} + \frac{BH}{6}\left(\frac{2}{n} + \frac{3}{n^2}\right).$$

On voit par là qu'en multipliant indéfiniment le nombre n des prismes, V converge vers la limite $\frac{1}{3}$ BH, qui est la mesure de P; donc $\qquad$ P $= \frac{1}{3}$ BH.

Remarque. Ce problème peut tenir lieu des n°s 306 et 307.

Problèmes à résoudre.

1. Calculer les dimensions du litre, sachant que c'est un cylindre dont la hauteur est double du diamètre de la base.

2. Etant donnés le rayon de la base et la hauteur d'un cône, trouver l'angle du secteur circulaire égal à la surface convexe du cône.

3. Couper un cône en deux parties qui soient dans un rapport donné, par un plan parallèle à la base. — Même problème pour la surface convexe.

4. Connaissant les rayons des bases et la hauteur d'un tronc de cône, trouver sa surface convexe.

5. Connaissant les rayons des bases et la génératrice d'un tronc de cône, calculer son volume.

6. Diviser un tronc de cône en deux parties qui soient dans un rapport donné, par un plan parallèle aux bases. — Même problème pour la surface convexe.

7. Connaissant la surface d'une sphère, calculer son volume.

8. Calculer la surface d'un fuseau situé sur une sphère de 2,50 de rayon, et dont l'angle mesure 15° 15'. — Calculer le volume de l'onglet correspondant.

9. Calculer l'aire d'un triangle situé sur une sphère de 2,50 de rayon, et dont les angles mesurent 92° 40', 112° 56' et 140° 24'. — Calculer le volume de la pyramide sphérique correspondante.

10. Etant donné un cercle de rayon r sur une sphère de rayon R, déterminer un second cercle parallèle au premier et comprenant avec lui un segment, qui soit dans un rapport donné avec le cône ayant pour sommet le centre du premier cercle et pour base le second.

11. Un cône droit de hauteur H est circonscrit à une sphère de rayon R, qui touche la base du cône ; calculer le volume du segment sphérique compris entre la base du cône et le cercle de contact.

12. Etant donnés les rayons et la distance des centres de deux sphères qui se coupent, calculer le volume de la partie commune.

13. Un hexagone régulier fait une révolution autour d'un côté ; trouver la surface et le volume du corps engendré. — Même problème, l'axe étant perpend. à l'extrémité d'un diamètre et situé dans le plan de l'hexagone.

14. Déterminer la surface et le volume du corps engendré par un cercle tournant autour d'une tangente.

15. D'un point extérieur à un cylindre, mener un plan tangent — Même problème pour le cône.

16. Décrire (sur un plan) un cercle équivalent à une zone quelconque.

17. Trouver les rapports des volumes, des surfaces convexes et des surfaces totales d'un cylindre et d'un cône de même hauteur, inscrits dans une sphère de rayon donné.

18. Etant donné le rayon R d'une sphère et la distance a du centre au sommet d'un cône droit circonscrit ; trouver la surface convexe du cône terminée à la courbe de contact, et le volume compris entre le sommet et la surface sphérique.

Appendice au livre VI.

PROPOSITION PREMIÈRE.

356. — **Théorème**. *Si deux triangles sphériques ont un sommet commun et les deux autres sommets diamétralement opposés, la circ. du cercle circonscrit au second est le lieu des sommets de tous les triangles de même base et de même surface que le premier (fig. 221).*

Si l'on représente par A , B , C , A' , B' les angles des deux tr. ABC , A'B'C, on a (261) $S=A+B+C-2$. Mais l'angle A, égal à AA'B, a pour supplément l'angle A', et de même B a pour supplément l'angle B' ; donc $S=2-A'+2-B'+C-2$, et par suite

$$(1) \quad A'+B'-C=2-S.$$

Cela posé, soit P le pôle du cercle circonscrit au tr. A'B'C ; à cause des triangles isocèles PA'B' , PB'C , PCA', on aura l'angle A'CB' ou $C=PA'C+PB'C$, et par conséquent $A'+B'-C=PA'B'+PB'A'=2-S$; d'où

$$(2) \quad PB'A'=PA'B'=1-\tfrac{1}{2}S.$$

Ainsi, puisque S est une constante, par hypothèse, la position du point P demeure invariable, et la distance de ce point aux sommets variables C de tous les triangles de même base AB et de même surface S, est constante et égale à PA'. Donc la circ. du cercle circonscrit au tr. A'B'C jouit de la propriété énoncée.

Corollaires. L'égalité (1) montre que $S < 2$, ou $S = 2$, ou $S > 2$, selon que $C < A' + B'$, ou $C = A' + B'$, ou $C > A' + B'$. Donc l'aire d'un triangle sphérique ABC et inférieure, égale ou supérieure au quart de la surface sphérique, selon qu'un angle C de ce triangle est inférieur, égal ou supérieur à la somme des suppléments A' et B' des deux autres ; en même temps, eu égard à l'égalité (2), le pôle P de la circ. du cercle circonscrit au triangle opposé A'B'C se trouve dans l'intérieur, ou sur le côté A'B', ou hors de ce triangle.

Remarque. La propriété précédente donne le moyen de transformer un polygone sphérique en un triangle équivalent.

PROPOSITION II.

357. — **Théorème**. *Entre tous les triangles sphériques isopérimètres et de même base, le maximum est celui dont les côtés variables sont égaux (fig. 222).*

Soient ABC, ABC' deux triangles isopérimètres de même base AB ; si AC = CB, je dis qu'on aura tr. ABC > tr. ABC'.

Ayant prolongé les côtés AC, BC jusqu'à leur rencontre avec la circ. ABA', je prends CD = CB et je décris l'arc BDB'. L'arc bissecteur CP de l'angle A'CB' passera par le pôle P' du cercle circonscrit au triangle isocèle CA'B', et, de plus, coupera BDB' au pôle P de l'arc bissecteur CI de l'angle BCD ; car le tr. BCD étant par construction isocèle, CI est perpend. sur le milieu de la base BD, et ainsi les arcs PC, PI sont des quadrants (240, c. III). Il suit de là que l'arc de petit cercle CH, décrit du pôle P' et du rayon polaire P'C n'aura que le point C commun avec CI (239), et sera intérieur à CI

Cela posé, soient N, M les points où AC', prolongé s'il est nécessaire, rencontre CI, CH. Si l'on joint ND, NB, MB, comme ACD est le plus court chemin de A en D, et que NB = DN (242), on aura AN + NB > AD ou AC + CB ; ainsi, à cause de l'hypothèse, le point C′ doit être situé au-dessous de l'arc CI. Or, tr. ABC=tr. ABM (356); donc tr. ACB>tr. AC′B.

Corollaire. *De tous les triangles de même base et de même surface, le triangle isocèle a un périmètre* minimum.

PROPOSITION III.

358. — **Théorème**. *Entre tous les polygones sphériques isopérimètre et d'un égal nombre de côtés, le maximum est équilatéral.*

Même démonstration que pour la proposition II de l'appendice au livre IV.

PROPOSITION IV.

359. — **Théorème**. *De tous les triangles sphériques formés avec deux côtés donnés faisant un angle à volonté, le maximum est celui dont l'angle variable égale la somme des deux autres (fig.* **223***).*

Soient ABC , ABC deux tr. ayant le côté AB commun et le côté BC=BC′ ; si l'angle ABC=BAC+ACB, je dis que tr. ABC>tr. ABC′.

Si l'on prolonge AC , BC jusqu'à leur rencontre avec la circ. ABA′, les angles A et B du tr. ABC auront pour suppléments les angles A′ et B′ du tr. A′B′C′, ce qui donnera A=2—A′ , B=2—B′, et par conséquent, à cause de l'hypothèse B=A+C , 2—B′=2—A′+C ; d'où A′=B′+C. Ainsi, faisant l'angle B′A′P=B′ , on aura PA′C=PCA , et PB′=PA′=PC (254) ; donc le point P est le pôle du cercle circonscrit au triangle A′B′C ; donc aussi les arcs CM , CC′, décrits des pôles P , B, avec les rayons polaires PC , BC=BC′, se toucheront extérieurement en C, et ainsi le point C′ est situé au-dessous de l'arc CM.

Maintenant, si l'on prolonge AC′ jusqu'à sa rencontre en M avec l'arc CM , on aura tr. ACB=tr. AMB (357) ; mais tr. AMB>tr. AC′B ; donc aussi tr. ACB>tr. AC′B.

Corollaires. I. Soit S l'aire du triangle maximum ABC, où $B=A+C$; on aura $S=A+B+C-2=2B-2$; donc (249) il faut que $B>1$ droit.

II. Soit S' l'aire du tr. AB'C, où $B'=B=A+C$; on aura (357, c.) $S'=2=\frac{1}{4}$ surf. sphérique.

Remarque. Dans ce qui précède, on suppose que la somme des deux côtés donnés $AB+BC<\frac{1}{2}$ circ. Si $AB+BC=\frac{1}{2}$ circ. $=ABA'$, on a $BA'=BC$, et par conséquent l'angle BCA', supplément de C, est égal à $BA'C=A$; d'où suit $A+C=2$ dr. et $S=B$; donc *le tr.* ABC *augmente alors avec l'angle variable* B, et la même conclusion aurait lieu si $AB+BC>\frac{1}{2}$ circ.

PROPOSITION V.

360. — **Théorème**. *De tous les polygones sphériques formés avec des côtés donnés et un dernier arbitraire, le maximum est inscrit dans le demi-cercle dont le rayon polaire sera la moitié du côté arbitraire.*

PROPOSITION VI.

361. — **Théorème**. *Le polygone sphérique* maximum *formés avec des côtés donnés, est inscriptible dans un petit cercle de la sphère.*

PROPOSITION VII.

362. — **Théorème**. *Le* maximum *des polygones sphériques isopérimètres et d'un égal nombre de côtés, est régulier.*

Remarque. Ces trois propositions se démontrent de la même manière que les propositions analogues de l'appendice au livre IV.

FIN DE LA GÉOMÉTRIE.

COURS

DE TRIGONOMÉTRIE.

Préliminaires.

1. — L'unité d'angle étant l'angle droit, et l'unité d'arc le quadrant, on a vu, en géométrie élémentaire, qu'un angle a la même mesure que l'arc compris entre ses côtés et décrit de son sommet comme centre avec un rayon arbitraire. Il s'ensuit que l'on peut toujours snbstituer aux angles les arcs qui leur correspondent ; cette substitution devient même nécessaire dans les questions qui conduisent à des arcs plus grands qu'une demi-circonférence, à cause de l'habitude que l'on a de ne considérer que des angles moindres que deux droits.

La mesure des arcs s'exprime, dans les calculs, en *degrés* ou en *grades*. Le degré est la 90ᵉ partie du quadrant et se subdivise en parties égales de 60 en 60 fois plus petites, nommées *minutes, secondes, tierces;* les parties plus petites s'expriment en fractions décimales de tierce. Le grade est la 100ᵉ partie du quadrant et se subdivise en parties égales de 100 en 100 fois plus petite, appelées aussi minutes, secondes, tierces.

Les degrés, minutes, etc. s'indiquent comme dans l'expression : 23° 49′ 34″ , 50. La même expression en grades s'écrit : 23ᵍʳ , 493450.

2. — Puisque $9° = 10^g$, ou $1° = 1^g \frac{1}{9}$, on peut passer de la *division sexagésimale* à la *division centésimale*, et réciproquement. En voici des exemples :

1° *Convertir* $23° 49' 31'', 44$ *en grades.*

On a d'abord $49' 31'', 44 = 49' \dfrac{31,44}{60} = 49', 524$; puis $23° 49', 524 = 23° \dfrac{49,524}{60} = 23°, 8254$. Augmentant ce der-

nier d'un neuvième, on aura le nombre équivalent de grades. Le calcul se dispose comme on le voit ci-contre. On trouve que $23° 49'31'', 44 = 26^g, 472666.$

$$23° \ 49'31'', 44$$
$$23° \ 49', 524$$
$$23°, 8254$$
$$2°, 647266\ldots$$
$$\overline{26^g, 472666\ldots}$$

2° *Réciproquement, convertir* $26^g, 472666$ *en degrés et subdivisions du degré.*

Le calcul se dispose comme ci-contre. On obtient le nombre équivalent de degrés, en diminuant le nombre de grades d'un 10me. La partie décimale du résultat s'exprime en minutes, en la multipliant par 60 ; enfin la partie décimale de minute s'exprime en secondes, en la multipliant par 60.

$$26^g., 472666$$
$$2^g., 647266$$
$$\overline{23°., 8254}$$
$$23° \ 49', 524$$
$$23° \ 49'31'', 44$$
$$= 26^{gr}., 472666.$$

3. — Le quadrant 90° étant la mesure de l'angle droit, deux *arcs* sont dits *complémentaires*, ou *compléments l'un de l'autre*, lorsque leur somme égale 90° : tels sont les arcs 36° et 54°.

Le complément d'un arc positif $> 90°$ est négatif, et celui d'un arc négatif est toujours positif. Ainsi, le complément de 147° est —59° ; celui de —34° est +124°.

4. — La demi-circ. 180° étant la mesure de deux angles droits, deux *arcs* sont dits *supplémentaires*, ou *suppléments l'un de l'autre*, lorsque leur somme égale 180° : ex. 145° et 35°.

Le supplément d'un arc $> 180°$ est négatif, et celui d'un arc négatif est toujours positif. Ainsi, le supplément de 200° est —20° ; celui de —30° est 210°.

La demi-circ. 180° se désigne habituellement par π et le quadrant 90° par $\frac{\pi}{2}$.

5. — Dans les constructions, les arcs se mesurent sur une circ. de rayon arbitraire, à partir d'un même point, nommé *l'origine* des arcs. Le point où un arc se termine se nomme *l'extrémité* de cet arc. Pour tenir compte de l'opposition des signes des arcs, *on porte les arcs positifs dans un même sens* (sens positif), *et les arcs négatifs dans le sens opposé* (sens négatif). Par exemple, les arcs $+37°$ et $-37°$ seront tous deux portés, à partir de l'origine A (*fig.* 1), le premier dans le sens AC et le second dans le sens contraire AD. Réciproquement, *de deux arcs AM, AN comptés en sens opposés, à partir d'une origine commune A, l'un doit être regardé comme* positif, *l'autre comme* négatif.

Le sens des arcs positifs est arbitraire ; mais lorsqu'il a été fixé, les arcs négatifs doivent être pris en sens contraire.

6. — Soient menés le diamètre AB (*fig.* 1), par l'origine A, et le diamètre CD perpend. à AB ; les *arcs directs* AM, AM', $-$AN,.... auront respectivement pour compléments CM, $-$CM', $+$CN,....(3). Ainsi *tout arc complémentaire a pour origine l'extrémité* C *du quadrant positif* AC, et pour sens positif, le sens opposé à celui des arcs *directs* positifs.

7. — Maintenant, soit proposé de construire les droites qui dépendent d'un arc donné (*fig.* 1).

Soit d'abord un *arc positif* AM $<$ 90°, dont le complément est CM. Par l'extrémité M de l'arc AM, j'abaisse MP perpend. au diamètre AB, et par l'origine A, je mène la tangente AT, terminée à sa rencontre en T avec le rayon OM prolongé. Je mène aussi MQ perpend. au diamètre CD et la tangente CS terminée en S au rayon OM prolongé.

Les droites déterminées MP, AT, OT sont appelées le *sinus*, la *tangente*, la *sécante* de l'arc AM.

Les droites déterminées MQ, CS, OS, qui sont le *sinus*, la tangente, la sécante de l'arc CM, sont appelées le *cosinus*, la *cotangente*, la *cosécante* de l'arc donné AM.

Les droites AP , CQ sont dites le *sinus-verse*, le *cosinus-verse* du même arc AM. Ces deux lignes sont peu employées.

Ces huit lignes, nommées lignes trigonométriques, se désignent d'une manière abrégée comme suit :

$$\begin{cases} \text{MP}=\text{sim AM}, \\ \text{AT}=\text{tg AM}, \\ \text{OT}=\text{séc. AM}, \\ \text{AP}=\text{sin. V. AM}, \end{cases} \qquad \begin{cases} \text{MQ}=\text{sin CM}=\text{cos AM}, \\ \text{CS}=\text{tg CM}=\text{cot AM}, \\ \text{OS}=\text{séc CM}=\text{coséc. AM}, \\ \text{CQ}=\text{cos. V. AM}. \end{cases}$$

On appelle, en général,

Sinus d'un arc, la perpend. abaissée de l'extrémité de cet arc sur le diamètre qui passe par l'origine ;

Tangente d'un arc, la portion de la tangente à l'origine, comprise entre ce point et le prolongement du diamètre mené par l'extrémité de cet arc ;

Sécante d'un arc, la distance du centre à l'extrémité de la tangente de cet arc ;

Cosinus, cotangente, cosécante d'un arc, le sinus, la tangente, la sécante du complément de cet arc.

Soit en second lieu un *arc positif quelconque* ACM′ $> 90°$; le complément de cet arc est $(-\text{CM}')$, car la somme ACM$+(-\text{CM}')=$ le quadrant AC. Si l'on mène du point M′, extrémité de l'arc donné, des perpend. sur les diamètres AB , CD, puis aux points A , C des tangentes terminées à leur rencontre en T′ et en S′ avec la sécante diamétrale qui passe par le point M′ ; M′P′ sera le sinus de l'arc donné ACM′ , AT′ en sera la tangente, OT′ la sécante, M′Q le cosinus, CS′ la cotangente et OS′ la cosécante. — Les lignes dépendantes de tout autre arc positif, tel que ACN′ , ACN,... se construisent de la même manière.

Soit enfin un *arc négatif quelconque*, $(-\text{AN})$ par exemple, qui a pour complément l'arc CAN ; car on a $-\text{AN}+\text{ACN}=\text{AC}$. En faisant les mêmes constructions que dans le cas précédent, les droites déterminées NP , AT′ , OT′ , NQ′ , CS′ , OS′ seront respectivement le sinus, la tang., la séc., le cos., la cotang. et la coséc. de l'arc donné $-\text{AN}$. — Les lignes trig. de tout autre arc négatif se construisent de la même manière.

8. — On peut remarquer que *le sinus d'un arc est la moitié de la corde d'un arc double*, et que *le cosinus d'un arc est toujours égal à la distance du centre au pied du sinus*.

Si l'on représente par a un arc quelconque, positif ou négatif, on aura les relations suivantes :

$$\cos a = \sin(90°-a), \quad \cot a = \operatorname{tg}(90°-a), \quad \operatorname{coséc} a = \operatorname{séc}(90°-a),$$
$$\sin a = \cos(90°-a), \quad \operatorname{tg} a = \cot(90°-a), \quad \operatorname{séc} a = \operatorname{coséc}(90°-a).$$

9. — La *trigonométrie* a pour objet l'étude des propriétés des lignes trigonométriques, la recherche des relations qui existent entre ces lignes, et la résolution, par le calcul, des triangles rectilignes et des triangles sphériques. Elle comprend ainsi trois parties qui vont être développées successivement, dans les trois livres suivants, avec tous les détails nécessaires.

N. B. — Les n°º 1 à 9 ; 15 ; 39 à 45 ; 49 à 60, excepté 57, 59, 60, comprennent tout ce qui concerne la résolution des triangles rectilignes. Les démonstrations des principes ne supposent point la connaissance préalable des formules de la trigonométrie élémentaire.

LIVRE I.

THÉORIE DES LIGNES TRIGONOMÉTRIQUES.

---

§ I. Signes et limites des lignes trigonométriques.

10. — La *fig.* 1 montre que deux lignes trigonométriques de même nom peuvent occuper des situations inverses : 1° les sinus, tels que MP , N'P', ainsi que les tangentes, par rapport au diamètre AB mené par l'origine A des arcs; 2° les cosinus, tels que MQ , M'Q, ainsi que les cotangentes, par rapport au diamètre qui passe par l'origine C des arcs complémentaires ; 3° les sécantes, ainsi que les cosécantes, par rapport au centre O et aux extrémités des arcs : par exemple, les sécantes des arcs AM , AM' se comptent, à partir du centre, l'une OT vers l'extrémité M de l'arc AM, l'autre OT' vers le point N diamétralement opposé à l'extrémité M' de l'arc AM'.

Cette différence de situation s'indique, dans le calcul, par l'opposition des signes : *on convient de donner à une ligne trigonométrique le signe* $+$ lorsqu'elle occupe une situation analogue à celle d'une ligne de même nom de tout arc $<90°$; *le signe* — lorsqu'elle occupe une situation opposée à celle d'une ligne de même nom de tout arc $<90°$.

11. — De ces *conventions* importantes résultent les conséquences suivantes :

1° *Le sinus de tout arc positif est positif ou négatif, suivant que l'extrémité de cet arc se trouve placée dans l'un des deux premiers quadrants ou dans l'un des deux derniers.* Car, dans le 1er cas, le sinus est situé du même côté du diamètre AB, qui passe par l'origine A, que celui d'un arc $< 90°$; et dans le second cas, il se trouve du côté opposé. — Le contraire a lieu pour le sinus d'un arc négatif, en comptant les quadrants négatifs en sens inverse des positifs.

2° *La tangente d'un arc positif est positive ou négative, selon que cet arc se termine dans les quadrants impairs (1er et 3e), ou dans les quadrants pairs (2e et 4e).* En effet, dans le 1er cas, la tangente se compte dans le même sens AT que celle d'un arc $< 90°$, et dans le second cas, elle se compte dans le sens opposé AT'. — Le contraire a lieu pour la tangente d'un arc négatif.

3° *La sécante d'un arc positif est positive ou négative, suivant que l'arc se termine dans les quadrants extrêmes (1er et 4e) ou dans les quadrants moyens (2e et 3e).* Car si l'arc se termine en N, par exemple, sa sécante OT' se compte comme celle d'un arc $< 90°$, c'est-à-dire du centre vers l'extrémité de l'arc ; tandis que si l'arc se termine en M' ou N', par exemple, sa sécante OT' ou OT se compte du centre vers le point N ou M diamétralement opposé à l'extrémité de l'arc. — La même propriété a lieu pour la sécante d'un arc négatif.

4° *Le sinus et la cosécante, la tang. et la cotang., la sécante et le cosinus d'un arc quelconque ont toujours le même signe.* Cette conséquence est facile à prouver pour tout arc positif ou négatif.

12. — Lorsqu'un arc croît de 0 à 360°, ses lignes trigonométriques varient d'une manière continue entre certaines limites qu'il est utile de connaître.

1° Si un arc, AM par exemple (*fig.* 4), décroît jusqu'à zéro, le sinus et la tangente tendent à devenir nuls, la sécante et le cosinus convergent vers le rayon OA, et la cotang. CS et la cosécante OS augmentent indéfiniment, puisque le point S s'éloigne sur CS à mesure que AM diminue ; donc, en désignant le rayon par r et l'infini par le signe ∞, on a, pour un arc nul,

$$\sin 0 = 0 \,, \ \mathrm{tg}\, 0 = 0 \,, \ \mathrm{séc}\, 0 = r,$$
$$\cos 0 = r \,, \ \cot 0 = \infty \,, \ \mathrm{coséc}\, 0 = \infty$$

2° Lorsqu'un arc croît de 0 à 90°, le sinus, la tang. et la sécante augmentent, tandis que le cosinus, la cotang. et la cosécante diminuent ; et ainsi, l'arc étant devenu égal à un quadrant, on a

$$\sin 90° = r \,, \ \mathrm{tg}\, 90° = \infty, \ \mathrm{séc}\, 90° = \infty$$
$$\cos 90° = 0 \,, \ \cot 90° = 0 \,, \ \mathrm{coséc}\, 90° = r.$$

3° L'arc continuant à croître de 90° à 180°, le sinus, la tang. et la sécante diminuent, tandis que le cosinus, la cotang. et la cosécante augmentent ; on a donc, l'arc étant devenu égal à 180°,

$$\sin 180° = 0 \,, \ \mathrm{tang}\, 180° = 0 \,, \ \mathrm{séc}\, 180° = -r,$$
$$\cos 180° = -r \,, \ \cot 180° = \infty \,, \ \mathrm{coséc}\, 18° = \infty,$$

4° Si l'arc continuant à croître devient égal à trois quadrants 270°, on a

$$\sin 270° = -r \,, \ \mathrm{tg}\, 270° = \infty \,, \ \mathrm{séc}\, 270° = -\infty,$$
$$\cos 270° = 0 \,, \ \cot 270° = 0 \,, \ \mathrm{coséc}\, 270° = -r.$$

5° Enfin lorsque l'arc devient égal à une circ. 360°, on a évidemment

$$\sin 360° = 0 \,, \ \mathrm{tg}\, 360° = 0 \,, \ \mathrm{séc}\, 360° = r,$$
$$\cos 360° = r \,, \ \cot 360° = \infty \,, \ \mathrm{coséc}\, 360° = \infty.$$

13. — *En résumé :* lorsqu'un arc croît de 0 à 360°, le sinus et le cosinus varient entre les limites $+r$ et $-r$; la tang. et la cotang. passent par toutes les valeurs réelles entre $+\infty$ et $-\infty$; la sécante et la cosécante varient entre $\pm r$ et $\pm \infty$. *La tang. et la cotang. sont donc les seules lignes propres à représenter toutes les quantités réelles.*

On voit par ce qui précède que chaque ligne trigonométrique étant assujettie à varier d'une manière continue en même temps que l'arc dont elle dépend, change de signe lorsqu'elle passe par zéro ou par l'infini ; de là résultent les conséquences du n° 11, indépendamment du principe de **Descartes**.

§ II. Arcs ayant leurs lignes trigon. égales et de même signe ou de signes contraires.

14. — *Deux arcs égaux et de signes contraires +a et —a ont leurs lignes trigonométriques égales chacune à chacune et de signes contraires, à l'exception des sécantes et des cosinus qui ont le même signe (fig. 1).*

Soient, par exemple, les deux arcs —AN et AM, égaux et de signes contraires. Si l'on construit les lignes trigon. de chacun de ces arcs, comme l'indique la figure, on aura

$$\sin(-AN) = -NP \ , \ \sin AM = MP \ \text{et} \ NP = MP \ ; \ \text{donc}$$
$$\sin(-AN) = -\sin AM.$$

De même $\operatorname{tg}(-AN) = -AT'$, $\operatorname{tg} AM = AT$ et $AT' = AT$; donc $\operatorname{tg}(-AN) = -\operatorname{tg} AM$, et ainsi des autres lignes. On a donc, en général,

$$\sin(-a) = -\sin a \ , \ \operatorname{tg}(-a) = -\operatorname{tg} a \ , \ \sec(-a) = \sec a \ ;$$
$$\cos(-a) = \cos a \ , \ \cot(-a) = -\cot a \ , \ \operatorname{coséc}(-a) = -\operatorname{coséc} a.$$

15. — *Deux arcs supplémentaires a et π—a ont leurs lignes trigonométriques égales ch. à ch. et de signes contraires, à l'exception des sinus et des cosécantes qui ont le même signe (fig. 1).*

Soit l'arc AM = a. La parallèle MM' au diamètre AB détermine l'arc supplémentaire AM' = π—a, car BM' = AM.

Les sinus MP, M'P' des arcs AM, AM' sont égaux, comme étant des parallèles comprises entre des parallèles, et ont même situation par rapport au diamètre AB; donc ils sont égaux et de même signe (10); donc sin AM = sin AM'.

Les tangentes AT, AT' des mêmes arcs sont égales, à cause de l'égalité des tr. OAT, OAT', et ont des situations inverses relativement à AB; donc elles sont égales et de signes contraires; donc tang AM = —tang AM'.

Les sécantes OT, OT' sont égales, par la même raison, et de signes contraires, puisque l'une se compte du centre vers l'extrémité de l'arc AM, tandis que l'autre se compte du centre

vers le point diamétralement opposé à l'extrémité de l'arc AM';
donc séc AM$=$—séc AM'.

On démontrera d'une manière semblable qu'on a :
cosAM$=$—cos AM'; cotAM$=$—cotAM'; coséc AM$=$coséc AM'.

On arriverait aux mêmes conclusions si l'on considérait
l'arc ACN$=a$ et son supplément —AN'$=\pi-a$, déterminé par
NN' parallèle à AB, ou encore l'arc —AN$=a$ et son supplément ACN'$=\pi-a$, etc. Donc, en désignant par a un arc
quelconque, positif ou négatif, on a
$$\sin a = \sin(\pi-a), \operatorname{tg} a = -\operatorname{tg}(\pi-a), \sec a = -\sec(\pi-a);$$
$$\cos a = -\cos(\pi-a), \cot a = -\cot(\pi-a), \operatorname{coséc} a = \operatorname{coséc}(\pi-a).$$

16. — Cette propriété peut aussi s'exprimer par les
relations :
$$\sin(\tfrac{1}{2}\pi-b) = \sin(\tfrac{1}{2}\pi+b), \operatorname{tang}(\tfrac{1}{2}\pi-b) = -\operatorname{tg}(\tfrac{1}{2}\pi+b), \text{etc.}$$
dans lesquelles $\tfrac{1}{2}\pi-b$ représente le complément d'un arc
quelconque.

17. — *Deux arcs dont la différence égale* $\pm 2\pi$, *ou un
nombre entier quelconque de fois* $\pm 2\pi$, *ont les mêmes lignes
trigonométriques* (*fig.* 1).

Car si à l'arc AM, ou à l'arc —AN, on ajoute une circ.
entière $\pm 2\pi$, l'arc ainsi augmenté se terminera encore en M
ou en N, et aura par conséquent les mêmes lignes trigon. que
l'arc donné. La même conclusion aura lieu si, à un arc quelconque a, on ajoute $n \cdot 2\pi$ ou $2n\pi$, n étant un nombre entier
positif ou négatif; on a donc
$$\sin(2n\pi+a) = \sin a, \operatorname{tg}(2n\pi+a) = \operatorname{tg} a, \sec(2n\pi+a) = \sec a;$$
$$\cos(2n\pi+a) = \cos a, \cot(2n\pi+a) = \cot a, \operatorname{cosé}(2n\pi+a) = \operatorname{cosé} a$$

18. — *Deux arcs dont la différence égale* $\pm\pi$, *ou un
nombre entier impair de fois* $\pm\pi$, *ont leurs lignes trigonométriques égales ch. à ch. et de signes contraires, à l'exception
des tang. et des cotang. qui ont le même signe* (*fig.* 1).

En effet, soient les deux arcs AM$=a$ et ACN'$=\pi+a$. Ces
arcs ont évidemment des sinus égaux et de signes contraires
MP, N'P', une même tangente positive AT, une sécante
commune OT, qui est positive pour l'arc AM et négative pour

ACN′ ; des cosinus égaux MQ , N′Q′ et de signes différents ;
une même cotangente positive CS ; enfin, une cosécante commune OS, positive pour l'arc AM et négative pour ACN′. On
a donc

$$\sin(\pi+a)=-\sin a,\ \operatorname{tg}(\pi+a)=\operatorname{tg} a,\ \sec(\pi+a)=-\sec a;$$
$$\cos(\pi+a)=-\cos a,\ \cot(\pi+a)=\cot a,\ \operatorname{coséc}(\pi+a)=-\operatorname{coséc} a.$$

Il est facile de voir que ces relations subsistent, quel que
soit le signe de a et de π.

Actuellement, si, à l'arc $\pi+a$, on ajoute $n\,.\,2\pi$ ou $2n\pi$, n
étant un nombre entier quelconque, le nouvel arc $2n\pi+\pi+a=(2n+1)\pi+a$ aura encore les mêmes lignes trigonométriques (17); donc

$$\begin{cases}\sin\,[(2n+1)\pi+a]=-\sin a,\\ \operatorname{tg}\,[(2n+1)\pi+a]=\operatorname{tg} a,\\ \sec\,[(2n+1)\pi+a]=-\sec a.\end{cases}\quad\begin{cases}\cos\,[(2n+1)\pi+a]=-\cos a,\\ \cot\,[(2n+1)\pi+a]=\cot a,\\ \operatorname{coséc}[(2n+1)\pi+a]=-\operatorname{co} a.\end{cases}$$

19. — **Remarque**. Les formules précédentes peuvent
servir à *exprimer chaque ligne trigon. d'un arc quelconque,
avec le signe convenable, par une ligne d'un arc* $<45°$. Soit
donné l'arc $659°=4\pi-61°=3\pi+119°$; on aura :
$$\sin 659°=\sin(4\pi-61°)=\sin(-61°)=-\sin 61°=-\cos 29°;$$
ou
$$\sin 659°=\sin(3\pi+119°)=-\sin 119°=-\cos 29°.$$

La même réduction peut s'appliquer aux autres lignes du
même arc.

§ III. Arcs qui répondent à une même ligne trigonométrique donnée.

20. — Il est évident, par ce qui précède, qu'à un arc
donné correspond seulement une ligne trigon. de chaque
espèce ; mais *à toute ligne trigon. donnée correspondent toujours une infinité d'arcs.*

Car, par exemple, si l'on prend OQ égale au sinus donné a
d'un arc inconnu x, et que, par le point Q, on mène MM′
parallèle au diamètre AB, tous les arcs, soit positifs, soit
négatifs, qui ont leur origine en A et leurs extrémités en M

ou en M′, ont pour sinus la droite donnée OQ=a. Or, le nombre de tous ces arcs est infini (17). Donc, etc.

Le nombre des valeurs de x se réduirait cependant aux arcs supplémentaires AM , AM′, dans le cas où x, dans sin x=a, représenterait l'angle d'un triangle ; car on sait qu'un tel angle est toujours moindre que 180°. — Une remarque analogue est à faire pour les autres lignes.

21. — Maintenant, soit proposé de trouver les expressions générales de tous les arcs, tant positifs que négatifs, qui correspondent à une ligne trigon. donnée de grandeur et de signe.

1° Soit sin x=a. Ayant tiré deux diamètres AB , CD perpend. entre eux, si l'on prend OQ=a et que, par le point Q, on mène MM′ parallèle à AB, tous les arcs qui ont leur origine en A et leurs extrémités en M ou M′, auront chacun un sinus égal à la droite donnée a et seront des valeurs de x. Soit AM=α ; on aura AM′=π—α. Ainsi, en ajoutant k circ. à chacun de ces deux arcs, les valeurs positives de x seront comprises dans les expressions :

$$(1) \qquad \begin{cases} x=2k\pi+\alpha, \\ x=2k\pi+\pi-\alpha=(2k+1)\pi-\alpha. \end{cases}$$

En y faisant successivement k=—1, —2,..... on obtient :

x=—2π+α, —4π+α,... arcs négatifs terminés en M,

x=—π—α, —3π—α,... arcs négatifs terminés en M′,

qui ont aussi chacun la droite a pour sinus. Donc toutes les valeurs de x, qui satisfont à l'équation sin x=a, sont comprises dans les formules (1).

Si l'on a sin x=—a, on prendra dans le sens négatif pour les sinus, OQ′=a, et l'on mènera par le point Q′, NN′ parallèle à AB ; tous les arcs terminés en N et N′ auront ainsi —a pour sinus. Soit le plus petit arc positif ACN′=α ; on aura ACN= 2π—AN=3π—α. En ajoutant k circ. au premier de ces arcs et k—1 circ. au second, puis supposant k négatif, il vient les expressions (1) pour tous les arcs positifs et négatifs terminés en M et N′.

Donc *toutes les valeurs de* x , *qui satisfont à l'équation* sin x$=\pm$a, *sont comprises dans les formules* (1), où α représente toujours le plus petit arc positif, et k un nombre entier positif ou négatif.

2° Soit tg $x=a$, a pouvant avoir telle grandeur réelle qu'on voudra. Sur la tangente au point A, je prends dans le sens positif AT$=a$, et je mène du point T la sécante diamétrale TN'. Soit fait arc AM$=\alpha$; on aura ACN'$=\pi+\alpha$, et, par suite, en opérant comme ci-dessus,

$$x=2\mathrm{k}\pi+\alpha,$$
$$x=(2\mathrm{k}+1)\pi+\alpha.$$

Ces expressions donnant tous les multiples pairs et impairs de π augmenté de α, sont comprises dans la suivante :

$$(2) \quad x=\mathrm{k}\pi+\alpha,$$

k étant alors un nombre entier pair ou impair. Si l'on suppose k négatif, cette formule comprend aussi les valeurs négatives de x.

Si tg$=x=-a$, on verra de même que l'expression (2) comprend les valeurs de x qui satisfont à l'équation donnée.

Donc *toutes les valeurs de* x *qui satisfont à* tg $x=\pm$a, *sont comprises dans la formule* (2), où α désigne le plus petit arc positif.

3° Soit séc $x=\pm a$. On trouvera facilement

$$(3) \quad \begin{cases} x=2\mathrm{k}\pi+\alpha, \\ x=2\mathrm{k}\pi-\alpha. \end{cases}$$

4° Suivant que l'on a cos$x=\pm a$, cot$x=\pm a$, coséc $x=\pm a$, on trouvera les formules (3), ou (2), ou (1).

§ IV. Relations trigonométriques.

22. — Pour établir les relations qui existent entre les lignes trigonométriques d'arcs évalués en degrés, il faut choisir une unité de longueur arbitraire ; représenter par r , sin a , sin b,... tg a, tg b,... les nombres qui mesurent le rayon, les sinus, les tangentes,.... de ces arcs ; et exprimer, à l'aide de ces nombres, les propriétés géométriques de la figure. C'est ainsi qu'on obtient les relations trigonométriques élémentaires, dont on déduit ensuite, par le calcul algébrique, un grand nombre de formules d'un fréquent usage dans toutes les branches des mathématiques.

23. — Si l'on représente par a la valeur en degrés d'un arc quelconque AM ; par r, $\sin a$, $\operatorname{tg} a$, séc a, $\cos a$, cot a, coséc a, les nombres qui expriment les mesures du rayon OA=OM, du sinus MP, de la tang. AT, de la sécante OT, du cosinus OP=MQ, de la cotang. CS et de la cosécante OS de l'arc AM, on aura, à cause des propriétés géométriques :

1° Des tr. OMP, OAT, qui sont rectangles et semblables,

$$\sin^2 a + \cos^2 a = r^2 \dots (1)$$
$$r^2 + \operatorname{tg}^2 a = \sec^2 a \dots (2)$$
$$\cos a : r = \sin a : \operatorname{tg} a = \frac{r \sin a}{\cos a} \dots (3)$$
$$\cos a : r = r : \sec a = \frac{r^2}{\cos a} \dots (4)$$

2° Des tr. OMQ, OCS, qui sont aussi rectangles et semblables,

$$r^2 + \cot^2 a = \operatorname{coséc}^2 a \dots (5)$$
$$\sin a : r = \cos a : \cot a = \frac{r \cos a}{\sin a} \dots (6)$$
$$\sin a : r = r : \operatorname{coséc} a = \frac{r^2}{\sin a} \dots (7)$$

3° Des triangles OAT, OCS, qui sont semblables,

$$\operatorname{tg} a : r = r : \cot a = \frac{r^2}{\operatorname{tg} a} \dots (8).$$

Les mêmes relations existent entre les lignes trigonométriques d'un arc quelconque. Car, quel que soit l'arc a, ses lignes trig. forment toujours des triangles rectangles et semblables, dont on peut d'abord tirer les résultats précédents, en ne considérant que les valeurs absolues des lignes ; ensuite il est facile de voir que ces résultats ne changeront point, en y donnant à chaque ligne le signe convenable.

On peut remarquer que les équations (1), (3), (4) comprennent toutes les autres.

24. — Le rayon r d'un arc devant rester *arbitraire*, au moyen des formules précédentes, *on peut exprimer chacune des lignes trigonométriques en fonction de l'une quelconque des autres.*

Par exemple, si l'on veut avoir le sinus et le cosinus en fonction de la tangente, on éliminera d'abord $\sin a$, et ensuite $\cos a$, entre les éq. (1) et (3), ce qui donnera

$$\sin a = \frac{\pm\, r\, \mathrm{tg}\, a}{\sqrt{r^2 + \mathrm{tg}^2 a}}, \qquad \cos a = \frac{\pm\, r^2}{\sqrt{r^2 + \mathrm{tg}^2 a}}.$$

Ces deux sinus et cosinus égaux et de signes contraires sont ceux des arcs qui correspondent à $\mathrm{tg}\, a$. Les signes supérieurs, ou inférieurs, doivent être pris ensemble ; autrement, l'éq. (3) ne serait pas satisfaite.

25. — Pour application numérique, soit l'arc $MAN = 2a = 60°$ (*fig.* 1) ; on aura corde $MN = r$ et par suite $MP = \sin a = \sin 30° = \frac{1}{2} r$. On a ainsi, en observant que le complément de $30°$ est $60°$,

$$\begin{cases} \sin 30° = \cos\ \ 60° = \frac{1}{2} r \\ \mathrm{tg}\ 30° = \cot\ \ 60° = \frac{1}{3} r \sqrt{3} \\ \sec 30° = \csc 60° = \frac{2}{3} r \sqrt{3} \end{cases} \begin{cases} \cos\ \ 30° = \sin 60° = \frac{1}{2} r \sqrt{2} \\ \cot\ \ 30° = \mathrm{tg}\ 60° = r \sqrt{3} \\ \csc 30° = \sec 60° = 2r. \end{cases}$$

On a aussi $\sin 45° = \cos 45° = \frac{1}{2} r \sqrt{2}$, $\mathrm{tg}\ 45° = \cot 45° = r$, etc.

26. — *Connaissant les sinus et les cosinus de deux arcs* a et b, *on peut déterminer les sinus et les cosinus de la somme et de la différence de ces arcs*, au moyen des quatre formules suivantes :

$$(9)\quad r \sin (a+b) = \sin a \cos b + \sin b \cos a,$$
$$(10)\quad r \cos (a+b) = \cos a \cos b - \sin a \sin b,$$
$$(11)\quad r \sin (a-b) = \sin a \cos b - \sin b \cos a,$$
$$(12)\quad r \cos (a-b) = \cos a \cos b + \sin a \sin b.$$

Soient les arcs $AB = a$ et $BC = BC' = b$ (*fig.* 2) ; d'où l'arc $AC = a+b$ et $AC' = a-b$. Si du point B, on mène BP perpend. au diamètre AO, puisque le rayon OB est perpend. sur le milieu de la corde CC' ; on aura

$$BP = \sin a, \ OP = \cos a, \ CI = IC' = \sin b, \ OI = \cos b.$$

De plus, menant à AO, par le point I, la perpend. IQ et la parallèle MM′, terminée d'une part au sinus de AC et d'autre part au sinus de AC′, on aura aussi, eu égard à l'égalité des triangles rectangles ICM , IC′M′,

$$\sin (a+b)=CN=IQ+MC,$$
$$\cos (a+b)=ON=OQ-IM,$$
$$\sin (a-b)=C'N'=IQ-MC,$$
$$\cos (a-b)=ON'=OQ+IM.$$

Cela posé, les tr. OBP , OIQ, qui sont semblables, donnent

$$OB : OI=BP : IQ, \text{ ou } r : \cos b=\sin a : IQ=\frac{\sin a \cos b}{r};$$

$$OB : OI=OP : OQ, \text{ ou } r : \cos b=\cos a : OQ=\frac{\cos a \cos b}{r}.$$

De plus, les tr. OBP et ICM, qui ont les côtés respectivement perpend., sont semblables et donnent

$$OB : IC=BP : IM, \text{ ou } r : \sin b=\sin a : IM=\frac{\sin a \sin b}{r};$$

$$OB : IC=OP : MC , \text{ ou } r : \sin b=\cos a : MC=\frac{\sin b \cos a}{r}.$$

Substituant ces quatre valeurs dans les égalités précédentes, et chassant ensuite le dénominateur r, on obtient les formules qu'il s'agissait de démontrer.

Les deux dernières de ces formules se déduisent des deux autres, en changeant dans celles-ci $+b$ en $-b$, et en observant que $\sin (-b)=-\sin b$ et $\cos (-b)=\cos b$ (14).

27. — **Remarque**. Les quatre formules précédentes, qu'on vient de démontrer pour le cas où $a>b$ et $a+b<90°$, ont lieu quels que soient les arcs a et b.

1° Supposons $a<b$ et $a+b<90°$. On aura (14)

$$r \sin (a-b)=-r \sin (b-a)=\sin a \cos b-\sin b \cos a,$$
$$r \cos (a-b)=r \cos (b-a)=\cos a \cos b+\sin a \sin b.$$

2° Supposons $a=90°-\alpha$, $b=90°-\beta$, les arcs α et β étant moindres chacun que 45°. On aura (15)

$$r \sin (a+b)=r \sin (\alpha+\beta)=\sin \alpha \cos \beta+\sin \beta \cos \alpha,$$
$$r \cos (a+b)=-r \cos (\alpha+\beta)=-\cos a \cos \beta+\sin \alpha \sin \beta.$$

Mais (8) $\sin \alpha = \cos a$, $\cos \alpha = \sin a$, $\sin \beta = \cos b$, $\cos \beta = \sin b$; donc

$$r \sin (a+b) = \sin a \cos b + \sin b \cos a,$$
$$r \cos (a+b) = \cos a \cos b - \sin a \sin b.$$

Or, α et β étant compris entre 45° et 0, a et b sont compris entre 45° et 90°; donc les formules (9) et (10) ont lieu pour toutes les valeurs positives des arcs a et b entre 0 et 90°.

3° Supposons $a = 90° + \alpha$ et $b = 90° + \beta$, les arcs α et β étant positifs et compris entre 0 et 90°. On aura (18)

$$r \sin (a+b) = r \sin (\pi + \alpha + \beta) = -r \sin (\alpha + \beta)$$
$$= -\sin \alpha \cos \beta - \sin \beta \cos \alpha,$$
$$r \cos (a+b) = r \cos (\pi + \alpha + \beta) = -r \cos (\alpha + \beta)$$
$$= -\cos \alpha \cos \beta + \sin \alpha \sin \beta.$$

Mais (15 et 8) on a

$$\sin a = \sin (90° + \alpha) = \sin (90° - \alpha) = \cos \alpha,$$
$$\cos a = \cos (90 + \alpha) = -\cos (90 - \alpha) = -\sin \alpha;$$

de même $\sin b = \cos \beta$, $\cos b = -\sin \beta$; donc, en substituant,

$$r \sin (a+b) = \sin a \cos b + \sin b \cos a,$$
$$r \cos (a+b) = \cos a \cos b - \sin a \cos b.$$

Donc les formules (9) et (10) sont vraies pour toutes les valeurs des arcs a et b entre 0 et 180°. Il est d'ailleurs évident que, dans le raisonnement précédent, on peut supposer successivement α et β entre 0 et 90°, 0 et 180°, 0 et 3.90°, etc.; donc les formules (9) et (10), et par suite (11) et (12), sont démontrées pour toutes les valeurs positives des arcs a et b.

4° Les formules (11) et (12), mises sous les formes

$$r \sin (a-b) = \sin a \cos (-b) + \sin (-b) \cos a,$$
$$r \cos (a-b) = \cos a \cos (-b) - \sin a \sin (-b),$$

montrent que les formules (9) et (10) ont lieu pour toutes les valeurs négatives de b. Or je dis que ces mêmes formules sont encore vraies pour toutes les valeurs négatives de a.

Car si l'on suppose $a = -\alpha$, d'où $\sin a = -\sin \alpha$, $\cos a = \cos \alpha$, on aura

$$r \sin(a+b) = r \sin (-\alpha + b) = -r \sin (\alpha - b) = -\sin \alpha \cos b + \sin b \cos \alpha,$$

$$r \cos (a+b) = r \cos (-a+b) = r \cos (a-b) = \cos a \cos b + \sin a \sin b ;$$

donc
$$r \sin (a+b) = \sin a \cos b + \sin b \cos a,$$
$$r \cos (a+b) = \cos a \cos b - \sin a \sin b.$$

Donc enfin les formules (9) et (10), et par conséquent les formules (11) et (12), ont lieu quels que soient les arcs a et b.

28. — Les formules des n°ˢ 23 et 26 ont été obtenues en laissant l'unité de longueur arbitraire. Si l'on avait pris pour unité le rayon du cercle, on aurait trouvé les formules suivantes:

(1)... $\sin^2 a + \cos^2 a = 1$;

(2)... $1 + tg^2 a = séc^2 a$;

(3)... $tg\, a = \dfrac{\sin a}{\cos a}$, ou $tg\, a \cos a = \sin a$;

(4)... $séc\, a = \dfrac{1}{\cos a}$, ou $séc\, a \cos a = 1$;

(5)... $1 + cot^2 a = coséc^2 a$;

(6)... $cot\, a = \dfrac{\cos a}{\sin a}$, ou $cot\, a \sin a = \cos a$;

(7)... $coséc\, a = \dfrac{1}{\sin a}$, ou $coséc\, a \sin a = 1$;

(8)... $tg\, a = \dfrac{1}{cot\, a}$, $cot\, a = \dfrac{1}{tg\, a}$,   ou $tg\, a \cot a = 1$;

(9)... $\sin (a+b) = \sin a \cos b + \sin b \cos a$;

(10)... $\sin (a-b) = \sin a \cos b - \sin b \cos a$;

(11)... $\cos (a+b) = \cos a \cos b - \sin a \sin b$;

(12)... $\cos (a-b) = \cos a \cos b + \sin a \sin b$.

Dans cette hypothèse, les nombres $\sin a$, $\sin b$, $tg\, a$,.... étant évidemment les rapports des lignes trigon. des arcs a et b au rayon du cercle, en remplaçant ces nombres par les rapports $\dfrac{\sin a}{r}$, $\dfrac{\sin b}{r}$,... on retrouvera les formules primitives.

Par exemple, en remplaçant dans (1), $\sin a$, $\cos a$ par $\dfrac{\sin a}{r}$, $\dfrac{\cos a}{r}$, cette formule devient

$$\frac{\sin^2 a}{r^2} + \frac{\cos^2 a}{r^2} = 1 \text{, d'où } \sin^2 a + \cos^2 a = r^2.$$

29. — *Formules servant à rendre monomes certaines expressions trigonométriques.*

1° En combinant par addition et soustraction les formules *fondamentales* (9) et (10), (11) et (12), on trouve :

$$(13)\dots\begin{cases}\sin(a+b)+\sin(a-b)=2\sin a\cos b\\ \sin(a+b)-\sin(a-b)=2\sin b\cos a\\ \cos(a-b)+\cos(a+b)=2\cos a\cos b\\ \cos(a-b)-\cos(a+b)=2\sin a\sin b.\end{cases}$$

Ces formules servent à transformer en une somme ou une différence, soit le produit d'un sinus par un cosinus, soit le produit de deux sinus ou de deux cosinus.

Si dans ces formules on fait $a+b=p$, $a-b=q$, d'où $a=\frac{1}{2}(p+q)$, $b=\frac{1}{2}(p-q)$, on aura :

$$(14)\dots\begin{cases}\sin p+\sin q=2\sin\frac{1}{2}(p+q)\cos\frac{1}{2}(p-q).\\ \sin p-\sin q=2\sin\frac{1}{2}(p-q)\cos\frac{1}{2}(p+q)\\ \cos q+\cos p=2\cos\frac{1}{2}(p+q)\cos\frac{1}{2}(p-q)\\ \cos q-\cos p=2\sin\frac{1}{2}(p+q)\sin\frac{1}{2}(p-q).\end{cases}$$

Ces quatre formules sont d'un usage fréquent, dans le calcul logarithmique, pour changer une somme ou une différence de sinus, ou cosinus, en un produit.

En divisant la première de ces formules successivement par chacune des trois suivantes, la 2ᵉ par les deux suivantes, la 3ᵉ par la 4ᵉ ; et faisant attention que pour un arc quelconque on a $\dfrac{\sin.}{\cos.}=\dfrac{\text{tg.}}{1}=\dfrac{1}{\cot.}$, on trouvera :

$$(15)\dots\begin{cases}\dfrac{\sin q+\sin q}{\sin p-\sin q}=\dfrac{\sin\frac{1}{2}(p+q)\cos\frac{1}{2}(p-q)}{\cos\frac{1}{2}(p+q)\sin\frac{1}{2}(p-q)}=\dfrac{\text{tg}\frac{1}{2}(p+q)}{\text{tg}\frac{1}{2}(p-q)}\\[2ex] \dfrac{\sin p+\sin q}{\cos p+\cos q}=\dfrac{\sin\frac{1}{2}(p+q)}{\cos\frac{1}{2}(p+q)}=\text{tg}\,\frac{1}{2}(p+q)\\[2ex] \dfrac{\sin p+\sin q}{\cos q-\cos p}=\cot\frac{1}{2}(p-q),\quad \dfrac{\sin p-\sin q}{\cos p+\cos q}=\text{tg}\frac{1}{2}(p-q)\\[2ex] \dfrac{\sin p-\sin q}{\cos q-\cos p}=\cot\frac{1}{2}(p+q),\quad \dfrac{\cos q+\cos p}{\cos q-\cos p}=\dfrac{\cot\frac{1}{2}(p+q)}{\text{tg}\,\frac{1}{2}(p-q)}.\end{cases}$$

La première de ces six formules peut s'énoncer ainsi : *La somme des sinus de deux arcs est à la différence des mêmes sinus, comme la tangente de la demi-somme de ces arcs est à la tangente de leur demi-différence.*

2° Si l'on pose $a = b = \frac{1}{2}(p+q)$ dans la formule (9), on aura

$$\sin(p+q) = 2 \sin \tfrac{1}{2}(p+q) \cos \tfrac{1}{2}(p+q).$$

Divisant cette formule par chacune des formules (14), il viendra

$$(16)\ldots \quad \frac{\sin(p+q)}{\sin p + \sin q} = \frac{\cos \frac{1}{2}(p+q)}{\cos \frac{1}{2}(p-q)}, \quad \frac{\sin(p+q)}{\sin p - \sin q} = \frac{\sin \frac{1}{2}(p+q)}{\sin \frac{1}{2}(p-q)} \ldots$$

3° Enfin, divisant chacune des formules fondamentales par $\cos a \cos b$, on obtiendra :

$$(17)\ldots \quad \begin{cases} \dfrac{\sin(a+b)}{\cos a \cos b} = \dfrac{\sin a}{\cos a} + \dfrac{\sin b}{\cos b} = \operatorname{tg} a + \operatorname{tg} b, \\[2ex] \dfrac{\sin(a-b)}{\cos a \cos b} = \operatorname{tg} a - \operatorname{tg} b, \quad \dfrac{\cos(a+b)}{\cos a \cos b} = 1 - \operatorname{tg} a \operatorname{tg} b, \ldots \end{cases}$$

Il existe douze autres formules analogues que l'on trouvera en divisant (9), (10), (11), (12) par $\sin a \sin b$, $\sin a \cos b$, $\cos a \sin b$.

30. — *Étant données les tangentes ou les cotangentes de deux arcs* a *et* b, *trouver les tangentes ou les cotangentes de la somme et de la différence de ces arcs.*

On a d'abord, à cause des formules (9) et (11),

$$\operatorname{tg}(a+b) = \frac{\sin(a+b)}{\cos(a+b)} = \frac{\sin a \cos b + \sin b \cos a}{\cos a \cos b - \sin a \sin b},$$

ou bien, en divisant le numérateur et le dénominateur du second membre par le produit $\cos a \cos b$,

$$\operatorname{tg}(a+b) = \frac{\dfrac{\sin a}{\cos a} + \dfrac{\sin b}{\cos b}}{1 - \dfrac{\sin a}{\sin b} \cdot \dfrac{\sin b}{\cos b}};$$

donc, en ayant égard à la formule (3) et changeant ensuite b en $-b$,

$$(18)\ldots\begin{cases}\operatorname{tg}(a+b)=\dfrac{\operatorname{tg}a+\operatorname{tg}b}{1-\operatorname{tg}a\operatorname{tg}b},\\[2mm]\operatorname{tg}(a-b)=\dfrac{\operatorname{tg}a-\operatorname{tg}b}{1+\operatorname{tg}a\operatorname{tg}b}.\end{cases}$$

On trouvera par un calcul semblable

$$(19)\ldots\begin{cases}\cot(a+b)=\dfrac{\cot a\cot b-1}{\cot a+\cot b},\\[2mm]\cot(a-b)=\dfrac{\cot a\cot b+1}{\cot a-\cot b}.\end{cases}$$

31. — *Lignes trigon. des multiples d'un arc, en fonction de celles de cet arc.*

1° Le sinus et le cosinus du double, du triple, etc. d'un arc dont on connaît le sinus et le cosinus, se déduisent des formules (9) et (11)

$$\sin(a+b)=\sin a\sin b+\sin b\cos a,$$
$$\cos(a+b)=\cos a\cos b-\sin a\sin b,$$

en y posant successivement $b=2a$, $3a$,....

Si l'on fait $b=a$, elles donnent, pour la *duplication* d'un arc,

$$(20)\ldots\begin{cases}\sin 2a=2\sin a\cos a,\\\cos 2a=\cos^2 a-\sin^2 a=1-2\sin^2 a=2\cos^2 a-1.\end{cases}$$

Si l'on fait $b=2a$, on aura d'abord

$$\sin 3a=\sin a\cos 2a+\sin 2a\cos a,$$
$$\cos 3a=\cos a\cos 2a-\sin a\cos 2a;$$

substituant ensuite dans celles-ci les valeurs de $\sin 2a$ et $\cos 2a$, et éliminant tour à tour $\cos^2 a$ et $\sin^2 a$ au moyen de l'équation $\sin^2 a+\cos^2 a=1$, il viendra

$$(21)\ldots\begin{cases}\sin 3a=3\sin a-4\sin^3 a,\\\cos 3a=4\cos^3 a-3\cos a.\end{cases}$$

Si l'on pose $b=3a$, $b=4a$, etc., on trouvera

$$(22)\ldots\begin{cases}\sin 4a=4\sin a\cos^3 a-4\cos a\sin^3 a,\\\cos 4a=\cos^4 a-6\cos^2 a\sin^2 a+\sin^4 a,\end{cases}$$

$$(23)\ldots\begin{cases}\sin 5a=5\sin a-20\sin^3 a+16\sin^5 a,\\\cos 5a=5\cos a-20\cos^3 a+16\cos^5 a.\end{cases}$$

2° Les tang. ou les cotang. des multiples d'un arc dont on

connaît la tang. ou la cotang., se déduisent des formules.(18) ou (19), en y faisant $b = 2a$, $b = 3a$, etc. En opérant comme dans le cas précédent, on trouvera

$$(24)\ldots\ \ \operatorname{tg}2a = \frac{2\operatorname{tg}a}{1 - \operatorname{tg}^2 a}\ ;\ \operatorname{tg}3a = \frac{3\operatorname{tg}a - \operatorname{tg}^2 a}{1 - 3\operatorname{tg}^2 a}\ ;\ldots$$

$$(25)\ldots\ \ \cot 2a = \frac{\cot^2 a - 1}{2\cot a}\ ;\ \cot 3a = \frac{1 - 3\cot^2 a}{3\cot a - \cot^3 a}\ ;\ldots$$

32. — *Lignes trigon. de la moitié d'un arc, en fonction d'une quelconque des lignes de cet arc.*

1° Les lignes trigon. de la moitié d'un arc, *en fonction du cosinus de cet arc*, se déduisent des deux équations :

$$(26)\ldots\ \begin{cases} \sin^2\tfrac{1}{2}A + \cos^2\tfrac{1}{2}A = 1, \\ \cos^2\tfrac{1}{2}A - \sin^2\tfrac{1}{2}A = \cos A, \end{cases}$$

que l'on obtient directement en posant $a = b = \tfrac{1}{2}A$ dans les formules fondamentales (1) et (11), n° 28.

Car, en prenant la différence et ensuite la somme de ces équations, on en tire

$$(27)\ldots\ \begin{cases} 2\sin^2\tfrac{1}{2}A = 1 - \cos A,\ \text{d'où}\ \sin\tfrac{1}{2}A = \sqrt{\dfrac{1 - \cos A}{2}}\ ; \\[2ex] 2\cos^2\tfrac{1}{2}A = 1 + \cos A,\ \text{d'où}\ \cos\tfrac{1}{2}A = \sqrt{\dfrac{1 + \cos A}{2}}. \end{cases}$$

Par conséquent, eu égard aux relations élémentaires (n° 28),

$$(28)\ldots\ \begin{cases} \operatorname{tg}\tfrac{1}{2}A = \sqrt{\dfrac{1 - \cos A}{1 + \cos A}},\ \cot\tfrac{1}{2}A = \sqrt{\dfrac{1 + \cos A}{1 - \cos A}}, \\[2ex] \sec\tfrac{1}{2}A = \sqrt{\dfrac{2}{1 + \cos A}},\ \operatorname{coséc}\tfrac{1}{2}A = \sqrt{\dfrac{2}{1 - \cos A}}. \end{cases}$$

Il faut bien observer que, dans chacune de ces six équations, le radical doit être pris seulement avec le signe $+$, ou avec le signe $-$, selon la valeur de l'arc donné A. Par exemple, si $A < \pi$, on a $\tfrac{1}{2}A < \tfrac{1}{2}\pi$; dans ce cas, les lignes trigon. de $\tfrac{1}{2}A$ étant toutes positives, on prendra chaque radical avec le signe $+$. Si $2\pi > A > \pi$, on a $\pi > \tfrac{1}{2}A > \tfrac{1}{2}\pi$; dans ce cas, les lignes de $\tfrac{1}{2}A$ étant toutes négatives, à l'exception du sinus et de la cosécante, on donnera au radical le signe $+$ dans les valeurs de $\sin\frac{1}{2}A$ et $\operatorname{coséc}\frac{1}{2}A$, le signe $-$ dans les valeurs des autres lignes.

Lorsqu'on donne $\cos A = a$, a étant un nombre compris entre $+1$ et -1, l'arc A est indéterminé (20); alors chaque inconnue doit avoir deux valeurs égales et de signes contraires, ce que l'on peut démontrer *à priori*, au moyen des expressions générales de tous les arcs qui ont même cosinus a (21).

2° Les lignes trigon. de la moitié d'un arc, *en fonction du sinus de cet arc*, se déduisent des deux équations :

$$(29)\ldots\ \begin{cases} \sin^2\frac{1}{2}A + \cos^2\frac{1}{2}A = 1, \\ 2\sin\frac{1}{2}A\cos\frac{1}{2}A = \sin A, \end{cases}$$

que l'on trouve en faisant $a = b = \frac{1}{2}A$ dans les formules (1) et (9), n° 28.

En effet, en combinant ces équations par addition et soustraction, on trouve

$$(\cos\tfrac{1}{2}A + \sin\tfrac{1}{2}A)^2 = 1 + \sin A,$$
$$(\cos\tfrac{1}{2}A - \sin\tfrac{1}{2}A)^2 = 1 - \sin A;$$

donc, en prenant la demi-différence et la demi-somme des racines carrées de ces résultats,

$$(30)\ldots\ \begin{cases} \sin\frac{1}{2}A = \frac{1}{2}\sqrt{1 + \sin A} - \frac{1}{2}\sqrt{1 - \sin A}, \\ \cos\frac{1}{2}A = \frac{1}{2}\sqrt{1 + \sin A} + \frac{1}{2}\sqrt{1 - \sin A}. \end{cases}$$

Au moyen de ces formules, on trouve les suivantes :

$$(31)\ldots\ \begin{cases} \operatorname{tg}\frac{1}{2}A = \dfrac{1 - \sqrt{1 - \sin^2 A}}{\sin A} = \dfrac{1 - \cos A}{\sin A} = \dfrac{\sin A}{1 + \cos A}; \\[2ex] \cot\frac{1}{2}A = \dfrac{1 + \sqrt{1 - \sin^2 A}}{\sin A} = \dfrac{1 + \cos A}{\sin A} = \dfrac{\sin A}{1 - \cos A}. \end{cases}$$

Lorsque l'arc A est connu, il est toujours facile de trouver le signe qu'il faut donner à chaque radical dans les valeurs de $\sin\frac{1}{2}A$ et $\cos\frac{1}{2}A$. Remarquons d'abord que les formules (30) se déduisent des formules (27), en remplaçant dans celles-ci $\cos A$ par sa valeur $\sqrt{1 - \sin^2 A}$, de sorte qu'on a

$$(32)\dots\begin{cases} \sin\tfrac{1}{2}A = \sqrt{\dfrac{1-\sqrt{1-\sin^2 A}}{2}} = \tfrac{1}{2}\sqrt{1+\sin A} - \tfrac{1}{2}\sqrt{1-\sin A}, \\[2ex] \cos\tfrac{1}{2}A = \sqrt{\dfrac{1+\sqrt{1-\sin^2 A}}{2}} = \tfrac{1}{2}\sqrt{1+\sin A} + \tfrac{1}{2}\sqrt{1-\sin A}. \end{cases}$$

Cela posé, si $A < \tfrac{1}{2}\pi$, $sin\tfrac{1}{2}A$, $cos\tfrac{1}{2}A$ et $\sqrt{1-sin^2A}$ ou $cosA$ seront positifs ; donc il faudra prendre les formules précédentes avec les signes qui y sont en évidence.

Si $\pi > A > \tfrac{1}{2}\pi$, $sin\tfrac{1}{2}A$ et $cos\tfrac{1}{2}A$ seront positifs, mais $\sqrt{1-sin^2A}$ sera négatif ; dans ce cas, on aura

$$\sin\tfrac{1}{2}A = \sqrt{\dfrac{1+\sqrt{1-\sin^2 A}}{2}} = \tfrac{1}{2}\sqrt{1+\sin A} + \tfrac{1}{2}\sqrt{1-\sin A},$$

$$\cos\tfrac{1}{2}A = \sqrt{\dfrac{1-\sqrt{1-\sin^2 A}}{2}} = \tfrac{1}{2}\sqrt{1+\sin A} - \tfrac{1}{2}\sqrt{1-\sin A}.$$

Si $\tfrac{3}{2}\pi > A > \pi$, $sin\tfrac{1}{2}A$ sera positif, mais $cos\tfrac{1}{2}A$ et $\sqrt{1-sin^2A}$ seront tous deux négatifs ; alors chaque radical sera positif dans la valeur de $sin\tfrac{1}{2}A$ et négatif dans celle de $cos\tfrac{1}{2}A$. — Pour d'autres suppositions, on trouvera avec la même facilité le signe qu'il convient de donner à chaque radical.

Lorsque l'arc A n'est connu que par la valeur de $sin A = a$, chaque radical doit être pris avec le double signe $\pm$; de sorte que $sin\tfrac{1}{2}A$ et $cos\tfrac{1}{2}A$ ont chacun quatre valeurs, ce que l'on peut aussi démontrer *à priori*.

3° Les lignes trigon. de la moitié d'un arc, *en fonction de la tang.* ou *de la cotang. de cet arc*, se déterminent au moyen des équations :

$$(33)\dots \frac{2\mathrm{tg}\tfrac{1}{2}A}{1-\mathrm{tg}^2\tfrac{1}{2}A} = \mathrm{tg}A, \qquad \frac{\cot^2\tfrac{1}{2}A - 1}{2\cot\tfrac{1}{2}A} = \cot A,$$

qui se déduisent des formules (18) et (19) en y faisant $a = b = \tfrac{1}{2}A$.

On tire de ces équations

$$(34)\dots \mathrm{tg}\tfrac{1}{2}A = \frac{1}{\mathrm{tg}A}(-1 \pm \sqrt{1+\mathrm{tg}^2A}), \quad \cot\tfrac{1}{2}A = \cot A \pm \sqrt{1+\cot^2A}.$$

Au moyen de ces valeurs, on pourrait calculer les autres lignes de $\frac{1}{2}$ A en fonction de tg A ou de cot A. — On peut remarquer que le produit des deux valeurs de $tg \frac{1}{2}$ A égale —1 ; donc si $tg \alpha$ est l'une de ces valeurs, l'autre valeur $tg \beta = -\dfrac{1}{tg \alpha} =$ —tg (90°—α). Donc $\alpha + \beta = 90°$.

33. — Si l'on fait $a = \frac{1}{3}$ A dans les formules (21), il vient

$$(34)\dots \begin{cases} \sin A = 3 \sin \frac{1}{3} A - 4 \sin^3 \frac{1}{3} A. \\ \cos A = 4 \cos^3 \frac{1}{3} A - 3 \cos \frac{1}{3} A. \end{cases}$$

Ces équations montrent que le problème de la *trisection* de l'angle, considéré analytiquement, est du troisième degré. En posant $a = \frac{1}{5}$ A dans les formules (23) on verra de même que le problème de la *quintisection* d'un angle est du 5° degré.

34. — *Valeurs numériques des sinus et cosinus de tous les dixièmes du quadrant.*

D'abord la corde de 36°, ou $2 \sin 18°$, étant le côté $2x$ du décagone régulier inscrit, on a $1 : 2x = 2x : 1 - 2x$; d'où l'on tire x ou $\qquad \sin 18° = \frac{1}{4}(-1 + \sqrt{5}) = \cos 72°$.

On déduit ensuite de la formule (1)

$$\cos 18° = \frac{1}{4}\sqrt{10 + 2\sqrt{5}} = \sin 72°.$$

Au moyen de ces valeurs, si l'on fait successivement A=18°, 72°, 54° dans les formules (30), on trouvera, après toutes les transformations,

$$\sin 9° = \frac{1}{8}(\sqrt{10} + \sqrt{2}) - \frac{1}{4}(\sqrt{5} - \sqrt{5}) = \cos 81°,$$

$$\cos 9° = \frac{1}{8}(\sqrt{10} + \sqrt{2}) + \frac{1}{4}(\sqrt{5} - \sqrt{5}) = \sin 81°;$$

$$\sin 27° = \frac{1}{4}\sqrt{5 + \sqrt{5}} - \frac{1}{8}(\sqrt{10} - \sqrt{2}) = \cos 63°,$$

$$\cos 27° = \frac{1}{4}\sqrt{5 + \sqrt{5}} + \frac{1}{8}(\sqrt{10} - \sqrt{2}) = \sin 63°.$$

En faisant $a = 18°$ dans les formules (20), on aura aussi

$$\sin 36° = \frac{1}{4}\sqrt{10 - 2\sqrt{5}} = \cos 54°,$$

$$\cos 36° = \frac{1}{4}(1 + \sqrt{5}) = \sin 54°.$$

On a d'ailleurs

$$\sin 45° = \frac{1}{2}\sqrt{2} = \cos 45°.$$

Ces valeurs donnent les sinus et les cosinus de tous les dixièmes du quadrant, et il est facile, par des extractions de racines carrées, de les calculer avec autant de décimales exactes qu'on voudra.

§ V. Construction des tables trigonométriques.

35. — Soit proposé de calculer les sinus et les cosinus de tous les arcs croissant de minute en minute, depuis 0 jusqu'à 45°.

Pour résoudre cette question, il faudra d'abord déterminer le sinus et le cosinus de l'arc d'une minute, avec une approximation suffisante.

Observons d'abord que tout arc moindre que 90° est plus petit que son sinus et plus grand que sa tangente (*fig.* 3). Car si l'on mène la corde AM, le triangle OAM étant moindre que le secteur OAM, et celui-ci étant aussi moindre que le triangle OAT, on aura

$$ \text{OA} \cdot \text{MP} < \text{OA} \cdot \text{arc AM} < \text{OA} \cdot \text{AT} \; ; \text{ donc MP} < \text{arc AM} < \text{AT}. $$

Maintenant, de $\tan{g}. \tfrac{1}{2}a > \tfrac{1}{2}a$ on déduit $2 \sin \tfrac{1}{2}a \cos \tfrac{1}{2}a > a \cos^2 \tfrac{1}{2}a$; d'où, à cause de $\sin a = 2 \sin \tfrac{1}{2}a \cos \tfrac{1}{2}a$ et de $\cos^2 \tfrac{1}{2}a = 1 - \sin^2 \tfrac{1}{2}a$, formules (29), $\sin a > a - a \sin^2 \tfrac{1}{2}a$; donc, à plus forte raison, $\sin a > a - \tfrac{1}{4}a^3$.

Cela posé, le rayon étant 1, la longueur de la demi-circ.

$$ \pi = 3,14159\ 26535\ 89793\ldots $$

La longueur de l'arc a d'une minute est donc

$$ a = \frac{\pi}{10800} = 0,00029\ 08882\ 08665\ldots\ ; $$

d'où $a < 0,0003$, et $\dfrac{a^3}{4} < 0,00000\ 00000\ 06750$.

Or $\sin 1' > a - \tfrac{1}{4}a^3$; donc

$$ \sin 1' > \left\{ \begin{array}{l} 0,00029\ 08882\ 08665\ldots \\ -\ 0,00000\ 00000\ 06750, \end{array} \right. $$

ou bien $\sin 1' > 0,00029\ 08882\ 01915\ldots$; donc

$$ \sin 1' = 0,00029\ 088820, $$

à moins d'une unité décimale du 11° ordre. Cette valeur étant substituée dans la formule (1), on aura aussi, avec le même degré d'approximation,

$$\cos 1' = 0,99999\ldots\ldots$$

Le sinus et le cosinus de l'arc d'une minute étant déterminés, pour obtenir les sinus et les cosinus de $2'$, $3'$, $4'$,… on posera $b = 1'$ dans la 1re et la 3e des formules (13), ce qui donnera

$$\sin(a + 1') = 2\cos 1' \sin a - \sin(a - 1'),$$
$$\cos(a + 1') = 2\cos 1' \cos a - \cos(a - 1');$$

en faisant successivement $a = 1'$, $2'$, $3'$,… on trouvera ainsi les valeurs des sinus et des cosinus de tous les arcs croissant de minute en minute, de 0 à $45°$. Ces calculs se vérifient de 9 en 9 degrés, par les valeurs trouvées pour les sinus et cosinus de tous les dixièmes du quadrant (34).

Il suffit de pousser ces calculs jusqu'aux sinus et cosinus de $45°$; car pour un arc $a > 45°$, on a $\sin a = \cos(90° - a)$ et $\cos a = \sin(90° - a)$. De plus, les sinus et les cosinus d'arcs $> 90°$ se ramènent à ceux d'arcs plus petits que $90°$ (19). Quant aux autres lignes trigonométriques, elles sont connues par les sinus et les cosinus (n° 28).

36. — Les lignes trigonométriques ainsi calculées se nomment *lignes trigonométriques naturelles ;* leurs valeurs sont des fractions décimales du rayon $r = 1$, pris pour unité. Si l'on prend une unité 10 billions de fois plus petite, ce qui revient à supposer le rayon $r = 10^{10}$, ces valeurs seront évidemment multipliées par 10^{10}, et auront des logarithmes positifs. Ce sont ces logarithmes que renferment les tables, et qu'on appelle *logarithmes des lignes tabulaires.*

Les tables ne contiennent pas les logarithmes des sécantes et des cosécantes, parce que ces lignes sont peu usitées, et que leurs logarithmes se déduisent facilement des formules

$$\sec a = \frac{r^2}{\cos a}, \operatorname{coséc} a = \frac{r^2}{\sin a}, \text{ qui donnent}$$

$$\log \sec a = 20 - \log \cos a \,, \log \operatorname{coséc} a = 20 - \log \sin a.$$

37. — La valeur trouvée pour $\sin 1'$ donne le moyen de calculer la longueur d'un arc exprimé en minutes. Soit, en effet, a' le nombre des minutes contenues dans un arc a de rayon 1 ; puisque $arc\ 1' = sin\ 1'$, avec une approximation suffisante, on a

$$a = a'.\ arc\ 1' = a'.\ sin\ 1'.$$

Si l'on représente par r' le nombre des minutes contenues dans l'arc égal au rayon, on aura : $1 = r'.\ arc\ 1'$ et, par suite, $arc\ 1' = \dfrac{1}{r'}$; donc, en substituant dans l'égalité précédente, on a aussi, $a' = ar'$.

Exercices trigonométriques.

1. Convertir $5° 36' 48''$ en grades.

2. Convertir $9^{gr}, 2035$ en degrés.

3. Exprimer chaque ligne trigon. de $998° 54'$ par une ligne d'un arc $< 45°$.

4. Dans les formules du n° 26, faire $a = 210°$, $b = 98°$. Vérifier ensuite les résultats obtenus, à l'aide d'une figure construite pour ce cas particulier.

5. Du théorème du n° 26, déduire la relation : $sin^2 a + cos^2 a = 1$.

Trouver les formules suivantes :

6. $cos\ a + sin\ a = \sqrt{2}.\ sin\ (45° + a) = \sqrt{2}\ cos\ (45° - a),$
$cos\ a - sin\ a = \sqrt{2}.\ sin\ (45° - a) = \sqrt{2}\ cos\ (45° + a),$
$cos^2 a - sin^2 a = 2\ sin\ (45° + a)\ sin\ (45° - a) = \dots$
$\dfrac{cos\ a + sin\ a}{cos\ a - sin\ a} = tg\ (45° + a) = cot\ (45° - a) ;$

7. $1 + sin\ a = 2\ sin^2\ (45° + \tfrac{1}{2} a) = \dots$
$1 - sin\ a = 2\ sin^2\ (45° - \tfrac{1}{2} a) = \dots$
$cos\ a = 2\ sin\ (45° + \tfrac{1}{2} a)\ cos\ (45° + \tfrac{1}{2} a) = \dots$
$\dfrac{1 + sin\ a}{1 - sin\ a} = tg^2\ (45° + \tfrac{1}{2} a) = \dots ;$

8. $sin\ (a + b)\ sin\ (a - b) = sin^2 a - sin^2 b = cos^2 b - cos^2 a.$
$cos\ (a + b)\ cos\ (a - b) = cos^2 a - sin^2 b = cos^2 b - sin^2 a ;$

9. $tg^2 a - tg^2 b = \dfrac{sin\ (a + b)\ sin\ (a - b)}{cos^2 a\ cos^2 b},$
$cot^2 a - tg^2 b = \dfrac{cos\ (a + b)\ cos\ (a - b)}{sin^2 a\ sin^2 b},$

10. $\dfrac{1 + tg\ a}{1 + tg\ a} = tg\ (45° + a) = \dots$

11. $\dfrac{1}{\cos a} = 1 + \operatorname{tg} a \operatorname{tg} \tfrac{1}{2} a = \sec a.$

---

12. La différence entre les logarithmes des tangentes de deux arcs est égale à celle des logarithmes des cotangentes des mêmes arcs, prise avec le signe contraire. Il en est de même pour les logarithmes des sinus et des cosécantes, des cosinus et des sécantes.

13. Trouver le logarithme de chaque ligne trigon. d'un arc donné.

14. Connaissant le logarithme d'une ligne trigon. d'un arc inconnu, trouver cet arc.

15. $a = 89° \; 37' \; 8''$, $b = 46° \; 25' \; 36''$; calculer log sin $\tfrac{1}{2} (a+b)$ et log cot $\tfrac{1}{2} (a-b)$.

16. Calculer les angles a et b au moyen des équations : log cos $\tfrac{1}{2} (a+b) = 9,7169348$ et log tg $\tfrac{1}{2} (a-b) = 9,6992807$.

17. De combien de manières peut-on appliquer les tables à une formule donnée, dans laquelle les lignes trigon. sont rapportées au rayon 1 ?

18. Le rayon étant 1, calculer x dans chacune des équations :

$$\sin x = \pm \tfrac{3}{5}\sqrt{2}\,;\; \operatorname{tg} x = \pm 31\sqrt[3]{3}\,;\; \cos x = \pm 16\sqrt{0,1}\,;\; \cot x = \pm 27,8\sqrt[3]{0,01}$$

19. Connaissant log $a = 3,2560847$ et log $b = 1,9763815$, calculer log $(a+b)$ et log $(a-b)$, sans déterminer a et b.

1° $a+b = a\left(1+\dfrac{b}{a}\right)$. Soit φ un arc auxiliaire, tel que $\operatorname{tg}^2\varphi = \dfrac{b}{a}$, d'où 2 log tg $\varphi = $ log $b -$ log a ; on aura · $a+b = a\,(1+\operatorname{tg}^2\varphi) = \dfrac{a}{\cos^2\varphi}$, etc. ($\varphi$ est plus grand que 90°).

2° $a-b = a\left(1-\dfrac{b}{a}\right)$. Soit φ un arc, tel que $\sin^2\varphi = \dfrac{b}{a}$; on aura : $a-b = a\cos^2\varphi$, etc.

20. Connaissant log a et log b, trouver log $\dfrac{a+b}{a-b}$, sans déterminer préalablement les nombres a et b.

On a $\dfrac{a-b}{a+b} = \dfrac{1-\dfrac{b}{a}}{1+\dfrac{b}{a}} = \dfrac{1-\operatorname{tg}\varphi}{1+\operatorname{tg}\varphi}$, en posant tg $\varphi = \dfrac{b}{a}$; mais, formules (18),

puisque tg $45° = 1$, on a tg $(45° - \varphi) = \dfrac{1-\operatorname{tg}\varphi}{1+\operatorname{tg}\varphi}$; donc, etc.

21. Construire sur un plan l'angle $a = 56° \; 49'$.

22. *Résoudre l'équation :* $a \sin^2 x + b \cos^2 x = c$ — En remplaçant $\cos^2 x$ par $1 - \sin^2 x$, on trouve $\sin x = \pm \sqrt{\dfrac{c-b}{a-b}}$. Sin x sera réel, si $a > c > b$.

Pour $a = 5$, $b = 4$, $b = 3$, on aura $x = 45°$, $3.45°$, 5.45, $7.44°$, et une infinité d'autres valeurs (n° 20).

23. *Résoudre l'éq. :* $m \sin (a - x) = \sin x$. — Si l'on développe $\sin (a - x)$ et que l'on divise ensuite l'éq. résultante par $\cos x$, on trouvera

$$\operatorname{tg} x = \frac{m \sin a}{1 + m \cos a} = m \sin a \cos^2 \varphi,$$

en posant $\operatorname{tg}^2 \varphi = m \cos a$, pour rendre la formule calculable par logarithmes.

De l'équation donnée, mise sous la forme $\dfrac{m}{1} = \dfrac{\sin x}{\sin (a - x)}$, on déduit, en ayant égard à la première des formules (15),

$$\frac{m - 1}{m + 1} = \frac{\sin x - \sin (a - x)}{\sin x + \sin (a - x)} = \frac{\operatorname{tg}(x - \tfrac{1}{2}a)}{\operatorname{tg}\tfrac{1}{2}a} ;$$

$$\operatorname{tg}(x - \tfrac{1}{2}a) = \frac{m - 1}{m + 1} \operatorname{tg}\tfrac{1}{2}a.$$

Calculer x pour $a = 38° 25'$ et $m = 9,8736$.

24. *Résoudre l'équation :* $a \sin x + b \cos x = c$. — Divisant cette éq. par a, et posant ensuite $\dfrac{b}{a} = \operatorname{tg}\varphi = \dfrac{\sin \varphi}{\cos \varphi}$, il vient, formule (9).

$$\sin x + \frac{\sin \varphi}{\cos \varphi}\cos x = \frac{c}{a} ; \text{ d'où } \sin (x + \varphi) = \frac{c \cos \varphi}{a}.$$

25. *Résoudre l'équation :* $a \operatorname{tg} x + b \cot x = c$. — En remplaçant $\cot x$ par $\dfrac{1}{\operatorname{tg} x}$, on obtiendra facilement

$$\operatorname{tg} x = \frac{c}{2a}\left(1 \pm \sqrt{1 - \frac{4ab}{c^2}}\right).$$

Pour rendre cette expression calculable par logarithmes, observons que la réalité de $\operatorname{tg} x$ exige que $\dfrac{4ab}{c^2} < 1$ et que, par conséquent, on peut poser $\sin^2 \varphi = \dfrac{4ab}{c^2}$, ce qui détermine l'angle φ ; d'où, substituant et faisant attention que d'après les formules (27) $1 + \cos \varphi = 2 \cos^2 \tfrac{1}{2}\varphi$, $1 - \cos \varphi = 2 \sin^2 \tfrac{1}{2}\varphi$,

$$\operatorname{tg} x = \frac{c}{2a}(1 + \cos \varphi) = \frac{c \cos^2 \tfrac{1}{2}\varphi}{a} ,$$

$$\operatorname{tg} x = \frac{c}{2a}(1 - \cos \varphi) = \frac{c \sin^2 \tfrac{1}{2}\varphi}{a} ,$$

Calculer x pour $a = 30,237$, $b = 54,939$, $c = 50,28$.

26. *Résoudre l'équation :* $a \cos^2 x + b \sin^2 x = c \sin x \cos x$. — Par les formules (20), on a : $2 \sin x \cos x = \sin 2x$, $2 \cos^2 x = 1 + \cos 2x$, $2 \sin^2 x = 1 - \cos 2x$; ces valeurs transforment l'éq. donnée dans la suivante

$$c \sin 2x + (b - a) \cos 2x = a + b,$$

qu'on résoudra comme l'équation (23), ci-dessus.

27. *Résoudre l'équation :* $\sin x \sin (x + a) = m \cos^2 x$. Développant et divisant par $\cos^2 x$, il vient $\cos a \, \mathrm{tg}^2 x + \sin a \, \mathrm{tg}\, x = m$; d'où

$$\mathrm{tg}\, x = \tfrac{1}{2} \mathrm{tg}\, a \left(-1 \pm \sqrt{1 + \frac{4m}{\cos a \, \mathrm{tg}^2 a}} \right).$$

Soit φ un arc auxiliaire tel qu'on ait $\mathrm{tg}^2 \varphi = \dfrac{4m}{\cos a \, \mathrm{tg}^2 a}$; On aura :

$$\mathrm{tg}\, x = \tfrac{1}{2} \mathrm{tg}\, a \, (-1 + \mathrm{s\acute{e}c}\, \varphi) = \frac{\mathrm{tg}\, a \, \sin^2 \tfrac{1}{2} \varphi}{\cos \varphi},$$

$$\mathrm{tg}\, x = \tfrac{1}{2} \mathrm{tg}\, a \, (-1 - \mathrm{s\acute{e}c}\, \varphi) = -\frac{\mathrm{tg}\, a \, \cos^2 \tfrac{1}{2} \varphi}{\cos \varphi}.$$

Il est à remarquer que la seconde valeur de x est > 90 ; de sorte que $x = \pi - x'$, x' désignant l'angle que fournit le calcul.

Calculer les valeurs de x pour $a = 65^\circ 47'$, $m = 7,4097$.

Résoudre les équations suivantes et transformer, s'il y a lieu, les résultats obtenus en expressions calculables par logarithmes :

28. $\sin x - \cos x = 0$; $\sin x - n \cos x = 0$.

29. $\sin^2 x + n \cos x = 0$; $\sin^2 x + n \cos^2 x = 0$.

30. $\cos 2x - 3 \sin x = 0$; $\mathrm{tg}\, 2x - \cot x = 0$.

31. $\sin x + n \sin (x - a) = m$.

32. $\sin 2x - \cos^2 x = \cos x$.

33. $\sin x + b \, \mathrm{tg}\, a = c$.

34. $\dfrac{1}{\sin x} + \dfrac{1}{\cos x} = a$.

35. $\sin^2 x - m \cos x \cos (a + x) = 0$.

LIVRE II.

TRIGONOMÉTRIE RECTILIGNE.

———

38. — La *trigonométrie rectiligne* a pour objet de résoudre par le calcul les triangles rectilignes, c'est-à-dire de calculer toutes leurs parties inconnues, lorsqu'on a un nombre de données suffisant.

Cette résolution numérique devient possible par le moyen des relations qui existent entre les nombres qui expriment les mesures des côtés et des lignes trigonométriques des angles d'un triangle rectiligne. Dans ces relations, les lettres A, B, C représentent toujours les nombres de degrés contenus dans les arcs qui mesurent les trois angles du triangle, et les lettres a, b, c désignent les mesures des côtés respectivement opposés, rapportés à l'unité de longueur. De plus, si le triangle est rectangle, A désigne l'angle droit et a l'hypoténuse.

§ I. Relations entre les côtés et les lignes trigon. des angles d'un triangle rectiligne.

THÉORÈME I.

39. — *Dans un triangle rectangle, le rayon des tables est au sinus (ou au cosinus) d'un des angles aigus comme l'hypoténuse est au côté opposé (ou adjacent) à cet angle (fig 4).*

Soit le tr. ABC, rectangle en A. Du centre B avec un rayon arbitraire $BD = r$, le rayon des tables, je décris l'arc DE, qui

sera la mesure de l'angle B, et qui aura pour sinus la perpend.
DF sur AB et pour cosinus la droite BF. Les triangles rectangles BDF , BCA, qui ont l'angle B commun, sont semblables
et donnent les proportions :

$$BD : DF = BC : CA , BD : BF = BC : BA ;$$

donc (1)... $r : \sin B = a : b , r : \cos B = a : c.$

Remarques. I. Lorsqu'on suppose le rayon $r = 1$, puisque $\sin B = \cos C$ et $\cos B = \sin C$, on déduit de ces proportions

$$b = a \sin B = a \cos C , c = a \cos B = a \sin C.$$

Donc *chaque côté de l'angle droit est égal à l'hypoténuse multipliée par le sinus de l'angle opposé ou par le cosinus de l'angle
adjacent à ce côté.*

II. La distance des pieds des perpend. abaissées des extrémités d'une droite sur une droite fixe ou *axe* s'appelle *la projection de cette droite sur l'axe.* — On démontre facilement
que *la projection d'une droite sur un axe est égale à cette droite
multipliée par le cosinus de l'angle qu'elle fait avec l'axe.* —
La droite et l'axe peuvent ne pas être dans un même plan.

THÉORÈME II.

40. — *Dans tout triangle rectangle, le rayon des tables est
à la tangente* (ou à la contangente) *d'un des angles aigus, comme
le côté adjacent* (ou opposé) *à cet angle est au côté opposé* (ou
adjacent) (*fig.* 5).

Soit ABC le triangle proposé, rectangle en A. Du centre B
avec le rayon trigonométrique $BD = r$, je décris le quadrant
DEG, et je mène les tangentes en D et en G, ce qui donnera
$DF = \operatorname{tg} B , GH = \cot B$. Les triangles semblables BDF et BCA,
BGH et BCA donnent

$$BD : DF = AB : AC , BG : GH = AC : AB ;$$

donc (2)... $r : \operatorname{tg} B = c : b , r : \cot B = b : c.$

Remarque. En supposant $r = 1$, comme $\operatorname{tg} B = \cot C$ et
$\cot B = \operatorname{tg} C$, on aura :

$$b = c \operatorname{tg} B = c \cot C, \; - c = b \cot B = b \operatorname{tg} C.$$

Donc *chaque côté de l'angle droit est égal à l'autre côté multiplié par la tang. de l'angle opposé ou par la cotang. de l'angle adjacent au premier côté.*

On obtient les proportions (2) en divisant l'une par l'autre les proportions (1) et observant que $\dfrac{\sin B}{\cos B} = \dfrac{\operatorname{tg} B}{r} = \dfrac{r}{\cot B}$.

THÉORÈME III.

41. — *Dans tout triangle rectiligne, les sinus des angles sont proportionnels aux côtés opposés à ces angles ; c'est-à-dire qu'on a la double proportion*

$$(3)\ldots\ \sin A : a = \sin B : b = \sin C : c.$$

Soit ABC un triangle rectiligne quelconque. Du sommet C, je mène la hauteur CD. Il pourra arriver deux cas :

1° Si les angles A et B sont tous deux aigus, les triangles rectangles ADC, BDC (*fig.* 6) donneront, d'après le théorème I,

$$r : \sin A = b : CD , \quad r : \sin B = a : CD.$$

Ces deux proportions ayant les mêmes extrêmes, on a $b \sin A = a \sin B$; donc

$$\sin A : a = \sin B : b.$$

2° Si l'un des deux angles A et B est obtus, l'angle A par exemple, les triangles ADC, BDC (*fig.* 7) donneront encore

$$r : \sin CAD = b : CD , \quad r : \sin B = a : CD ;$$

d'où résulte *sin* CAD : $a = sin$ B : b. Mais l'angle CAD étant le supplément de BAC ou A, on a (15) *sin* CAD $= sin$ A ; donc, comme dans le premier cas,

$$\sin A : a = \sin B : b.$$

THÉORÈME IV.

42. — *Dans tout triangle rectiligne, la somme de deux côtés est à leur différence, comme la tangente de la demi-somme des angles opposés à ces côtés est à la tangente de la demi-différence de ces mêmes angles; c'est-à-dire qu'on a*

$$(4)\ldots\begin{cases} a+b : a-b = \mathrm{tg}\,\tfrac{1}{2}(A+B) : \mathrm{tg}\,\tfrac{1}{2}(A-B); \\ a+c : a-c = \mathrm{tg}\,\tfrac{1}{2}(A+C) : \mathrm{tg}\,\tfrac{1}{2}(A-C), \\ b+c : b-c = \mathrm{tg}\,\tfrac{1}{2}(B+C) : \mathrm{tg}\,\tfrac{1}{2}(B-C). \end{cases}$$

Soit ABC le triangle proposé (*fig.* 8). Si du centre C et du rayon $CA=b$, on décrit la demi-circ. DAE, et que l'on mène BH parallèle à la corde AD, on aura :

$$BE = BC + CA = a + b\ ,\ BD = BC - CA = a - b.$$

De plus, comme l'angle ACE est à la fois extérieur au triangle isocèle CAD et au triangle donné CAB, on a $ACE = 2\,.\,ADC = A+B$; donc, à cause des parallèles,

$$HBE = ADC = \tfrac{1}{2}(A+B),\ HBA = HBE - B = \tfrac{1}{2}(A-B).$$

Cela posé, l'angle DAE étant droit, comme inscrit dans un demi-cercle, son correspondant BHE est aussi droit ; par conséquent, si l'on prend BH pour le rayon des tables, HE et HA seront les tangentes respectives des angles HBE et HBA. Mais AD parallèle à BH donne

$$BE : BD = HE : HA = \mathrm{tg}\,HBE : \mathrm{tg}\,HBA\ ;$$

donc, en substituant aux lignes et aux angles leurs valeurs trouvées, $a+b : a-b = \mathrm{tg}\,\tfrac{1}{2}(A+B) : \mathrm{tg}\,\tfrac{1}{2}(A-B).$

43. — **Remarque.** *Le cosinus de la demi-différence de deux angles d'un triangle est à la somme des deux côtés opposés à ces angles, comme le sinus de la moitié du troisième angle est au côté opposé à cet angle* (*fig.* 8).

Car, en faisant la même construction que dans le n° précédent, on aura, dans le tr. ABE,

$$\sin BAE : a+b = \sin E : c.$$

Or, l'angle $E = \tfrac{1}{2}C = 90° - \tfrac{1}{2}(A+B)$ et l'angle $BAE = A + \tfrac{1}{2}C = 90° + \tfrac{1}{2}(A-B)$; donc

$$(5)\ldots\ \cos\tfrac{1}{2}(A-B) : a+b = \sin\tfrac{1}{2}C : c.$$

On démontre de même que

$$\sin\tfrac{1}{2}(A-B) : a-b = \cos\tfrac{1}{2}C : c.$$

En combinant ces deux proportions par division, on en conclut le théorème précédent.

THÉORÈME V.

44. — *Dans tout triangle rectiligne, le carré du rayon est au sinus carré de la moitié d'un angle, comme le produit des côtés qui comprennent cet angle est au produit des excès du demi-périmètre sur chacun de ces mêmes côtés; c'est-à-dire qu'on a :*

$$(6)\dots\begin{cases} r^2 : \sin^2\tfrac{1}{2}A = bc : (p-b)(p-c), \\ r^2 : \sin^2\tfrac{1}{2}B = ac : (p-a)(p-c), \\ r^2 : \sin^2\tfrac{1}{2}C = ab : (p-a)\,p-b). \end{cases}$$

Soit ABC (*fig.* 9) le triangle proposé. Si des centres B , C avec les rayons respectifs $BA = c$, $CA = b$, on décrit les demi-circ. DAD′ , EAE′, et que l'on désigne par p le demi-périmètre du triangle, on aura :

$$DE = BC + AC + AB = a + b + c = 2\,p,$$
$$D'E = BD' + CE' - BC = b + c - a = 2\,(p-a),$$
$$DE' = DE - EE' = 2\,p - 2\,b = 2\,(p-b),$$
$$D'E = DE - DD' = 2\,p - 2\,c = 2\,(p-c).$$

De plus, joignant le sommet A à chacun des points D , D′ , E , E′, on aura aussi l'angle $D = BAD = \tfrac{1}{2}B$, parce que l'angle ABC ou B est extérieur au triangle isocèle ABD ; l'angle $E = CAE = \tfrac{1}{2}C$, par une semblable raison ; l'angle $DAE = A + \tfrac{1}{2}B + \tfrac{1}{2}C = 90° + \tfrac{1}{2}A$, eu égard à la relation $\tfrac{1}{2}(B+C) = 90° - \tfrac{1}{2}A$; l'angle $DAE' = D'AE = DAE - 90° = \tfrac{1}{2}A$, puisque les angles DAD′ , EAE′, inscrits dans des demi-cercles, sont droits ; l'angle $D'AE' = DAD' - DAE' = 90° - \tfrac{1}{2}A$; enfin, l'angle $AE'D' = 90° - \tfrac{1}{2}C$.

Cela posé, les triangles DAD′ , EAE′, rectangles en A, donnent (39)

$$r : \sin D = DD' : AD' , r : \sin E = EE' : AE' ;$$

d'où, par la multiplication,

$$r^2 : \sin D \,.\, \sin E = DD' \,.\, EE' : AD' \,.\, AE'.$$

Les triangles ADE′ , AD′E donnent aussi (41)

$$\sin DAE' : \sin D = DE' : AE', \sin D'AE : \sin E = D'E : AD' ;$$

d'où $\sin DAE' \,.\, \sin D'AE : \sin D \,.\, \sin E = DE' \,.\, D'E : AD' \,.\, AE' ;$

donc, à cause de l'égalité des conséquents dans ces deux proportions,

$$r^2 : \sin DAE' . \sin D'AE = DD' . EE' : DE' . D'E.$$

Donc, en remplaçant les angles et les lignes par leurs valeurs, on aura

$$r^2 : \sin^2\tfrac{1}{2}A = bc : (p-b)(p-c).$$

45. — **Remarque.** Au moyen des triangles rectangles ADD', AEE', et des triangles ADE, AD'E', on trouve d'une manière semblable

$$(7)\ldots\quad r^2 : \cos^2\tfrac{1}{2}A = bc : p(p-a),$$

proportion facile à énoncer. On déduit aussi de ce qui précède,

$$(8)\ldots\quad r^2 : \operatorname{tg}^2\tfrac{1}{2}A = p(p-a) : (p-b)(p-c).$$

Chacune de ces deux proportions donne lieu, par la permutation des lettres, à deux autres proportions.

Ces cinq théorèmes suffisent pour résoudre tous les problèmes généraux de la trigonométrie rectiligne. Les élèves qui voudront se borner à ce qui concerne la résolution de ces problèmes, peuvent passer dès à présent au n° 49. Plus tard, après avoir bien approfondi le livre I, et spécialement avant d'aborder la trigonométrique sphérique, il leur sera fort utile de revenir sur la proposition suivante, qui renferme tous les principes relatifs aux triangles rectilignes, notamment celui du n° 44.

THÉORÈME VI.

46. — *Dans tout triangle rectiligne, le carré d'un côté est égal à la somme des carrés des deux autres côtés, moins le double produit de ces mêmes côtés multiplié par le cosinus de l'angle qu'ils comprennent ; c'est-à-dire qu'on a :*

$$(9)\ldots\quad \begin{cases} a^2 = b^2 + c^2 - 2bc\cos A, \\ b^2 = a^2 + c^2 - 2ac\cos B, \\ c^2 = a^2 + b^2 - 2ab\cos C. \end{cases}$$

Soit ABC le triangle proposé, et soit menée du sommet C la perpend. CD sur le côté AB. Il pourra arriver deux cas :

1° Si l'angle A est aigu (*fig* 6), on a, par un théorème de géométrie, $\qquad a^2 = b^2 + c^2 - 2c . AD.$

Mais dans le triangle rectangle ADC, on a (39), en supposànt $r=1$,

$$1 : \cos A = b : AD = b \cos A ;$$

donc, en substituant la valeur de AD,

$$a^2 = b^2 + c^2 - 2 bc \cos A.$$

2° Si l'angle A est obtus (*fig. 7*), on a d'abord

$$a^2 = b^2 + c^2 + 2 c . AD.$$

Mais le triangle rectangle ADC donne

$$1 : \cos CAD = b : AD = b \cos CAD = -b \cos A,$$

en observant que, l'angle CAD étant le supplément de BAC ou A, on a (15) $\cos CAD = -\cos A$; donc, en substituant la valeur de AD, on a encore

$$a^2 = b^2 + c^2 - 2 bc \cos A.$$

Corollaires. I. Si entre les deux équations

$$\sin^2 A + \cos^2 A = 1, \quad a^2 = b^2 + c^2 - 2 bc \cos A,$$

on élimine $\cos A$, on trouve le rapport

$$\frac{\sin A}{a} = \frac{2}{abc} \sqrt{(2a^2 b^2 + 2a^2 c^2 + 2b^2 c^2 - a^4 - b^4 - c^4)}.$$

On obtient le même second membre pour les rapports $\dfrac{\sin B}{b}$, $\dfrac{\sin C}{c}$ déduits des deux autres équations (9) ; donc, en appelant T le radical, on a

$$\frac{\sin A}{a} = \frac{\sin B}{b} = \frac{\sin C}{c} = \frac{2T}{abc},$$

ce qui est le théorème III.

II. D'après ce corollaire, on a la proportion $a : \sin A = b : \sin B$, de laquelle on déduit, en se rappelant que la somme des antécédents, etc.

$$\frac{a+b}{a-b} = \frac{\sin A + \sin B}{\sin A - \sin B}.$$

Mais on a, formules (15) du n° 29,

$$\frac{\sin A + \sin B}{\sin A - \sin B} = \frac{\mathrm{tg}\,\frac{1}{2}(A+B)}{\mathrm{tg}\,\frac{1}{2}(A-B)}$$

donc, à cause du rapport commun, on a

$$\frac{a+b}{a-b} = \frac{\operatorname{tg}\frac{1}{2}(A+B)}{\operatorname{tg}\frac{1}{2}(A-B)},$$

ce qui démontre le th. IV.

III. Reprenons la première des équations (9)

$$a^2 = b^2 + c^2 - 2\,bc\cos A.$$

En y mettant la valeur $\cos A = 1 - 2\sin^2\frac{1}{2}A$ et $\cos A = 2\cos^2\frac{1}{2}A - 1$, on trouve

$$(10)\dots \begin{cases} 4\,bc\sin^2\frac{1}{2}A = a^2 - (b-c)^2 = (a+b-c)(a-b+c), \\ 4\,bc\cos^2\frac{1}{2}A = (b+c)^2 - a^2 = (a+b+c)(b+c-a). \end{cases}$$

Donc, en posant $a+b+c = 2\,p$, il vient

$$\sin^2\tfrac{1}{2}A = \frac{(p-b)(p-c)}{bc}, \quad \cos^2\tfrac{1}{2}A = \frac{p(p-a)}{bc},$$

et par suite

$$\operatorname{tg}^2\tfrac{1}{2}A = \frac{(p-b)(p-c)}{p(p-a)};$$

ce qui démontre le th. V.

IV. En divisant par abc la racine carrée du produit des éq. (10), on a

$$(11)\dots \frac{\sin A}{a} = \frac{2}{abc}\sqrt{p(p-a)(p-b)(p-c)} = \frac{2T}{abc}.$$

V. Enfin, si l'on fait $A = B + C = 90°$ dans les formules (9), il vient

$$a^2 = b^2 + c^2, \quad b = a\cos C = a\sin B, \quad c = a\cos B = a\sin C.$$

On retrouve ainsi les relations qui ont lieu dans le triangle rectangle. Il devait en être ainsi, puisque la démonstration précédente est fondée sur les propriétés du triangle rectangle.

47. — Aire du triangle. Soit CD la hauteur correspondante à la base AB ou c (*fig.* 6). On aura, pour le double de l'aire du triangle ABC, $2\,T = c\cdot\text{CD}$; mais dans le triangle rectangle ADC, on a $\text{CD} = b\sin A$; donc

$$(12)\dots 2T = bc\sin A = \frac{c^2\sin A\sin B}{\sin(A+B)}.$$

La seconde valeur résulte de la première en mettant dans celle-ci à la place de b sa valeur déduite de la proportion $b : \sin B = c : \sin(A+B)$.

Des relations (11) on tire aussi

$$(13)\ldots\quad 2\,T = bc\,\sin A = 2\sqrt{p\,(p-a)\,(p-b)\,(p-c)},$$

expression que nous avons déjà trouvée par une autre voie (G. 152).

48. — Aire du polygone. Si, en faisant le tour d'un polygone quelconque, les côtés et les angles se présentent dans l'ordre suivant : a, A, b, B, c, C,... le double de l'aire de ce polygone sera exprimé par

$$(14)\ldots\quad 2\,P = \begin{cases} ab\sin A + ac\sin(A+B) + ad\sin(A+B+C) - \ldots \\ bc\sin B - bd\sin(B+C) + bc\sin(B+C+D) - \ldots \\ cd\sin C - ce\sin(C+D) + \ldots\ldots \end{cases}$$

Cette formule est indépendante du dernier côté et des deux angles qui lui sont adjacents ; elle contient ainsi $2\,n - 3$ éléments du polygone.

Soit ABCDEF un polygone quelconque (*fig.* 10). Le côté AB étant prolongé de part et d'autre, menons par chacun des autres sommets une perpend. et une parallèle à AB, comme l'indique la figure. Le polygone proposé sera égal à la somme des trapèzes CDC′D′, DED′E′, EFE′F′, moins la somme des triangles BCC′, AFF′. Mais on a (39, R) $CC' = c\sin\beta$, $BC' = c\cos\beta$, $DC'' = d\sin\gamma$, $CC'' = d\cos\gamma$, $ED'' = e\sin\delta$, $DD'' = e\cos\delta$,... ; donc, eu égard à l'égalité des parallèles comprises entre parallèles, on aura

$$2\,P = \begin{cases} (2c\sin\beta + d\sin\gamma)\,d\cos\gamma \\ + (2c\sin\beta + 2d\sin\gamma + e\sin\delta)\,e\cos\delta \\ + (c\sin\beta + \delta\sin\gamma + e\sin\delta + a\sin\alpha)\,(b + c\cos\beta + \\ a\cos\alpha - d\cos\gamma - e\cos\delta) \\ - e^2\sin\beta\cos\beta - a^2\cos\alpha\sin\alpha. \end{cases}$$

Développant les calculs et réduisant, on trouvera

$$2\,P = \begin{cases} ab\sin\alpha + ac\sin(\alpha+\beta) - ad\sin(\alpha-\gamma) - ae\sin(\alpha-\delta) \\ + bc\sin\beta + bd\sin\gamma + be\sin\delta \\ + cd\sin(\beta+\gamma) + ce\sin(\beta+\delta) \\ + de\sin(\gamma-\delta). \end{cases}$$

D'après la construction, $\alpha = \pi - A$, $\beta = \pi - B$, $\gamma = C - \beta = B + C - \pi$, $\delta = D - (\pi - \gamma) = B + C + D - 2\pi$; donc, enfin

$$2P = \begin{cases} ab \sin A - ac \sin (A+B) + ad \sin (A+B+C) - ae \sin (A+B+C+D) \\ + bc \sin B - bd \sin (B+C) + be \sin (B+C+D) \\ + cd \sin C - ce \sin (C+D) \\ + de \sin D. \end{cases}$$

Ce résultat est précisément celui que donne la formule générale (44) appliquée à un hexagone. Ce théorème, dû à M. Lhuillier, peut servir à évaluer l'aire d'un bois, ou d'un terrain dans lequel on ne peut pas entrer.

§ II. Résolution du triangle rectangle.

49. — Puisque les proportions des n°s 39 et 40 ne renferment chacune que trois des cinq éléments a, b, c, B, C du triangle rectangle, on conclut que, *étant données deux de ces cinq quantités, on pourra*, par le moyen de ces proportions, *déterminer les trois autres* ; le cas où les deux données seraient les angles B et C, fait exception, car l'un de ces angles est toujours connu au moyen de l'autre. La résolution de ce problème général comprend les quatre cas suivants :

PREMIER CAS.

50. — *Etant donnés l'hypoténuse* a *et un côté* b *de l'angle droit, trouver les trois autres parties* c, B, C.

Le côté c se déduit de l'équation $a^2 = b^2 + c^2$, qui donne
$$c^2 = a^2 - b^2 = (a+b)(a-b).$$
Les angles B, C sont donnés par les proportions (39)
$$r : \sin B = a : b, \quad r : \cos C = a : b.$$

Remarque. Cette *solution* est dite *directe*, parce que chaque inconnue est déterminée par le moyen des seules données a, b. — La solution serait *indirecte*, si l'on calculait d'abord l'angle B par la 1re des deux proportions précédentes, ensuite l'angle C par la relation $B+C=90^{\circ}$, et enfin le côté c par la proportion : $r : \cos B = a : c$.

Application. Soient $a=1275,36$ et $b=983,58$; on aura :

$\log(a+b)\ldots.3,3539046$	$\log R\ldots..10,0000000$
$\log(a-b)\ldots.2,4650555$	$\log b\ldots..\ \ 2,9928097$
$\overline{2\log c\ldots...\ \ 5,8189601}$	$\overline{-\log a\ldots..\ \ \overline{4},8943672}$
$\log c\ldots...2,9094800$	$\log\sin B\ldots..\ \ 9,8871769$
$c=811,86.$	$B=50^{\circ}27'47'',9.$

DEUXIÈME CAS.

51. — *Étant donnés les deux côtés* b *et* c *de l'angle droit, trouver* A , B , C.

On trouvera directement les angles B et C par les proportions : $\qquad r : \mathrm{tg}\,B = c : b , \ r : \cot C = c : b,$
et l'hypoténuse a par l'équation $a^2 = b^2 + c^2$, dont le second membre devient monome par la transformation suivante. On a d'abord $a^2 = \left(\dfrac{b^2}{c^2}+1\right)c^2$; soit donc φ un arc auxiliaire tel que

$$\frac{\mathrm{tg}\,\varphi}{r} = \frac{b}{c},\ \text{on aura}\ a^2 = \left(\frac{\mathrm{tg}^2\varphi}{r^2}+1\right)c^2 = \frac{c^2 r^2}{\cos^2\varphi}\ ;\ \ \text{d'où}\ a = \frac{cr}{\cos\varphi}.$$

On aura donc, pour calculer a, $\mathrm{tg}\,\varphi = \dfrac{rb}{c}$ et $a = \dfrac{cr}{\cos\varphi}$.

Remarque. Après avoir calculé l'angle B par la 1re des deux proportions ci-dessus, on aura $C=90^{\circ}-B$, et l'hypoténuse sera connue par la proportion $r : \sin B = a : b$. — Cette solution, pour trouver a, revient à la précédente.

Application. Soient $b=476,85$ et $c=387,53$; on trouvera : $B=50^{\circ}53'58'',8$ et $a=614,463$.

TROISIÈME CAS.

52. — *Étant donnés l'hypoténuse* a *et un angle aigu* B, calculer C , b , c.

L'angle C$=90°$—B ; et les deux côtés b et c se déduisent des proportions :

$$r : \sin B = a : b \; , \; r : \cos B = a : c.$$

Application. — Si $a=596,50$ et B$=35°48'30''$, on trouvera : $b=333,20$ et $c=461,85$.

QUATRIÈME CAS.

53. — *Étant donnés un côté de l'angle droit et l'un des angles aigus, trouver les autres parties.*

Si les données sont le côté b et l'angle opposé B, on trouvera directement les inconnues C, a, c, par la relation C$=90°$—B et les deux proportions :

$$r : \sin B = a : b \; , \; r : \operatorname{tg} B = c : b.$$

Si les données sont le côté b et l'angle adjacent C, on aura, pour calculer B, a, c, la relation B$=90°$—C et les proportions : $\quad r : \cos C = a : b \; , \; r : \operatorname{tg} C = b : c.$

Application. Pour $b=1465,20$ et B$=46°15'20'',5$, on trouvera : $a=1611,015$ et $c=1402,345$.

§ III. Résolution des triangles obliquangles.

54. — Les principes des n°s 41 à 45, ou bien du n° 46, montrent que, *étant donnés trois des six éléments* a, b, c, A, B, C *d'un triangle obliquangle, pourvu que parmi ces trois données il y ait au moins un côté, on pourra toujours calculer les trois autres*. La résolution de ce problème général comprend les quatre cas suivants :

PREMIER CAS.

55. — *Étant donnés les trois côtés, trouver les trois angles.*

L'angle A se calcule par l'une des trois proportions, n°s 44 et 45, ou n° 46, cor. III.

$$r^2 : \sin^2\tfrac{1}{2}A = bc : (p-b)(p-c),$$
$$r^2 : \cos^2\tfrac{1}{2}A = bc : p(p-a),$$
$$r^2 : \operatorname{tg}^2\tfrac{1}{2}A = p(p-a) : (p-b)(p-c).$$

On calculera de la même manière chacun des deux autres angles B et C.

Remarque. Chacune de ces trois proportions exigeant que l'on cherche quatre logarithmes, aucune d'elles ne mérite la préférence, quand il ne s'agit que de déterminer un angle du triangle. Mais quand on veut calculer les trois angles, il vaut mieux faire usage de la dernière ; car alors il suffira de chercher les logarithmes des quatre quantités p, $p-a$, $p-b$, $p-c$, tandis qu'en se servant de l'une des deux premières, il faudrait, en outre, chercher les logarithmes des côtés a, b, c.

Application. Soient donnés $a=3269$, $b=2546$, $c=4175$. On aura :

$$
\begin{array}{ll}
p=4995\ldots.3,6985355 & 20+\log(p-b)\ldots23,3889888 \\
p-a=1726\ldots.3,2370408 & +\log(p-c)\ldots\ 2,9138139 \\
p-b=2449\ldots.3,3889888 & -\log p\ \ldots\ \overline{4,3014645} \\
p-c=\ 820\ldots.2,9138139 & -\log(p-a)\ldots\ \overline{4,7629592} \\
\overline{2\log T=13,2383790} & \overline{2\log \mathrm{tg}\tfrac{1}{2}A\ldots.19,3672264} \\
\log T=\ 6,6191895 & \log \mathrm{tg}\tfrac{1}{2}A\ldots.\ 9,6836132 \\
T=4160921. & \tfrac{1}{2}A=25°\,45'\,47'',9.
\end{array}
$$

On trouvera de même $\tfrac{1}{2}B=18°\,47'\,7'',9$ et $\tfrac{1}{2}C=45°\,27'4'',3$. L'erreur totale est de $0'',2$.

DEUXIÈME CAS.

56. — *Étant donnés deux côtés* a *et* b *avec l'angle* A *opposé à l'un d'eux, trouver* c, B, C.

L'angle B, opposé au côté b, est déterminé par la proportion, n° 41,
$$a : \sin A = b : \sin B.$$

Les angles A et B étant ainsi connus, on en déduit l'angle
$$C=180°-(A+B).$$

Ensuite le côté c se trouve au moyen de la proportion
$$\sin A : a = \sin C : c.$$

Remarque. La première proportion donne
$$\sin B = \frac{b \sin A}{a}.$$

Cette valeur de sin B, lorsqu'elle est moindre que le rayon trigonométrique, correspond à deux angles, l'un M aigu, fourni par les tables, l'autre obtus, supplément du premier (20). Cette double solution n'aura cependant lieu que lorsqu'on a à la fois $A < 90°$ et $b > a$; dans ce cas, comme on ne sait pas si B doit être aigu ou obtus, on prendra indifféremment $B = M$ ou $B = 180° - M$, et les valeurs du troisième angle seront $C = 180 - (A + M)$ et $C = M - A$.

Si $A < 90°$ et $b < a$, on doit avoir $B < A$; alors on prendra seulement $B = M$.

Si $A > 90°$, l'angle B sera aigu et égal à M. Dans ce cas, il faut qu'on ait $a > b$, sans quoi le problème serait impossible.

Applications. 1° Soient $a = 645,90$, $b = 708,10$ et $A = 56°45'$. Il y a deux solutions : dans la première $B = M = 66° 27' 56''$, $C = 56° 47' 4''$ et $c = 646,156$; dans la seconde $B = 180° - M = 113° 32' 4''$, $C = M - A = 9° 42' 56''$ et $c = 130,338$.

2° Soient $a = 684,50$, $b = 450,60$ et $A = 100°$. Il n'y a qu'une solution : $B = M = 40° 24' 46''$, $C = 39° 35' 14''$ et $c = 442,93$.

3° Soient $a = 670,8$, $b = 809,6$ et $A = 60° 36'$. On trouvera que log sin B est plus grand que 10, ce qui apprend que le problème est impossible.

57. — Au lieu de chercher le côté c après l'angle B, on peut déduire c directement de l'équation $a^2 = b^2 + c^2 - 2bc \cos A$, qui donne

$$c = b \cos A \pm \sqrt{a^2 - b^2 \sin^2 A}.$$

Cette valeur devient monome en posant $a \sin \varphi = b \sin A$, φ désignant un angle auxiliaire ; car en substituant on aura

$$c = b \cos A \pm a \cos \varphi = \frac{a \sin (\varphi \pm A)}{\sin A},$$

formule qui donnera c après qu'on aura calculé l'auxiliaire φ. On peut remarquer que l'angle φ n'est autre chose que M et qu'ainsi cette solution rentre dans la première.

TROISIÈME CAS.

58. — *Etant donnés deux côtés* a *et* b *avec l'angle compris* c, *calculer les trois autres parties.*

La somme des deux angles inconnus $A+B=180°—C$, et leur demi-somme $\frac{1}{2}(A+B)=90°—\frac{1}{2}C$. On trouvera donc la demi-différence de ces angles par la proportion (42)

$$a+b : a—b=\operatorname{tg}\tfrac{1}{2}(A+B) : \operatorname{tg}\tfrac{1}{2}(A—B)=\cot\tfrac{1}{2}C : \operatorname{tg}\tfrac{1}{2}(A—B).$$

La demi-somme et la demi-différence des angles A et B étant connues, on aura

$$A=\tfrac{1}{2}(A+B)+\tfrac{1}{2}(A—B) , \quad B=\tfrac{1}{2}(A+B)\tfrac{1}{2}—(A—B).$$

Le côté c se calculera ensuite par la proportion

$$\sin A : a=\sin C : c,$$

ou bien, ce qui sera plus simple, par la suivante (43)

$$\cos\tfrac{1}{2}(A—B) : a+b=\sin\tfrac{1}{2}C : c.$$

Application. Soient donnés $a=436,3$, $b=309,4$ et $C=58°\,27'\,15''$. On trouvera $\frac{1}{2}(A—B)=16°\,55'\,2'',8$; $A=77°\,41'\,25'',3$; $B=43°\,51'\,19'',7$; $c=380,587$.

59. — Lorsque les côtés a et b sont seulement connus par leurs logarithmes, on peut, sans qu'il soit besoin de déterminer a et b, calculer $\frac{1}{2}(A—B)$ comme suit :

Soit posé $b=a\operatorname{tg}\varphi$, ou $\dfrac{b}{a}=\operatorname{tg}\varphi$, on aura

$$\operatorname{tg}\tfrac{1}{2}(A—B) = \frac{a—b}{a+b}\cot\tfrac{1}{2}C = \frac{1—\operatorname{tg}\varphi}{1+\operatorname{tg}\varphi}\cot\tfrac{1}{2}C.$$

Or, puisque $\operatorname{tg}45°=1$, on a, d'après la formule (18) du n° 30,

$$\operatorname{tg}(45°—\varphi) = \frac{1—\operatorname{tg}\varphi}{1+\operatorname{tg}\varphi};$$

donc $\qquad \operatorname{tg}\tfrac{1}{2}(A—B)=\operatorname{tg}(45°—\varphi)\cot\tfrac{1}{2}C.$

Cette valeur donnera $\frac{1}{2}(A—B)$ après qu'on aura déterminé l'angle φ par l'éq. $\operatorname{tg}\varphi=\dfrac{b}{a}$. — Si $a>b$ on pourra encore poser $b=a\cos\varphi$ ou $b=a\sin\varphi$, ce qui conduira à deux autres formules également propres pour atteindre le même but.

Application. Soient log $a = 3,7057318$, log $b = 3,5819362$ et $C = 39° 53'$. On déterminera les angles φ et $\frac{1}{2}(A—B)$ comme il suit :

calcul de φ.	calcul de $\frac{1}{2}(A—B)$.
$10 + \log a \ldots \overline{13,5819362}$	$\log \operatorname{tg}(45°—\varphi)\ldots.9,1509643$
$-\log b \ldots \overline{4,2942682}$	$-10 + \log \cot\frac{1}{2}C\ldots.0,4403116$
$\log \operatorname{tg} \varphi \ldots \overline{9,8762044}$	$\log \operatorname{tg}\frac{1}{2}(A—B)\ldots.9,5912759$
$\varphi = 36° 56' 32'',3.$	$\frac{1}{2}(A—B) = 21° 18' 54'',8.$
$45°—\varphi = 8° 3' 27'',7.$	

60. — La solution du 3ᵉ cas peut se déduire de l'équation
$$c^2 = a^2 + b^2 - 2ab \cos C,$$
qui exprime une relation entre le côté c et les données a, b, C. En effet, suivant qu'on y remplace (n° 32) $\cos C$ par $2\cos^2\frac{1}{2}C - 1$ ou par $1 - 2\sin^2\frac{1}{2}C$, on obtiendra
$$c^2 = (a+b)^2 - 4ab \cos^2\tfrac{1}{2}C \quad \text{ou} \quad c^2 = (a-b)^2 + 4ab \sin^2\tfrac{1}{2}C.$$

Multipliant la 1ʳᵉ de ces deux équations par $\sin^2\frac{1}{2}C$, la **2ᵉ** par $\cos^2\frac{1}{2}C$, et faisant ensuite la somme, on trouvera
$$c^2 = (a+b)^2\sin^2\tfrac{1}{2}C + (a-b)^2\cos^2\tfrac{1}{2}C.$$

D'où résulte, en posant $(a+b)\sin\frac{1}{2}C \operatorname{tg} \varphi = (a-b)\cos\frac{1}{2}C$, ou
$$\operatorname{tg} \varphi = \frac{a-b}{a+b} \cot \tfrac{1}{2}C,$$
$$c = (a+b) \sin \tfrac{1}{2}C\sqrt{1 + \operatorname{tg}^2\varphi} = \frac{(a+b)\sin\frac{1}{2}C}{\cos \varphi}.$$

En comparant ces expressions aux proportions du n° 58, on voit que l'angle φ n'est autre chose que $\frac{1}{2}(A—B)$ et qu'ainsi ces deux solutions sont identiques. — On peut encore calculer c par chacune des équations en $\cos\frac{1}{2}C$ et $\sin\frac{1}{2}C$ qu'on vient de trouver.

QUATRIÈME CAS.

61. — *Etant donnés un côté* a *et deux angles quelconques, trouver les autres parties.*

L'angle inconnu se déduira de la relation A
$$A + B + C = 180°,$$

et les deux côtés b, c, des deux proportions
$$\sin A : a = \sin B : b, \ \sin A : a = \sin C : c.$$

Application. Si l'on donne $a = 7309,65$, $B = 50°43'25''$ et $C = 80°30'10''$, on aura : $A = 48°46'25''$, $b = 7523,31$, $c = 9583,56$.

Applications diverses.

PROBLÈME I.

62. — *Trouver l'aire d'un triangle, connaissant* 1° *deux côtés* b *et* c *avec l'angle compris* C ; 2° *un côté* c *et les deux angles adjacents* A *et* B.

On a, par la formule (12)
$$T = \tfrac{1}{2} bc \sin A, \ T = \frac{c^2 \sin A \sin B}{2 \sin (A+B)}.$$

Calculer T pour des valeurs particulières attribuées aux données.

PROBLÈME II.

63. — *Calculer l'aire* P *d'un pentagone, connaissant quatre côtés* a, b, c, d *et les trois angles* A, B, C, *formés par ces côtés.*

On a, par la formule (14),
$$2P = \begin{cases} ab \sin A - ac \sin (A+B) + ad \sin (A+B+C) \\ + bc \sin B - bd \sin (B+C) \\ + cd \sin C. \end{cases}$$

Appliquer cette formule en supposant : $a = 954$ m., $b = 807$ m., $c = 1000$ m., $d = 593$ m., $A = 105°$, $B = 124°$, $C = 98°$.

PROBLÈME III.

64. — *Déterminer la hauteur* CD *d'un édifice dont le pied est inaccessible (fig. 14).*

Sur le terrain, supposé incliné, on mesure une droite ou *base* $AB = b$, choisie de manière que du point **A** on puisse voir à la fois le sommet **C** et le pied **D**, et que du point **B** on puisse voir le sommet **C**. On mesure ensuite les angles $BAC = \alpha$, $ABC = \beta$, ainsi que les angles $CAH = \gamma$, $DAH = \delta$, que l'horizontale **AH**, située dans le plan vertical **ACD**, fait avec les droites **AC**, **AD**.

Cela posé, dans les triangles **ABC**, **ACD**, on a

$$\sin ACB \text{ ou } \sin (\alpha + \beta) : b = \sin \beta : CA,$$
$$\sin D \text{ ou } \cos \delta : AC = \sin (\gamma + \delta) : CD \ ;$$

d'où, par la multiplication,

$$\sin (\alpha + \beta) \cos \delta : b = \sin \beta \sin (\gamma + \delta) : CD,$$

ou enfin

$$(15)\ldots \ CD = \frac{b \sin \beta \sin (\gamma + \delta)}{\sin (\alpha + \beta) \cos \delta}.$$

Remarques. I. Lorsque la droite **AD** est située au-dessus de l'horizontale **AH**, suivant **AD'**, par exemple, il faut, dans la formule générale (15), changer δ en $-\delta$, ce qui donne

$$(16)\ldots \ CD = \frac{b \sin \beta \sin (\gamma - \delta)}{\sin (\alpha + \beta) \cos \delta}.$$

II. Si la base est située dans le plan vertical **ACD**, sur la droite **AD**, on fera dans la formule (15) $\alpha = \gamma + \delta$, ce qui la réduit à

$$(17)\ldots \ CD = \frac{b \sin \beta \sin \alpha}{\sin (\alpha + \beta) \cos \delta}.$$

III. Si de plus la base est horizontale, on aura $\delta = 0$, et par conséquent

$$(18)\ldots \ CD = \frac{b \sin \alpha \sin \beta}{\sin (\alpha + \beta)} + h$$

h étant la hauteur de l'instrument dont on s'est servi pour relever les angles.

IV. Si enfin la base est horizontale et le pied accessible, $\beta = 90°$ et

$$(19)\ldots \ CD = \frac{b \sin \alpha}{\sin (\alpha + 90°)} + h = b \operatorname{tg} \alpha + h.$$

Appliquer ces diverses formules en donnant aux quantités qui y entrent des valeurs particulières.

PROBLÈME IV.

65. — *Déterminer la distance de deux points* A, B *inaccessibles (fig.* 12).

Ayant choisi une base CD$=d$, des extrémités de laquelle on puisse voir les deux points A et B, aux stations C et D on mesurera les angles ACD$=\alpha$, BCD$=\beta$, BDC$=\gamma$, ADC$=\delta$; d'où CAD$=180°-(\alpha+\delta)$, CBD$=180°-(\beta+\gamma)$. Cela posé, les tr. ACD, BCD donnent

$$\sin \text{CAD ou} \sin (\alpha+\delta) : d = \sin \delta : b,$$
$$\sin \text{CBD ou} \sin (\beta+\gamma) : d = \sin \gamma : a.$$

Ces deux proportions déterminent les côtés AC$=b$ et BC$=a$ du tr. ABC, dans lequel on connaît, en outre, l'angle ACB ou C$=\alpha-\beta$, et par suite la demi-somme $\frac{1}{2}$(CAB$+$CBA) ou $\frac{1}{2}$(A$+$B)$=90°-\frac{1}{2}(\alpha-\beta)$ des deux autres angles du même triangle. On trouvera ensuite la demi-différence $\frac{1}{2}$(A$-$B) et la distance cherchée AB ou c par les deux proportions (58) :

$$a+b : a-b = \text{tg}\,\tfrac{1}{2}(A+B) : \text{tg}\,\tfrac{1}{2}(A-B).$$
$$\sin A : a = \sin C : c.$$

Exemple numérique : Soient $d=208$ m., 35 ; $\alpha=102°\,48'$; $\beta=39°\,36'$; $\gamma=113°\,30'$ et $\delta=42°\,50'$. La distance AB$=$ 384 m. 78.

Remarque. — Lorsque le point B n'est pas situé dans le plan ACD des trois autres points, l'angle ACB ou C n'est plus la différence des angles ACD, BCD, et doit être déterminé par une mesure directe. — Dans la pratique, on choisira la base CD de manière que les angles que l'on doit mesurer ne soient ni très-aigus ni très-obtus.

66. — Solution plus simple. Si l'on déduit les valeurs de a et b des deux premières proportions précédentes, on aura, d'après le n° 59, pour calculer $\frac{1}{2}$(A$-$B),

$$\text{tg}\,\varphi = \frac{b}{a} = \frac{\sin \delta \sin (\gamma+\beta)}{\sin \gamma \sin (\alpha+\delta)},$$

$$tg\tfrac{1}{2}(A-B)=tg(45°-\varphi)\cot\tfrac{1}{2}C;$$

ensuite, pour trouver AB, on se servira de la proportion

$$\sin A : a = \sin C : AB.$$

Voici les dispositions des calculs pour les valeurs précédentes :

1° Calcul de φ.

$$10+\log\sin\delta\ldots\ 19,8324246$$
$$+\log\sin(\gamma+\beta)\ .9,6555559$$
$$-\log\sin\gamma\ldots\ \overline{10},0372222$$
$$-\log\sin(\alpha+\delta)\ \overline{10},2483462$$
$$\log tg\,\varphi\ldots\ 9,7739289$$
$$\varphi=30°43'7''$$
$$45°-\varphi=14°16'53''$$

2° Calcul de $\tfrac{1}{2}(A-B)$.

$$-10+\log tg(45°-\varphi)\ \overline{1},4057746$$
$$+\log\cot\tfrac{1}{2}C\ldots\ 10,2109808$$
$$\log tg\tfrac{1}{2}(A-B)\ldots\ 9,6167554$$
$$\tfrac{1}{2}(A-B)=22°28'41''$$
Mais $\tfrac{1}{2}(A+B)=58°24'$
donc A$=80°52'41''$.

3° Calcul de AB.

$$\log d\ldots\ 2,3487935$$
$$+\log\sin\gamma\ldots\ 9,9623978$$
$$-\log\sin(\beta+\gamma)\ldots\overline{10},3444441$$
$$\log a\ldots\ 2,6256354$$
$$+\log\sin C\ldots\ 9,9506500$$
$$-\log\sin A\ldots\overline{10},0055275$$
$$\log AB\ldots\ 2,5818129$$
$$AB=384,78.$$

PROBLÈME V.

67. — *Connaissant les distances* a , b , c *entre trois points* A , B , C *et les angles* AMB$=\alpha$, AMC$=\beta$, *observés d'un quatrième point* M *situé dans le plan des trois premiers; calculer l'angle* BAM *et la distance* AM, *quantités qui fixent la position du point* M *(fig.* 13).

On trouvera d'abord l'angle BAC ou A par la formule

$$\sin^2\tfrac{1}{2}A=\frac{(p-b)(p-c)}{bc}.$$

L'angle A étant connu, on aura, dans le quadrilatère ABMC, la somme des angles inconnus

$x+y=360°-(A+\alpha+\beta)$; d'où $\frac{1}{2}(x+y)=180°-\frac{1}{2}(A+\alpha+\beta)$.

De plus, les triangles ABM, ACM donnent

$$\sin\alpha : c = \sin x : AM, \quad \sin\beta : b = \sin y : AM ;$$

D'où, par la division,

$$\frac{\sin\alpha}{\sin\beta} : \frac{c}{b} = \frac{\sin x}{\sin y} : 1,$$

ou bien, en faisant $\dfrac{\sin\alpha}{\sin\beta}=\dfrac{b'}{b}$,

$$\frac{b'}{c}=\frac{\sin x}{\sin y}, \quad \text{et} \quad \frac{b'+c}{b'-c}=\frac{\sin x + \sin y}{\sin x - \sin y} ;$$

on aura donc (29), formules (15),

$$\frac{b'+c}{b'-c}=\frac{\operatorname{tg}\frac{1}{2}(x+y)}{\operatorname{tg}\frac{1}{2}(x-y)}.$$

Cette égalité, où b' et $\frac{1}{2}(x+y)$ sont déjà connus, donnera $\frac{1}{2}(x-y)$; il en résultera l'angle x. On aura ainsi l'angle $BAM=180°-(\alpha+x)$, et la distance AM se conclura de la proportion $\sin\alpha : c = \sin x : AM$.

1. Des formules (9) déduire les suivantes :

$$a=b\cos C+c\cos B , \quad b=a\cos C+c\cos A , \quad c=a\cos B+b\cos A ;$$
$$(a+b)\sin\tfrac{1}{2}C=c\cos\tfrac{1}{2}(A-B), \quad (a-b)\cos\tfrac{1}{2}C=c\sin\tfrac{1}{2}(A-B).$$

2. Démontrer les formules suivantes, A, B, C étant les trois angles d'un triangle rectiligne :

$$\operatorname{tg} A+\operatorname{tg} B+\operatorname{tg} C=\operatorname{tg} A \operatorname{tg} B \operatorname{tg} C,$$
$$\cot A+\cot B-\operatorname{tg} C=-\cot A \cot B \operatorname{tg} C,$$
$$\sin A+\sin B+\sin C=4\cos\tfrac{1}{2}A \cos\tfrac{1}{2}B \cos\tfrac{1}{2}C,$$
$$\sin A+\sin B-\sin C=4\sin\tfrac{1}{2}A \sin\tfrac{1}{2}B \cos\tfrac{1}{2}C,$$
$$\cos A+\cos B+\cos C=1+4\sin\tfrac{1}{2}A \sin\tfrac{1}{2}B \sin\tfrac{1}{2}C,$$
$$\cos A+\cos B-\cos C=-1+4\cos\tfrac{1}{2}A \cos\tfrac{1}{2}B \sin\tfrac{1}{2}C.$$

3. Résoudre le triangle rectangle, connaissant :

1° L'hypoténuse $a=30$ m. et la hauteur correspondante $h=13$ m., 4.

2° $a+b=2048$ m. ou $a-b=654$ m. et $B=16°\,29'\,40''$.

3° $b+c=856$ m. et $B=34°\,28'\,19''$.

4° $T=407$ m. c., 48 et $b : c=20 : 13$.

5° Le rayon $R=15$ m. du cercle inscrit et $B=54°\,36'\,7''$.

4. Résoudre le triangle, connaissant :

1° Deux angles et une hauteur.

2° Deux angles et une bissectrice.

3° Deux angles et le périmètre.

4° Un côté, l'angle opposé et la hauteur correspondante.

5° Deux côtés et la différence des angles opposés.

6° Deux angles et la différence des côtés opposés.

7° Un angle, un côté et la somme ou la différence des deux autres côtés.

8° La base, l'angle du sommet et le rayon du cercle inscrit.

9° L'aire, la hauteur et un angle à la base.

10° Un côté, l'angle opposé et la bissectrice de celui-ci.

11° Le périmètre, l'aire et un angle.

12° Le périmètre, un angle et la hauteur issue de son sommet.

5. Par un point donné dans un angle, mener une droite qui détermine avec les côtés de l'angle un triangle d'une aire donnée.

LIVRE III.

TRIGONOMÉTRIE SPHÉRIQUE.

---

68. — La *trigonométrie sphérique* a pour objet de résoudre par le calcul les triangles sphériques, c'est-à-dire de calculer leurs parties inconnues, lorsqu'on a des données suffisantes.

Cette résolution numérique devient possible par le moyen des relations qui existent entre les lignes trigonométriques des six parties d'un triangle sphérique, prises quatre à quatre de toutes les manières possibles. Ces relations sont au nombre de quinze, puisque six quantités combinées quatre à quatre donnent 15 combinaisons ; mais elles se réduisent à *quatre principales* ou réellement distinctes, que nous allons établir successivement. Nous désignerons par A, B, C, a, b, c les nombres de degrés contenus dans les angles et les côtés opposés, nombres qui ne changent pas lorsque le rayon de la sphère varie.

§ I. Relations entre les lignes trigonométriques des six parties d'un triangle sphérique.

1° Relation entre les trois côtés et un nombre quelconque.

69. — Soit ABC (*fig*. 14) un triangle sphérique quelconque, supposé tracé sur une sphère dont le centre est O et dont le rayon OA est le rayon trigonométrique pris pour unité.

1° Si les côtés b et c sont tous deux moindres que 90°, les tangentes à ces côtés, menées par le sommet A, rencontreront les rayons OC, OB prolongés, aux points E , D, et les triangles ODE , ADE donneront (46)

$$DE^2 = OD^2 + OE^2 - 2\,OD . OE . \cos DOE,$$
$$DE^2 = AD^2 + AE^2 - 2\,AD . AE . \cos DAE.$$

Retranchant la seconde de ces équations de la première, remarquant que dans les triangles rectangles OAD , OAE , $OD^2 - AD^2 = OE^2 - AE^2 = AO^2$ ou 1 , et divisant par 2, il viendra

$$1 - OD . OE . \cos DOE + AD . AE . \cos DAE = 0.$$

Mais, par construction,

$$AD = \operatorname{tg} c = \frac{\sin c}{\cos c}, \quad AE = \operatorname{tg} b = \frac{\sin b}{\cos b}, \quad OD = \sec c = \frac{1}{\cos c},$$

$$OE = \sec b = \frac{1}{\cos b};$$

de plus, l'angle $DOE = a$ et l'angle DAE est l'angle BAC ou A du triangle sphérique proposé. Donc, en substituant, on aura

$$(1) \quad \cos a = \cos b \cos c + \sin b \sin c \cos A.$$

2° Si l'on suppose le côté $b > 90°$ et $c < 90°$ (*fig.* 15), en prolongeant a et b jusqu'à leur intersection C′, on pourra appliquer l'équation (1) au tr. ABC′, dans lequel les côtés b' et c sont moindres que 90°, ce qui donnera

$$\cos a' = \cos b' \cos c + \sin b' \sin c \cos BAC';$$

mais $a' = \pi - a$, $b' = \pi - b$ et l'angle $BAC' = \pi - A$; ainsi, en substituant ces valeurs, on trouve l'éq. (1).

3° Si les côtés b et c sont tous deux plus grands que 90° (*fig.* 16), en les prolongeant jusqu'à leur rencontre en A′, on pourra encore appliquer l'éq. (1) au tr. BCA′, ce qui donnera

$$\cos a = \cos b' \cos c' + \sin b' \sin c' \cos A';$$

or, $b' = \pi - b$, $c' = \pi - c$ et $A' = A$; par la substitution de ces valeurs on retrouve encore l'éq. (1), laquelle exprime d'une manière générale la relation entre a , b , c , A.

Ainsi *dans tout triangle sphérique, le cosinus d'un côté est égal au produit des cosinus des deux autres côtés, plus le produit des sinus de ces mêmes côtés multiplié par le cosinus de l'angle qu'ils comprennent.*

Ce théorème étant successivement appliqué aux trois côtés d'un même triangle, fournit les trois équations

$$(1)\ldots \cos a = \cos b \cos c + \sin b \sin c \cos A,$$
$$(2)\ldots \cos b = \cos a \cos c + \sin a \sin c \cos B,$$
$$(3)\ldots \cos c = \cos a \cos b + \sin a \sin b \cos C.$$

70. — Ces équations peuvent servir à calculer les trois angles d'un triangle sphérique dont on connaît les trois côtés; mais, pour cet objet, on peut trouver des formules qui sont immédiatement applicables au calcul logarithmique.

En effet, si dans l'éq. (1) on remplace $\cos A$ successivement par sa valeur $1 - 2\sin^2 \tfrac{1}{2}A$ ou $2\cos^2 \tfrac{1}{2}A - 1$ (n° 32), on trouvera d'abord

$$\cos a = \cos b \cos c + \sin b \sin c - 2\sin b \sin c \sin^2 \tfrac{1}{2}A,$$
$$\cos a = \cos b \cos c - \sin b \sin c + 2\sin b \sin c \cos^2 \tfrac{1}{2}A;$$

d'où résulte, eu égard aux valeurs de $\cos(b \mp c)$,

$$2\sin b \sin c \sin^2 \tfrac{1}{2}A = \cos(b-c) - \cos a,$$
$$2\sin b \sin c \cos^2 \tfrac{1}{2}A = \cos a - \cos(b+c).$$

Mais, d'après la formule générale : $\cos q - \cos p = 2\sin \tfrac{1}{2}(p+q)\sin \tfrac{1}{2}(p-q)$, n° 29, on a

$$\cos(b-c) - \cos a = 2\sin \tfrac{1}{2}(a+b-c)\sin \tfrac{1}{2}(a-b+c),$$
$$\cos a - \cos(b+c) = 2\sin \tfrac{1}{2}(a+b+c)\sin \tfrac{1}{2}(b+c-a);$$

donc, en posant $a+b+c = 2s$, d'où $b+c-a = 2(s-a)$, etc. on aura

$$(4)\ldots\ \sin^2 \tfrac{1}{2}A = \frac{\sin(s-b)\sin(s-c)}{\sin b \sin c},$$

$$(5)\ldots\ \cos^2 \tfrac{1}{2}A = \frac{\sin s \sin(s-a)}{\sin b \sin c},$$

et par suite $(6)\ldots\ \operatorname{tg}^2 \tfrac{1}{2}A = \dfrac{\sin(s-b)\sin(s-c)}{\sin s \sin(s-a)}.$

En divisant par $\sin a$ la racine du produit des équations (4) et (5), on a aussi, d'après la formule (29) du n° 32,

$$(7)\ldots\ \frac{\sin A}{\sin a} = \frac{2\sqrt{\sin s.\sin(s-a)\sin(s-b)\sin(s-c)}}{\sin a \sin b \sin c}.$$

Il est à remarquer que chacune de ces formules en donne deux autres semblables, qu'on trouve par la permutation des lettres, et qu'on peut aussi déduire, par le même procédé, des équations (2) et (3).

2° Relation entre deux côtés quelconques et les angles opposés.

71. — Pour trouver la relation entre les côtés a , b et les angles opposés A , B, éliminons d'abord cos A entre les deux équations

$$\sin^2 A + \cos^2 A = 1 \ , \ \cos a = \cos b \cos c + \sin b \sin c \cos A ;$$

on aura

$$\sin^2 A = 1 - \frac{(\cos a - \cos b \cos c)^2}{\sin^2 b \sin^2 c} = \frac{\sin^2 b \sin^2 c - (\cos a - \cos b \cos c)^2}{\sin^2 b \sin^2 c} ,$$

ou, en remplaçant dans le numérateur $\sin^2 b \sin^2 c$ par $(1 - \cos^2 b)$ $(1 - \cos^2 c)$ développant ensuite, et divisant par $\sin a$ la racine carrée,

$$\frac{\sin A}{\sin a} = \frac{\sqrt{(1 - \cos^2 a - \cos^2 b - \cos^2 c + 2 \cos a \cos b \cos c)}}{\sin a \sin b \sin c}$$

La permutation des lettres A et a en B et b, ou en C et c, et *vice-versâ*, ne produisant aucun changement dans le second membre de cette formule, si l'on désigne le radical par N, on aura, pour la relation cherchée,

$$(8)\ldots \ \frac{\sin A}{\sin a} = \frac{\sin B}{\sin b} = \frac{\sin C}{\sin c} = \frac{N}{\sin a \sin b \sin c}.$$

Donc *dans tout triangle sphérique, les sinus des angles sont proportionnels aux sinus des côtés opposés*

La même conclusion peut se déduire de l'éq. (7). — On peut encore trouver la même relation par un procédé plus direct, quoique moins simple , qui consiste à éliminer $\sin c$ et $\cos c$ entre les équations (1), (2) et $\sin^2 c + \cos^2 c = 1$.

72. — La comparaison des formules (7) et (8) donne la relation

$$(9)\ldots N^2 = 4 \sin s \sin (s-a) \sin (s-b) \sin (s-c).$$

73. — De la proportion (8) on déduit

$$\frac{\sin a + \sin b}{\sin a - \sin b} = \frac{\sin A + \sin B}{\sin A - \sin B};$$

donc, d'après la 1re des formules (15) du n° 29, on a

$$\frac{\operatorname{tg}\frac{1}{2}(a+b)}{\operatorname{tg}\frac{1}{2}(a-b)} = \frac{\operatorname{tg}\frac{1}{2}(A+B)}{\operatorname{tg}\frac{1}{2}(A-B)}.$$

Dans cette formule, les dénominateurs sont toujours positifs, puisque $\frac{1}{2}(a-b)$ et $\frac{1}{2}(A-B)$ sont moindres chacun que $90°$; il en résulte que les deux numérateurs sont toujours de même signe. Donc, *dans tout triangle sphérique, la somme de deux côtés et la somme des angles opposés sont toujours de même espèce*, c'est-à-dire qu'on aura à la fois $a+b<180°$ et $A+B<180°$, ou bien $a+b>180°$ et $A+B>180°$, ou $a+b=A+B=180°$.

3° Relation entre deux côtés quelconques, l'angle qu'ils comprennent et l'angle opposé à l'un d'eux.

74. — Pour avoir la relation entre a , b , C , A, on éliminera d'abord $\cos c$ entre les équations

$$\cos a = \cos b \cos c + \sin b \sin c \cos A,$$
$$\cos c = \cos a \cos b + \sin a \sin b \cos C,$$

ce qui donnera

$$\cos a = \cos a \cos^2 b + \cos b \sin a \sin b \cos C + \sin b \sin c \cos A,$$

ou bien, en transposant le terme $\cos a \cos^2 b = \cos a - \cos a \sin^2 b$ dans le premier membre, et ensuite divisant tout par le produit $\sin a \sin b$,

$$\frac{\cos a \sin b}{\sin a} = \cos b \cos c + \frac{\sin c \cos A}{\sin a}.$$

Mettant dans celle-ci la valeur du rapport $\dfrac{\sin c}{\sin a} = \dfrac{\sin C}{\sin A}$, formule (8), on aura, pour la troisième relation,

$$(10)\ldots \cot a \sin b = \cos b \cos C + \sin C \cot A.$$

Ainsi *dans tout triangle sphérique, le produit de la cotang. d'un côté par le sinus d'un autre côté, est égal au cosinus de celui-ci par le cosinus de l'angle compris entre ces deux côtés, plus le produit du sinus de cet angle par la cotang. de l'angle opposé au premier côté.*

Remarque. Cet énoncé se fixe assez difficilement dans la mémoire. On retiendra plus aisément l'équation (10) au moyen de la règle suivante :

1° *Avec deux côtés* a , b, *l'angle compris* C *et l'angle* A *opposé au premier côté*, formez le groupe $abbCCA$, et ensuite le groupe $\cot a \sin b \cos b \cos C \sin C \cot A$, qui est *symétrique* par rapport aux signes trigonométriques *cot, sin, cos*.

2° Partagez celui-ci en trois produits de deux facteurs chacun, en interposant les signes $=$ et $+$, vous aurez ainsi l'équation (10)

La permutation des lettres dans l'équation (10), ou l'application de la règle précédente, fournit les six équations :

$$(10)\ldots\cot a \sin b = \cos b \cos C + \sin C \cot A,$$
$$(11)\ldots\cot b \sin a = \cos a \cos C + \sin C \cot B,$$
$$(12)\ldots\cot a \sin c = \cos c \cos B + \sin B \cot A,$$
$$(13)\ldots\cot c \sin a = \cos a \cos B + \sin B \cot C,$$
$$(14)\ldots\cot b \sin c = \cos c \cos A + \sin A \cot B,$$
$$(15)\ldots\cot c \sin b = \cos b \cos A + \sin A \cot C.$$

Cette troisième relation n'est point susceptible d'être transformée en une autre qui soit immédiatement calculable par logarithmes. Dans tous les cas où l'on en fait usage, on se sert d'un angle auxiliaire pour la réduction de deux de ses termes en un seul, comme nous l'expliquerons plus loin.

4° Relation entre un côté quelconque et les trois angles.

75. — La relation entre A , B , C , a s'obtient en éliminant b et c entre les équations (1), (2), (3), (8). A cet effet, si l'on élimine d'abord $\cos c$ entre (1) et (3), on trouve, comme dans le n° précédent,

$$\frac{\cos a \sin b}{\sin a} = \cos b \cos C + \frac{\sin c \cos A}{\sin a},$$

ou, à cause des relations (8),

$$\cos a \sin B = \cos b \sin A \cos C + \cos A \sin C.$$

En effectuant les mêmes calculs sur les éq. (2), (3) et (8), ou ce qui est plus simple, en permutant dans la précédente les lettres a et b, A et B, on a de même

$$\cos b \sin A = \cos a \sin B \cos C + \cos B \sin C.$$

Ainsi, en éliminant $\cos b$ entre ces deux équations et ensuite réduisant, on aura, pour la relation cherchée,

$$(16)\ldots\cos A = -\cos B \cos C + \sin B \sin C \cos a.$$

Donc, *dans tout triangle sphérique, le cosinus d'un angle est égal à* moins *le produit des cosinus des deux autres angles,* plus *le produit des sinus de ceux-ci multiplié par le cosinus de leur côté commun.*

Ce théorème étant appliqué successivement aux trois angles du même triangle, donne les trois équations :

$$(16)\ldots\cos A = -\cos B \cos C + \sin B \sin C \cos a,$$
$$(17)\ldots\cos B = -\cos A \cos C + \sin A \sin C \cos b,$$
$$(18)\ldots\cos C = -\cos A \cos B + \sin A \sin B \cos c.$$

Remarque. L'éq. (16) se trouve plus simplement ainsi qu'il suit :

Soit A′B′C′ le triangle polaire de ABC : les côtés et les angles de ce triangle étant $\pi - A$, $\pi - B$, $\pi - C$, $\pi - a$, etc. en y appliquant l'équation (1), on aura

$$\cos(\pi - A) = \cos(\pi - B)\cos(\pi - C) + \sin(\pi - B)$$
$$\sin(\pi - C)\cos(\pi - a),$$

équation qui se réduit à la relation (16).

76. — Au moyen des trois équations précédentes, il est possible de calculer les trois côtés d'un triangle sphérique dont les angles sont connus ; mais, pour cet objet, on peut trouver des formules plus commodes pour le calcul des logarithmes.

En effet, puisqu'on a (32) $\cos a = 1 - 2\sin^2\tfrac{1}{2}a = 2\cos^2\tfrac{1}{2}a - 1$, l'éq. (16) donne, comme dans le n° 70,

$$2\sin B \sin C \sin^2\tfrac{1}{2}a = -\cos A - \cos(B+C),$$
$$2\sin B \sin C \cos^2\tfrac{1}{2}a = \cos A + \cos(B-C),$$

ou, en vertu de la formule $\cos q + \cos p =$

$$2\cos\tfrac{1}{2}(p+q)\cos\tfrac{1}{2}(p-q),$$

$$\sin B \sin C \sin^2\tfrac{1}{2}a = -\cos\tfrac{1}{2}(A+B+C)\cos\tfrac{1}{2}(B+C-A),$$
$$\sin B \sin C \cos^2\tfrac{1}{2}a = \cos\tfrac{1}{2}(A+B-C)\cos\tfrac{1}{2}(A-B+C) ;$$

donc, en posant $A+B+C=2S$, on a

$$(19)\ldots\quad \sin^2\tfrac{1}{2}a = \frac{-\cos S \cos(S-A)}{\sin B \sin C},$$

$$(20)\ldots\quad \cos^2\tfrac{1}{2}a = \frac{\cos(S-B)\cos S - C}{\sin B \sin C},$$

et par suite $(21)\ldots\quad \operatorname{tg}^2\tfrac{1}{2}a = \frac{-\cos S \cos(S-A)}{\cos(S-B)\cos(S-C)}.$

En divisant par $\sin A$ la racine carrée du produit des éq. (19) et (20) on a aussi

$$(22)\ldots\quad \frac{\sin a}{\sin A} = \frac{2\sqrt{-\cos S \cos(S-A)\cos(S-B)\cos(S-C)}}{\sin A \sin B \sin C}$$

Les seconds membres de ces quatre formules sont toujours *positifs*. Car, (Géom., n° 248), $2S$ étant compris entre $2.90°$ et $6.90°$, S sera entre $90°$ et $3.90°$, et par conséquent $\cos S$ sera toujours négatif (n° 11). De plus, $B+C-A$ ou $2(S-A) < 180°$, d'où $S-A < 90°$, et de même $S-B < 90°$, $S-C < 90°$; donc ces trois derniers angles ont chacun un cosinus positif, et ainsi les seconds membres des formules précédentes sont positifs.

77. — La comparaison des éq. (8) et (22) donne, en posant,

$(23)\ldots N'^2 = -4 \cos S \cos(S-A)\cos(S-B)\cos(S-C),$
$(24)\ldots N : N' = \sin a \sin b \sin c \sin A \sin B \sin C.$

Remarque. — Les formules des deux derniers n°ˢ peuvent se déduire de leurs analogues des n°ˢ 70, 71, 72.

Analogies de Néper.

78. — On désigne sous ce nom, quatre proportions découvertes par le célèbre inventeur des logarithmes pour simplifier plusieurs cas de la résolution des triangles sphériques. Ces analogies sont, sous forme d'égalités, les formules suivantes :

$$(25)\ldots\quad \operatorname{tg}\tfrac{1}{2}(A+B) = \cot\tfrac{1}{2}C\,\frac{\cos\tfrac{1}{2}(a-b)}{\cos\tfrac{1}{2}(a+b)},$$

$$(26)\ldots\ \operatorname{tg}\tfrac{1}{2}(A-B)=\cot\tfrac{1}{2}C\,\frac{\sin\frac{1}{2}(a-b)}{\sin\frac{1}{2}(a+b)},$$

$$(27)\ldots\ \operatorname{tg}\tfrac{1}{2}(a+b)=\operatorname{tg}\tfrac{1}{2}c\,\frac{\cos\frac{1}{2}(A-B)}{\cos\frac{1}{2}(A+B)},$$

$$(28)\ldots\ \operatorname{tg}\tfrac{1}{2}(a-b)=\operatorname{tg}\tfrac{1}{2}c\,\frac{\sin\frac{1}{2}(A-B)}{\sin\frac{1}{2}(A+B)}.$$

Pour les démontrer, j'élimine d'abord $\cos c$ entre les équations (1), (2), (3), ce qui donne, comme ci-dessus, n° 74,

$$\cos a\sin b=\sin a\cos b\cos C+\sin c\cos A,$$
$$\cos b\sin a=\sin b\cos a\cos C+\sin c\cos B;$$

d'où résulte, par l'addition, eu égard à la valeur de $\sin(a+b)$,

$$(\cos A+\cos B)\sin c=(1-\cos C)\sin(a+b).$$

Mais des relations (8)

$$\frac{\sin A}{\sin a}=\frac{\sin B}{\sin b}=\frac{\sin C}{\sin c},$$

on déduit
$$\frac{\sin A+\sin B}{\sin a+\sin b}=\frac{\sin A-\sin B}{\sin a-\sin b}=\frac{\sin C}{\sin c};$$

d'où
$$(\sin A+\sin B)\sin c=\sin C\,(\sin a+\sin b),$$
$$(\sin A-\sin B)\sin c=\sin C\,(\sin a-\sin b).$$

Divisant ces deux équations par la première, on trouve

$$\frac{\sin A+\sin B}{\cos A+\cos B}=\frac{\sin C}{1-\cos C}\times\frac{\sin a+\sin b}{\sin(a+b)},$$

$$\frac{\sin A-\sin B}{\cos A-\cos B}=\frac{\sin C}{1-\cos C}\times\frac{\sin a-\sin b}{\sin(a+b)},$$

équations qui, en vertu des formules (15, 16, 34) du livre I, se réduisent aux deux premières analogies. En appliquant celles-ci au triangle polaire A'B'C' du tr. ABC, et substituant ensuite, dans les résultats, aux quantités A', B', C', a', b' leurs valeurs respectives $\pi-a$, $\pi-b$, $\pi-c$, $\pi-A$, $\pi-B$, on trouve les deux dernières.

Analogies de Gauss.

79. — Ces analogies, mises sous forme d'égalités, sont les suivantes :

$$\sin\tfrac{1}{2}(A+B)=\cos\tfrac{1}{2}C\,\frac{\cos\tfrac{1}{2}(a-b)}{\cos\tfrac{1}{2}c}.$$

$$\sin\tfrac{1}{2}(A-B)=\cos\tfrac{1}{2}C\,\frac{\sin\tfrac{1}{2}(a-b)}{\sin\tfrac{1}{2}c}.$$

$$\cos\tfrac{1}{2}(A+B)=\sin\tfrac{1}{2}C\,\frac{\cos\tfrac{1}{2}(a+b)}{\cos\tfrac{1}{2}c},$$

$$\cos\tfrac{1}{2}(A-B)=\sin\tfrac{1}{2}C\,\frac{\sin\tfrac{1}{2}(a+b)}{\sin\tfrac{1}{2}c}.$$

Elles se démontrent très-simplement en substituant dans les identités

$$\sin\tfrac{1}{2}(A\pm B)=\sin\tfrac{1}{2}A\cos\tfrac{1}{2}B\pm\sin\tfrac{1}{2}B\cos\tfrac{1}{2}A,$$
$$\cos\tfrac{1}{2}(A\pm B)=\cos\tfrac{1}{2}A\cos\tfrac{1}{2}B\mp\sin\tfrac{1}{2}A\sin\tfrac{1}{2}B,$$

les valeurs de $\sin\tfrac{1}{2}A$, $\cos\tfrac{1}{2}A$, $\sin\tfrac{1}{2}B$, etc. données par les formules (4) et (5). — En les combinant par division, elles conduisent aux analogies de Neper.

Relations entre les côtés et les angles d'un triangle sphérique **rectangle**.

80. — On déduit des formules précédentes celles qui concernent le triangle sphérique rectangle, en y faisant $A=90°$, ce qui donne $\sin A=1$, $\cos A=0$, $\cot A=0$, et par conséquent on aura :

$(a)\ldots\cos a=\cos b\cos c=\cot B\cot C\ldots$ équat. (1) et (16);

$(b)\ldots\sin b=\sin a\sin B=\operatorname{tg} c\cot C\ldots$ éq. (8) et (15);

$(c)\ldots\sin c=\sin a\sin C=\operatorname{tg} b\cot B\ldots$ éq. (8) et (14);

$(d)\ldots\cos B=\cos b\sin C=\cot a\operatorname{tg} c\ldots$ éq. (17) et (12);

$(e)\ldots\cos C=\cos c\sin B=\cot a\operatorname{tg} b\ldots$ éq. (18) et (10).

Ces dix équations entre trois quelconques des cinq éléments a, b, c, B, C ne fournissent que six théorèmes réellement distincts, qui sont compris dans ce principe général, dû à Neper :

Dans un triangle sphérique rectangle, *le cosinus d'un élément quelconque est égal à la fois au produit des sinus des deux éléments séparés et au produit des cotangentes des deux éléments contigus*, toutefois, au lieu des côtés de l'angle droit, il faut prendre leurs compléments $90°-b$ et $90°-c$.

Un élément quelconque d'un triangle rectangle, l'angle droit restant exclus, a pour éléments contigus, les deux qui lui sont adjacents, et pour éléments séparés, les deux autres ; ainsi les éléments séparés et contigus sont :

$$
\begin{array}{cccc}
& \text{séparés} & \text{contigus} \\
\text{Pour} \quad a & \ldots b, c, & \ldots B, C \\
b & \ldots a, B, & \ldots c, C \\
c & \ldots a, C, & \ldots b, B \\
B & \ldots b, C, & \ldots a, c \\
C & \ldots c, B, & \ldots a, b.
\end{array}
$$

Ce principe se vérifie en l'appliquant successivement à chacun des cinq éléments du triangle rectangle ; il donne le moyen de retrouver une quelconque des dix formules précédentes, sans qu'il soit besoin de former préalablement la relation dont elle dérive.

81. — Remarques. I. La formule (a) exige que $\cos a$ ait le signe du produit $\cos b \cos c$. Il s'ensuit que, *si dans un triangle sphérique rectangle, deux côtés sont moindres ou plus grands tous deux que* $90°$, *le troisième est* $<90°$, *et que si de deux côtés, l'un est moindre et l'autre plus grand que* $90°$, *le troisième est plus grand que* $90°$.

II. La seconde des équations (b) montre que $\operatorname{tg} c$ a le même signe que $\operatorname{tg} C$. Donc *chaque côté de l'angle droit est de même espèce que l'angle oblique opposé* : c'est-à-dire que le côté et l'angle opposé sont ou tous deux $<90°$ ou tous deux $>90°$. La même conclusion résulte aussi de la formule (d).

III. Lorsqu'un élément, dont l'espèce n'est point connue, est donné par son sinus, cet élément aura deux valeurs, l'une moindre que $90°$, l'autre plus grande que $90°$, supplémentaire de la première ; il y aura donc deux triangles qui satisferont à la question. Les cas de la résolution des triangles sphériques susceptibles d'une double solution, sont dits *cas douteux*.

§II. Résolution du triangle sphérique rectangle.

82. — Les dix équations du n° 80 montrent que, étant donnés deux quelconques des cinq éléments a, b, c, B, C, on peut calculer chacun des trois autres par son sinus, son cosinus, sa tangente ou sa cotangente. Les deux données pouvant être prises de six manières essentiellement différentes, la résolution du triangle rectangle se réduira toujours à l'un des six cas suivants.

PREMIER CAS.

83. — *Etant donnés l'hypoténuse* a *et un côté* b, *trouver* c, B, C.

Les équations (a), (b), (e) donnent

$$\cos c = \frac{\cos a}{\cos b}, \quad \sin B = \frac{\sin b}{\sin a}, \quad \cos C = \cot a \, \mathrm{tg}\, b.$$

Le côté c et l'angle oblique C sont déterminés sans ambiguïté, car il n'y a qu'un seul arc compris entre 0 et 180° qui réponde à un cosinus donné (20); cet arc sera $<90°$ ou bien $>90°$ selon que la valeur du cosinus sera positive ou négative. Quant à l'angle B, il est aussi complètement déterminé, puisqu'il doit être de même espèce que le côté donné b (84. R. II).

DEUXIÈME CAS.

84. — *Etant donnés les deux côtés* b *et* c *de l'angle droit,* *trouver* a, B, C.

Des équations (a), (b), (c) on tire

$$\cos a = \cos b \cos c, \quad \cot B = \cot b \sin c, \quad \cot C = \cot c \sin b.$$

Il n'y a aucune incertitude.

TROISIÈME CAS.

85. — *Etant donnés l'hypoténuse* a *et un angle oblique* B, *trouver* b, c, C.

Par les relations (b), (d), (a), on a
$$\sin b = \sin a \sin B, \quad \operatorname{tg} c = \operatorname{tg} a \cos B, \quad \cot C = \cos a \operatorname{tg} B.$$

Le côté b doit être de même espèce que B (81, R. II), et les inconnues c, C sont déterminées sans ambiguïté.

QUATRIÈME CAS.

86. — *Etant donné un côté* b *de l'angle droit avec l'angle oblique* B *opposé, trouver* a, c, C.

Au moyen des équations (b), (c), (d) on a
$$\sin a = \frac{\sin b}{\sin B}, \quad \sin c = \operatorname{tg} b \cot B, \quad \sin C = \frac{\cos B}{\cos b}.$$

Remarque. Les trois éléments étant donnés par des sinus, il y aura généralement deux solutions. En effet, soit m l'arc moindre que 90° dont le $\sinus = \dfrac{\sin b}{\sin B}$:

1° Si les données sont telles qu'on ait $b < B < 90°$, sin a sera réel et on pourra prendre $a = m$ ou $a = 180° - m$. A chacune de ces deux valeurs de a correspond une valeur de c dont l'espèce sera déterminée par l'équation $\cos a = \cos b \cos c$, et cette espèce sera aussi celle de C ; donc, dans ce cas, il y a deux solutions.

2° Si l'on a $b > B > 90°$, on aura encore $a = m$ ou $a = 180° - m$; deux solutions.

3° Si $b = B$, on aura sin $a = 1$, et par suite $a = 90°$; solution unique.

Il est à remarquer que sin a n'est réel que dans ces trois cas : car b et B doivent être de la même espèce, et la supposition $B < b < 90°$ ou $B > b > 90°$ donnerait sin $a > 1$, ce qui est absurde.

Ce cas est le seul de la résolution des triangles sphériques rectangles qui admette deux solutions.

CINQUIÈME CAS.

87. — *Etant donnés un côté* b *de l'angle droit avec l'angle oblique adjacent* C, *trouver* a , c , B.

Les équations (e), (b), (d) donnent, sans laisser aucune incertitude sur l'espèce des éléments inconnus,

$$\cot a = \cot b \cos C , \quad \operatorname{tg} c = \sin b \operatorname{tg} C , \quad \cos B = \cos b \sin C.$$

SIXIÈME CAS.

88. — *Etant donnés les deux angles obliques* B , C, *calculer* a , b , c.

Par les équations (a), (d), (e), on a, sans aucune indétermination,

$$\cos a = \cot B \cot C , \quad \cos b = \frac{\cos B}{\cos C}, \quad \cos c = \frac{\cos C}{\cos B}.$$

§ III. Résolution des triangles sphériques obliquangles.

La résolution des triangles sphériques comprend six cas généraux :

PREMIER CAS.

89. — *Etant donnés les trois côtés* a , b , c, *trouver les trois angles* A , B , C.

L'angle A, opposé au côté a, se calcule par l'une des trois formules (4), (5), (6),

$$\sin^2 \tfrac{1}{2} A = \frac{\sin (s-b) \sin (s-c)}{\sin b \sin c} ,$$

$$\cos^2 \tfrac{1}{2} A = \frac{\sin s \sin (s-a)}{\sin b \sin c} ,$$

$$\operatorname{tg}^2 \tfrac{1}{2} A = \frac{\sin (s-b) \sin (s-c)}{\sin s \sin (s-a)} .$$

La troisième est préférable lorsqu'on veut calculer les trois angles (55).

DEUXIÈME CAS.

90. — *Etant donnés deux côtés* a , b *avec l'angle* A *opposé à l'un d'eux, calculer c ,* B , C.

Solution directe. 1° L'angle B se calcule par la proportion (8)
$$\sin a : \sin A = \sin b : \sin B = \frac{\sin A \sin b}{\sin a}.$$

2° Pour avoir l'angle C, il faut résoudre l'éq. (10)
$$\cot a \sin b = \cos b \cos C + \sin C \cot A,$$
dont le second membre devient monome en désignant par φ un angle auxiliaire tel qu'on ait $\cot A \operatorname{tg} \varphi = \cos b$, d'où $\cot A = \dfrac{\cos b \cos \varphi}{\sin \varphi}$; cette valeur de $\cot A$ étant substituée dans l'éq. à résoudre, il vient
$$\cot a \sin b = \frac{\cos b}{\sin \varphi} (\cos C \sin \varphi + \sin C \cos \varphi).$$

Ainsi, pour calculer φ et ensuite C, on a les deux formules :
$$\operatorname{tg} \varphi = \operatorname{tg} A \cos b , \quad \sin (C + \varphi) = \cot a \operatorname{tg} b \sin \varphi.$$

3° Le côté c se déduit de l'éq. (1)
$$\cos a = \cos b \cos c + \sin b \sin c \cos A,$$
en y faisant $\cos b \cot \varphi = \sin b \cos A$; d'où
$$\cot \varphi = \operatorname{tg} b \cos A , \quad \sin (c + \varphi) = \frac{\cos a \sin \varphi}{\cos b}.$$

Solution indirecte. On peut d'abord calculer B comme dans la solution précédente, et ensuite C et c par les analogies (25), (27).

91. — **Remarque.** L'angle B étant donné par son sinus, si les données a , b , B sont telles qu'on ait $\sin a > \sin A \sin b$, il y aura en général deux solutions ; c'est-à-dire qu'en appelant M l'angle aigu, donné par les tables, dont le
$$\text{sinus} = \frac{\sin A \sin b}{\sin a} , \text{ on pourra prendre indifféremment } B = M$$

ou $B = 180° - M$. Cependant pour certaines valeurs des données il n'y a qu'une solution. Les divers cas qui peuvent se présenter sont tous compris dans les suivants :

1ᵉʳ cas. — $A = 90°$. Les trois éléments inconnus seront alors complètement déterminés par les équations (83).

$$\sin B = \frac{\sin b}{\sin a}, \quad \cos C = \cot a \, \tg b, \quad \cos c = \frac{\cos a}{\cos b}.$$

2ᵉ cas. — $a = 90°$. Les trois équations du nᵒ précédent se réduisent à

$$\sin B = \sin A \sin b, \quad \tg C = -\tg A \cos b, \quad \cot c = -\cos A \, \tg b.$$

Il n'y a aucune incertitude sur l'espèce des éléments C et c. Quant à l'angle B, il doit être de même espèce que b; car dans le triangle polaire, qui est rectangle, B' et b' sont de même espèce, et $B = \pi - b'$, $b = \pi - B'$.

3ᵉ cas. — $a = b$. On déduit alors des trois formules générales (90)

$$\sin B = \sin A \,, \quad \cot \tfrac{1}{2} C = \cos a \, \tg A \,, \quad \tg \tfrac{1}{2} c = \tg a \cos A \,;$$
donc $B = A$, et C, c sont déterminés sans incertitude.

4ᵉ cas. — $a + b = 180°$. Dans ce cas, on trouve

$$\sin B = \sin A \,, \quad \tg \tfrac{1}{2} C = \cos a \, \tg A, \quad \cot \tfrac{1}{2} c = \tg a \cos A \,;$$
donc $B = 180° - A$, et l'espèce de C, c ne laisse aucune incertitude. Dans ces quatre cas, il n'y a jamais qu'une seule solution; dans les deux suivants il y a tantôt une solution et tantôt deux solutions.

5ᵉ cas. — $a + b < 180°$; d'où résulte d'abord (73) $A + B < 180°$. Les hypothèses particulières que l'on peut faire dans ce cas se réduisent aux quatre suivantes :

1° Si $A < 90°$ et $b < a$, il faut que $B < A$ et par conséquent que $B < 90°$; on prendra donc seulement $B = M$, solution unique.

2° Si $A < 90°$ et $b > a$, il faut que $B > A$ et, en outre, que $B < 180° - A$; ces deux conditions seront remplies à la fois, soit pour $B = M$, soit pour $B = 180° - M$. Car b étant $> a$ et $< 180° - a$, on aura $\sin b > \sin a$ et par suite $\sin B > \sin A$;

donc B ou M$>$A et $180°$—M$<180°$—A ; il y aura donc deux solutions.

3° Si A$>90°$ et $b<a$, on conclut que B$<$A et que, par suite, B$<90°$; donc B$=$M, solution unique.

4° Si A>90 et $b>a$, il faudrait que B$>$A, condition incompatible avec A$>90°$ et B$<180°$—A.

Ces hypothèses et les conditions auxquelles B doit satisfaire sont comprises dans ce tableau :

Hypothèses :	Conditions :	Valeurs de
$a+b<180°$,	A$+$B$<180°$,	B :
A$<90°$ $\begin{cases} b<a \\ b>a \end{cases}$	B$<$A .... B$>$A	B$=$M. B$=$M et B$=180°$—M.
A$>90°$ $\begin{cases} b<a \\ b>a \end{cases}$	B$<$A .... B$>$A	B$=$M. impossible.

6° *cas.* — $a+b>180°$; d'où (73) A$+$B$>180°$. La discussion de ce cas est en tout semblable à celle du précédent, et se trouve résumée dans le tableau suivant :

Hypothèses :	Conditions :	Valeurs de
$a+b>180°$	A$+$B$>180°$	B :
A$<90°$ $\begin{cases} b<a \\ b>a \end{cases}$	B$<$A .... B$>$A	impossible. B$=180°$—M.
A$>90°$ $\begin{cases} b<a \\ b>a \end{cases}$	B$<$A .... B$>$A	B$=$M et B$=180°$—M. B$=180°$—M.

TROISIÈME CAS.

92. — *Étant donnés deux côtés* a *et* b *avec l'angle compris* C, *trouver* c , A, B.

Solution directe. 1° Le côté c se calcule au moyen de l'éq. (3)

$$\cos c = \cos a \cos b + \sin a \sin b \cos C,$$

qui devient logarithmique en y faisant $\cos b \operatorname{tg} \varphi = \sin b \cos C$, ce qui donne

$$\operatorname{tg} \varphi = \operatorname{tg} b \cos C, \quad \cos c = \cos (a - \varphi) \frac{\cos b}{\cos \varphi}.$$

2° L'angle A se déduit de l'éq. (10)

$$\cot a \sin b = \cos b \cos C + \sin C \cot A,$$

de laquelle on tire

$$\sin C \cot A = \cot a \sin b - \cos b \cos C;$$

d'où, en faisant $\cot a \operatorname{tg} \varphi = \cos C$,

$$\operatorname{tg} \varphi = \operatorname{tg} a \cos C, \quad \cot A = \sin(b - \varphi) \frac{\cot a}{\sin C \cos \varphi}.$$

3° L'angle B s'obtient de la même manière au moyen de la relation (11)

$$\cot b \sin a = \cos a \cos C + \sin C \cot B,$$

à laquelle on peut substituer les deux formules

$$\operatorname{tg} \varphi = \operatorname{tg} b \cos C, \quad \cot B = \sin(a - \varphi) \frac{\cot b}{\sin C \cos \varphi}.$$

On peut encore calculer directement A et B par le moyen des deux analogies (25) et (26), ce qui sera préférable quand on voudra connaître ces deux angles.

Solution indirecte. On peut d'abord calculer le côté c comme dans la solution directe, et ensuite A et B par la double proportion

$$\sin a : \sin A = \sin b : \sin B : \sin c : \sin C;$$

ou bien encore, A et B par les analogies de Neper, et ensuite c par la proportion

$$\sin a : \sin A = \sin c : \sin C.$$

Remarque. Ce cas ne présente aucune indétermination. Dans la solution indirecte, il faudra observer que les sommes $A + C$ et $a + c$, ainsi que $B + C$ et $b + c$, doivent toujours être de même espèce (73).

QUATRIÈME CAS.

93. — *Etant donnés un côté c avec les deux angles adjacents A et B, calculer* a , b , C.

Solution directe. 1° L'angle C se calcule par l'éq. (16)

$$\cos C = -\cos A \cos B + \sin A \sin B \cos c,$$

dont le second membre devient monome en posant $\cos B \operatorname{tg} \varphi = \sin B \cos c$; d'où résulte

$$\operatorname{tg}\varphi = \operatorname{tg} B \cos c, \quad \cos C = \frac{\cos B \cos(A + \varphi)}{\cos \varphi}.$$

2° Pour avoir le côté a, on forme l'équation (n° 74, R.)

$$\cot a \sin c = \cos c \cos B + \sin B \cot A,$$

d'où, en posant $\cos c \cot \varphi = \cot A$,

$$\operatorname{tg}\varphi = \operatorname{tg} A \cos c, \quad \cot a = \frac{\cot c \sin (B + \varphi)}{\sin \varphi}.$$

3° Pour calculer b, on a de même

$$\cot b \sin c = \cos c \cos A + \sin A \cot B \ ;$$

d'où résulte

$$\operatorname{tg}\varphi = \operatorname{tg} B \cos c, \quad \cot b = \frac{\cot c \sin (B + \varphi)}{\sin \varphi}.$$

On a ainsi séparément chacun des deux côtés a , b, mais il sera plus simple de les calculer simultanément par les deux analogies (27) et (28).

Solution indirecte. On peut trouver l'angle C directement, comme ci-dessus, et ensuite a et b par les relations (8) ; ou bien encore a et b par les deux analogies citées, et C par la proportion $\sin a : \sin A = \sin c : \sin C$.

Remarque. Ce cas, comme le 3°, n'a jamais qu'une solution.

CINQUIÈME CAS.

94. *Etant donnés deux angles* A *et* B *avec le côté* a *opposé à l'un d'eux, trouver* b , c , C.

Solution directe. 1° Le côté b se calcule par le moyen de la proportion

$$\sin A : \sin a = \sin B : \sin b = \frac{\sin a \sin B}{\sin A}.$$

2° Le côté c se trouve en résolvant l'équation

$$\cot a \sin c = \cos c \cos B + \sin B \cot A,$$

laquelle peut être remplacée par les formules

$$\operatorname{tg}\varphi = \operatorname{tg} a \cos B, \quad \sin (c - \varphi) = \cot A \operatorname{tg} B \sin \varphi.$$

3° L'angle C se déduit de l'équation

$$\cos A = - \cos B \cos C + \sin B \sin C \cos a,$$

remplacée par les formules logarithmiques

$$\cot\varphi = \cos a\, \mathrm{tg}\, B, \quad \sin(C-\varphi) = \frac{\cos A\, \sin\varphi}{\cos B}.$$

95. — **Remarque**. Ce cas est analogue au 2° et se discute de la même manière.

Soit m l'arc moindre que 90° dont le sinus $= \dfrac{\sin a\, \sin B}{\sin A}$, ce qui suppose $\sin A > \sin a\, \sin B$.

1er cas. — $a = 90°$. Dans ce cas, on a

$$\sin b = \frac{\sin B}{\sin A}, \quad \cos c = -\cot A\, \mathrm{tg} B, \quad \cos C = -\frac{\cos A}{\cos B}.$$

Il n'y a aucune incertitude sur l'espèce des éléments c et C. Quant au côté b, il doit être de même espèce que B ; car dans le triangle polaire, qui est rectangle, B' et b' sont de même espèce, et on a $b = \pi - B'$, $B = \pi - b'$.

2° cas. — $A = 90°$. Cette hypothèse réduit les trois formules du n° 94 à celles-ci :

$$\sin b = \sin a\, \sin B, \quad \mathrm{tg}\, c = \mathrm{tg}\, a\, \cos B, \quad \cot C = \cos a\, \mathrm{tg}\, B,$$

qui ne laissent aucune indétermination (85).

3° cas. — $A = B$. On trouve alors, au moyen des mêmes formules générales,

$$\sin b = \sin a, \quad \cot \tfrac{1}{2} c = \mathrm{tg}\, a\, \cos A, \quad \mathrm{tg}\, \tfrac{1}{2} C = \cos a\, \mathrm{tg}\, A.$$

Donc $b = a$, et c et C sont déterminés sans aucune incertitude.

4° cas. — $A + B = 180°$. Il vient, dans ce cas,

$$\sin b = \sin a, \quad \cot \tfrac{1}{2} c = \mathrm{tg}\, a\, \cos A, \quad \mathrm{tg}\, \tfrac{1}{2} C = \cos a\, \mathrm{tg}\, A.$$

Donc $b = 180° - a$, et l'espèce de c et C ne laisse aucune incertitude.

5° cas. — $A + B < 180°$; d'où (73) $a + b < 180°$. La discussion est en tout semblable à celle du 5° cas du n° 94, et se trouve résumée dans le tableau suivant :

Hypothèses :	Conditions :	Valeurs de
$A + B < 180°$,	$a + b < 180°$,	$b :$
$a < 90° \begin{cases} E < A \\ B > A \end{cases}$	$\begin{array}{l} b < a \\ b > a \end{array}$	$\begin{array}{l} b = m. \\ b = m \text{ et } b = 180° - m. \end{array}$
$a > 90° \begin{cases} B < A \\ B > A \end{cases}$	$\begin{array}{l} b < a \\ b > a \end{array}$	$\begin{array}{l} b = m. \\ \text{impossible.} \end{array}$

6ᵉ cas. — $A+B>180°$; d'où $a+b>180°$. En discutant ce cas comme le précédent, on pourra former le tableau suivant :

Hypothèses :   Conditions :   Valeurs de

$$
\begin{aligned}
&A+B>180°,\quad a+b>180°,\qquad b: \\
&a<90°
\begin{cases}
B<A\ldots\ldots\ldots b<a\ldots\ldots\ldots\text{impossible.} \\
B>A\ldots\ldots\ldots b>a\ldots\ldots\ldots b=18°-m.
\end{cases} \\
&a>90°
\begin{cases}
B<A\ldots\ldots\ldots b<a\ldots\ldots\ldots b=m \text{ et } b=180°-m. \\
B>A\ldots\ldots\ldots b>a\ldots\ldots\ldots b=180°-m.
\end{cases}
\end{aligned}
$$

SIXIÈME CAS.

96. — Etant donnés les trois angles, trouver les trois côtés.

Le côté a, opposé à l'angle A, se calcule par l'une des trois formules (19), (20), (21)

$$\sin^2 \tfrac{1}{2}a = \frac{-\cos S \cos(S-A)}{\sin B \sin C},$$

$$\cos^2 \tfrac{1}{2}a = \frac{\cos(S-B)\cos(S-C)}{\sin B \sin C},$$

$$\operatorname{tg}^2 \tfrac{1}{2}a = \frac{-\cos S \cos(S-A)}{\cos(S-B)\cos(S-C)}.$$

Remarque. Ce cas n'a jamais qu'une seule solution. — Les trois derniers cas peuvent se déduire des trois premiers par la considération des triangles polaires, ce qui réduit à trois cas la résolution des triangles sphériques obliquangles.

Applications de la résolution des triangles sphériques.

PROBLÈME I.

97. — *Réduire un angle à l'horizon, c'est-à-dire trouver la projection horizontale d'un angle situé dans un plan incliné à l'horizon (fig. 17)).*

Soient donnés l'angle DOE$=a$ et les inclinaisons DOO$'=b$, EOO$'=c$ de ses côtés sur la verticale OO$'$ passant par le sommet O et rencontrant en O$'$ un plan horizontal MN, mené à volonté. Au moyen de ces donnés il s'agit de calculer l'angle DO$'$E, qui est l'angle DOE réduit à l'horizon.

Imaginons une surface sphérique décrite du centre O et d'un rayon $=1$; le trièdre O interceptera sur cette surface un triangle sphérique ABC, dont les côtés sont les angles donnés, et dont l'angle BAC ou A n'est autre chose que l'angle cherché DO$'$E. On aura donc cet angle par le moyen de la formule

$$\sin^2 \tfrac{1}{2} A = \frac{\sin(s-b)\sin(s-c)}{\sin b \, \sin c}.$$

Si, par exemple, l'angle observé DOE ou $a = 42° \, 46' \, 20''$, $b = 30° \, 24' \, 40''$ et $c = 50° \, 33' \, 12''$; on trouvera A ou DO$'$E$=$ $61° \, 26' \, 34''$.

PROBLÈME II.

98. — *Etant données les latitudes de deux villes et leur différence en longitude, calculer la plus courte distance de ces deux villes, le globe terrestre étant supposé sphérique* (*fig.* 18).

Soit ABC le triangle sphérique ayant pour sommets le pôle A et les deux villes B et C dont il s'agit. Dans ce triangle, les deux côtés AC$=b$ et AB$=c$ sont connus comme étant les compléments respectifs des latitudes données EC, DB, et l'angle au pôle BAC ou A a pour mesure l'arc DE, qui est la différence en longitude des deux villes B, C. On pourra donc calculer le côté BC par l'équation

$$\cos BC = \cos b \, \cos c + \sin b \, \sin c \, \cos A,$$

ou mieux, par les deux formules

$$\operatorname{tg} \varphi = \operatorname{tg} b \, \cos A, \quad \cos BC = \frac{\cos(c-\varphi)\cos b}{\cos \varphi}.$$

Soient les données $b = 41° \, 50' \, 40''$, $c = 50° \, 30' \, 20''$, $A = 14° \, 26' \, 30''$. On trouvera d'abord $\varphi = 40° \, 55' \, 25''$ et ensuite

.BC=1 8° 30′ 12″. La valeur de cet arc BC en kilom. se trouve
par la proportion

$$90 : BC = 10.000 : x = 1500 \text{ kilom.}$$

PROBLÈME III.

99. — *Trouver le volume d'un tétraèdre en fonction de ses
trois arêtes contiguës et des angles qu'elles font entre elles
(fig. 19).*

Soit AB′C′ la projection de la base ABC du tétraèdre proposé
sur le plan mené par le sommet A perpendiculairement à
l'arête SA. Le volume V du tétraèdre SABC sera le tiers du
prisme triangulaire ayant le triangle AB′C′ pour section droite
et SA pour arête latérale, de sorte qu'on aura

$$V = \tfrac{1}{3} SA \cdot AB'C'.$$

Soient les arêtes $AS = m$, $AB = n$, $AC = p$, et les angles
compris $BAC = a$, $SAC = b$, $SAB = c$; on aura : AB′ $= n$
cos BAB′ $= n \sin c$; AC′ $= p$ cos CAC′ $= p \sin b$; tr. AB′C′ $=$
$\tfrac{1}{2}$ AB′, AC′ . sin B′AC′ $= \tfrac{1}{2} n p \sin b \sin c \sin A$. Donc

$$V = \tfrac{1}{6} m n p \sin b \sin c \sin A.$$

Mais si du sommet A comme centre et d'un rayon $= 1$, on
décrit une surface sphérique, il en résultera un triangle sphérique dont a, b, c seront les côtés et dans lequel on aura,
n°s 71 et 72,

$$\sin b \sin c \sin A = 2\sqrt{\sin s \sin (s-a) \sin (s-b) \sin (s-c)};$$

donc enfin

$$V = \tfrac{1}{3} m n p \sqrt{\sin s \sin (s-a) \sin (s-b) \sin (s-c)}.$$

Corollaire. Le volume du prisme triangulaire de même
trièdre $= m n p$. M, M désignant le radical de l'expression précédente. Donc deux tétraèdres, ou deux prismes triangulaires, ou deux parallélipipèdes qui ont un même trièdre sont
entre eux comme les produits des trois arêtes du trièdre égal.

Si $m = n = p = 1$, on a $V = \tfrac{1}{3} M$; de là résulte une signification géométrique du radical M.

PROBLÈME IV.

100. — *Trouver l'aire d'un triangle sphérique en fonction de ses trois côtés.*

D'abord on pourrait calculer successivement les trois angles par la formule (6) et ses deux analogues, ce qui donnerait, pour l'excès 2ε de la somme de trois angles sur $180°$, $A+B+C-180°=2\varepsilon$; ensuite l'aire T du triangle, en unités superficielles, serait donnée par la formule

$$T=R^2\pi\cdot\frac{\varepsilon}{90°},$$

où R représente le rayon de la sphère. Mais on peut trouver la valeur en degrés de l'angle ε par les fonctions trigonométriques de cet angle exprimées immédiatement au moyen des trois côtés a, b, c.

A cet effet, puisque $\varepsilon=\tfrac{1}{2}(A+B+C)-90°$, on aura successivement

$$\sin\varepsilon=-\sin\left[90-\tfrac{1}{2}(A+B)+C)\right]=-\cos\tfrac{1}{2}(A+B+C)$$
$$=\sin\tfrac{1}{2}A\sin\tfrac{1}{2}(B+C)-\cos\tfrac{1}{2}A\cos\tfrac{1}{2}(B+C).$$

Substituant dans cette identité les valeurs sin. et cos. de $\tfrac{1}{2}(B+C)$ données par les analogies de Gauss, n° 79, et observant que $\sin\tfrac{1}{2}p\cos\tfrac{1}{2}p=\tfrac{1}{2}\sin p$, il viendra

$$\sin\varepsilon=\frac{\left[\cos\tfrac{1}{2}(b-c)-\cos\tfrac{1}{2}(b+c)\right]\sin\tfrac{1}{2}A\cos\tfrac{1}{2}A}{\cos\tfrac{1}{2}a}$$
$$=\frac{\sin\tfrac{1}{2}b\sin\tfrac{1}{2}c\sin A}{\cos\tfrac{1}{2}a}=\frac{\sin b\sin c\sin A}{4\cos\tfrac{1}{2}a\cos\tfrac{1}{2}b\cos\tfrac{1}{2}c},$$

donc, à cause des formules (8) et (9), on aura

$$\sin\varepsilon=\frac{\sqrt{\sin s\,\sin(s-a)\,\sin(s-b)\,\sin(s-c)}}{2\cos\tfrac{1}{2}a\cos\tfrac{1}{2}b\cos\tfrac{1}{2}c},$$

formule très-commode pour le calcul logarithmique.

On a aussi, à cause de $\sin b\sin c\sin A=N$ (n° 71),

$$\cos^2\varepsilon=1-\sin^2E=1-\frac{\sin^2 b\sin^2 c\sin^2 A}{16\cos^2\tfrac{1}{2}a\cos^2\tfrac{1}{2}b\cos^2\tfrac{1}{2}c}$$
$$=\frac{16\cos^2\tfrac{1}{2}a\cos^2\tfrac{1}{2}b\cos^2\tfrac{1}{2}c-N}{16\cos^2\tfrac{1}{2}a\cos^2\tfrac{1}{2}b\cos^2\tfrac{1}{2}c};$$

mettant dans le numérateur, au lieu de $2\cos^2\tfrac{1}{2}a$, $2\cos^2\tfrac{1}{2}b$, $2\cos^2\tfrac{1}{2}c$, N, leurs valeurs $1+\cos b$, $1+\cos b$, $1+\cos c$, $1-\cos^2 a-\cos^2 b-\cos^2 c+2\cos a \cos b \cos c$, réduisant et extrayant la racine carrée, on aura

$$\cos\varepsilon = \frac{1+\cos a+\cos b+\cos c}{4\cos\tfrac{1}{2}a\,\cos\tfrac{1}{2}b\,\cos\tfrac{1}{2}c} = \frac{\cos^2\tfrac{1}{2}a+\cos^2\tfrac{1}{2}b+\cos^2\tfrac{1}{2}c-1}{2\cos\tfrac{1}{2}a\,\cos\tfrac{1}{2}b\,\cos\tfrac{1}{2}c} .$$

Au moyen de cette valeur de $\cos\varepsilon$, on trouve aisément

$$\operatorname{tg}\tfrac{1}{2}\varepsilon = \frac{1-\cos\varepsilon}{\sin\varepsilon} = \frac{1-\cos^2\tfrac{1}{2}a-\cos^2\tfrac{1}{2}b-\cos^2\tfrac{1}{2}c+2\cos\tfrac{1}{2}a\cos\tfrac{1}{2}b\cos\tfrac{1}{2}c}{2\cos\tfrac{1}{2}a\,\cos\tfrac{1}{2}b\,\cos\tfrac{1}{2}c\,\sin\varepsilon}$$

Or, le numérateur de cette expression étant de même forme que la quantité N du n° 71, peut se décomposer en facteurs ; on aura donc, en remettant la valeur de $\sin\varepsilon$,

$$\operatorname{tg}\tfrac{1}{2}\varepsilon = \frac{4\sin\tfrac{1}{2}s\,\sin\tfrac{1}{2}(s-a)\,\sin\tfrac{1}{2}(s-b)\,\sin\tfrac{1}{2}(s-c)}{\sqrt{\sin s\,\sin(s-a)\,\sin(s-b)\,\sin(s-c)}} ,$$

ou bien, en élevant au carré et observant qu'en général

$$\frac{\sin^2\tfrac{1}{2}p}{\sin p} = \frac{\sin^2\tfrac{1}{2}p}{2\sin\tfrac{1}{2}p\,\cos\tfrac{1}{2}p} = \tfrac{1}{2}\operatorname{tg}\tfrac{1}{2}p,$$

$$\operatorname{tg}^2\tfrac{1}{2}\varepsilon = \operatorname{tg}\tfrac{1}{2}s\,\operatorname{tg}\tfrac{1}{2}(s-a)\,\operatorname{tg}\tfrac{1}{2}(s-b)\,\operatorname{tg}\tfrac{1}{2}(s-c).$$

Cette élégante formule est due à M. Lhuillier, de Genève.

Exercices.

1. Dans un triangle rectangle, l'hypoténuse $a=76°\,45'\,36''$, le côté $b=49'\,15'\,30''$; calculer B , C , c. — Vérifier ensuite les résultats obtenus, par chacun des cinq autres cas de la résolution des triangles rectangles.

2. Dans un triangle obliquangle, $a=103°\,15'$, $b=98°\,36'$, $c=67°\,40'\,20''$; calculer A , B , C. — Vérifier ensuite les résultats par chacun des cinq autres cas.

3. Résoudre le triangle sphérique, connaissant un côté, la hauteur correspondante et un angle adjacent.

4. Résoudre le triangle sphérique, connaissant un côté, l'angle opposé et la somme ou la différence, 1° des deux autres côtés ; 2° des deux autres angles.

5. Trouver le volume du parallélipipède en fonction de trois arêtes contiguës et des angles qu'elles font entre elles.

6. Etant donnés les trois côtés d'un triangle sphérique, trouver la distance de chacun de ses sommets au pôle du cercle circonscrit.

7. Trouver l'aire d'un triangle sphérique en fonction de deux côtés et l'angle compris.

8. Etant donné le côté d'un polygone sphérique régulier, trouver l'angle de ce polygone. — En déduire les angles dièdres de chacun des cinq polyèdres réguliers.

9. Etant donné l'arête a d'un polyèdre régulier, trouver 1° le rayon de la sphère circonscrite ; 2° le rayon de la sphère inscrite.

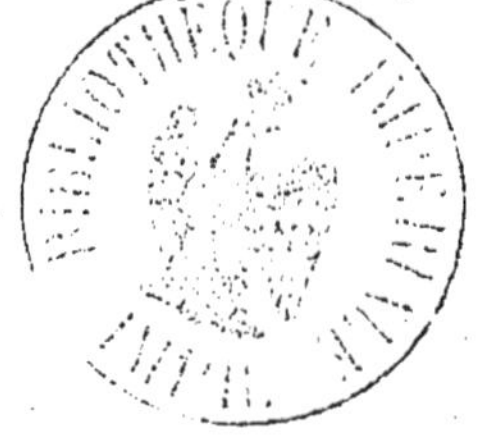

FIN.

ERRATA.

Nº	Ligne	Au lieu de	Lisez
26	11	>	<
26	20	AE	AF
31	14	BC	BD
35	6	A , D	B , E
40	17	A=	C=
44	20	en ABD… dit, sur ABC, de manière que le côté A′B′, coïncide avec AB, le sommet C′ tombera en un point D, tel que la perpend.	
43	8	DF	DE
44	14	un côté égal	l'hypoténuse égale.
47	3	BC	AC
69	10	ACH	ACB
72	9	OA	OH
75	12	APD	APB
81	8	BC	AB
83	4	AC	BC

Nº	Ligne	Au lieu de	Lisez
83	10	DE	BEC
89	14	AOB	AOD
108	29	AB	AD
111	18	AC : DE	AC : DF
120	16	milieu,	milieu de
124	52	$\frac{1}{22}$	$\frac{22}{7}$
131	29	AD	CD
186	8	OF^2	EF^2
229	2	perpendiculaire, ajoutez : du même côté que 3ᵉ arête.	
246	8	AP	AB
302	27	parallélipipèdes quelconques, lisez : parallélipipèdes rectangles quelconques.	

TRIGONOMÉTRIE.

Nº	Ligne	Au lieu de	Lisez
68	18	nombre	angle.

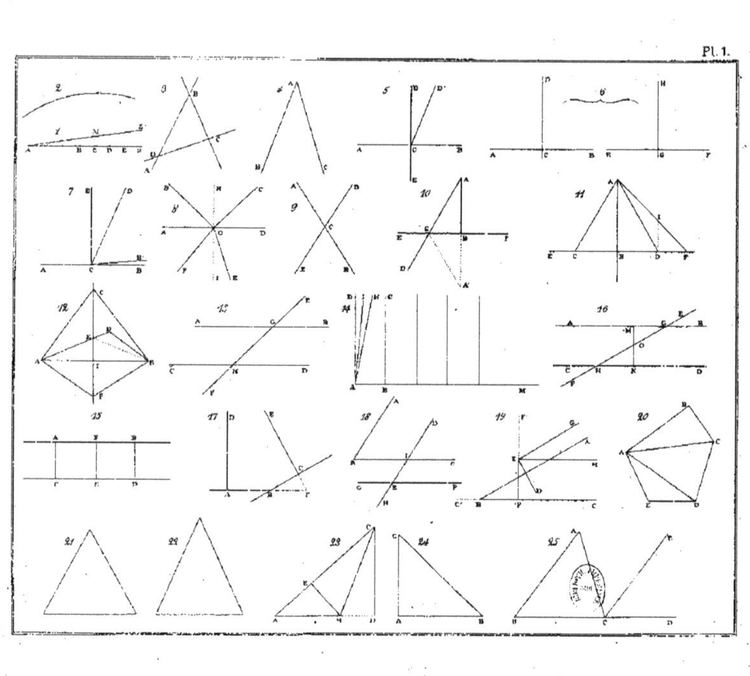

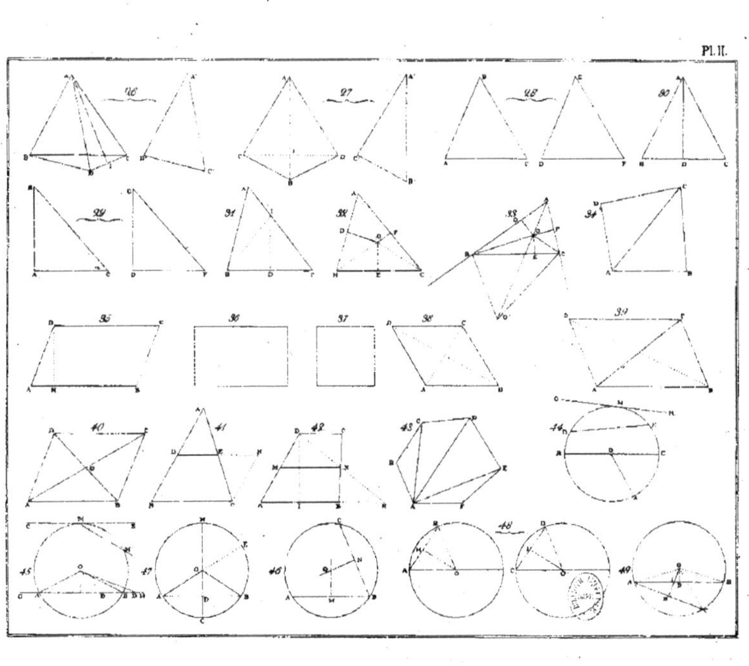

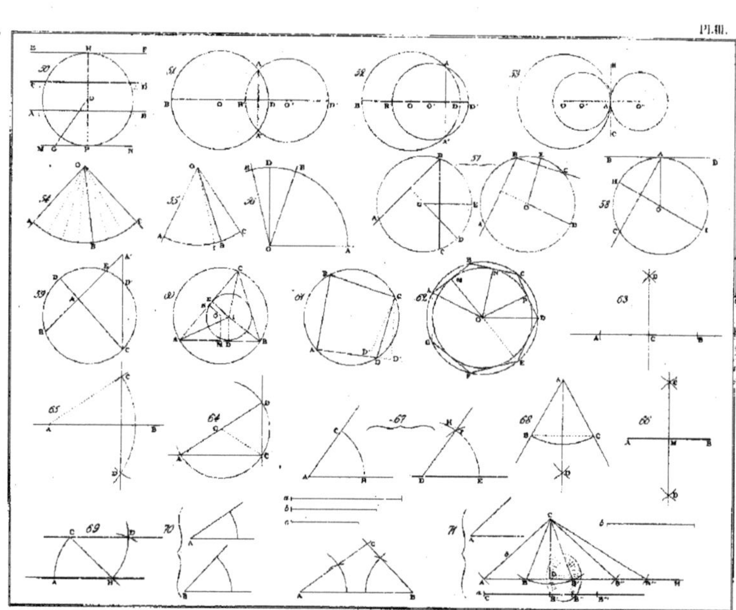

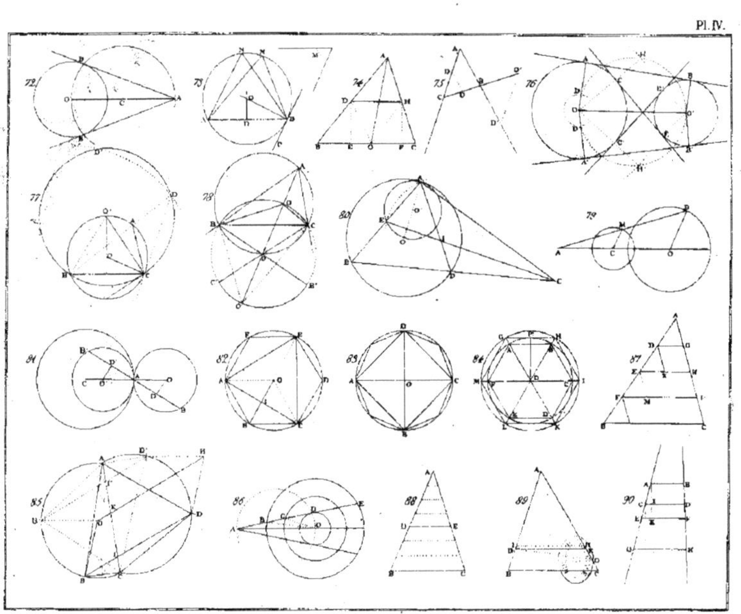

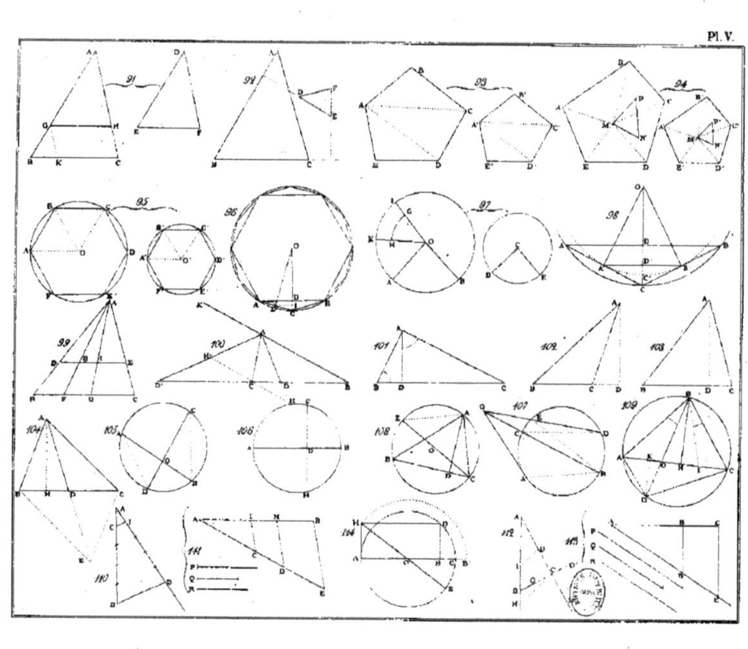

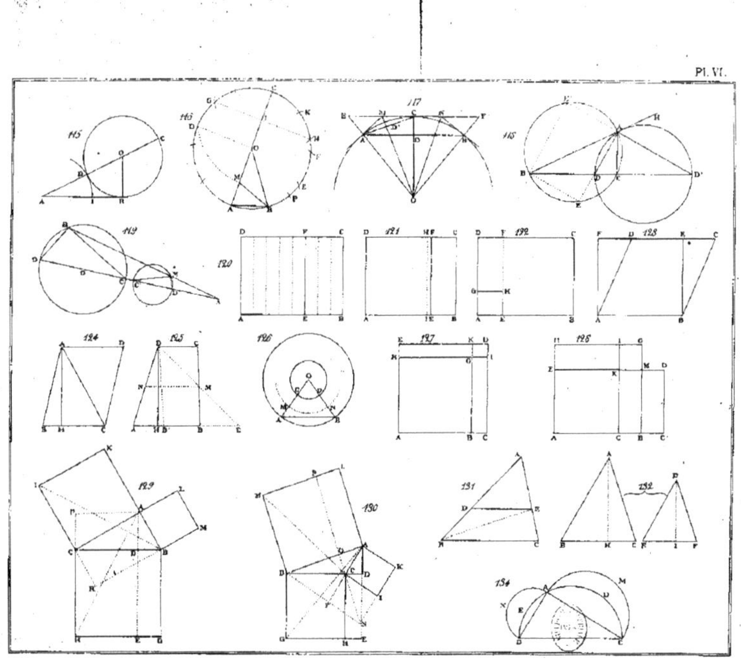

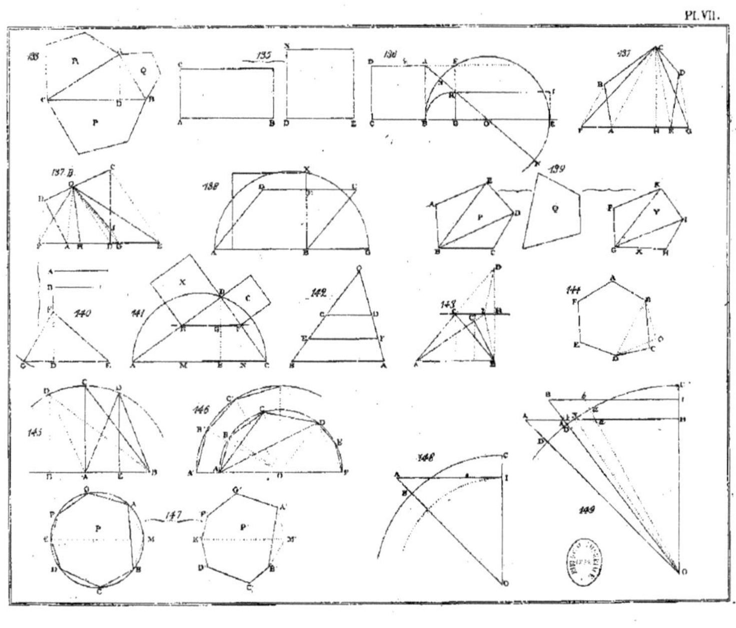

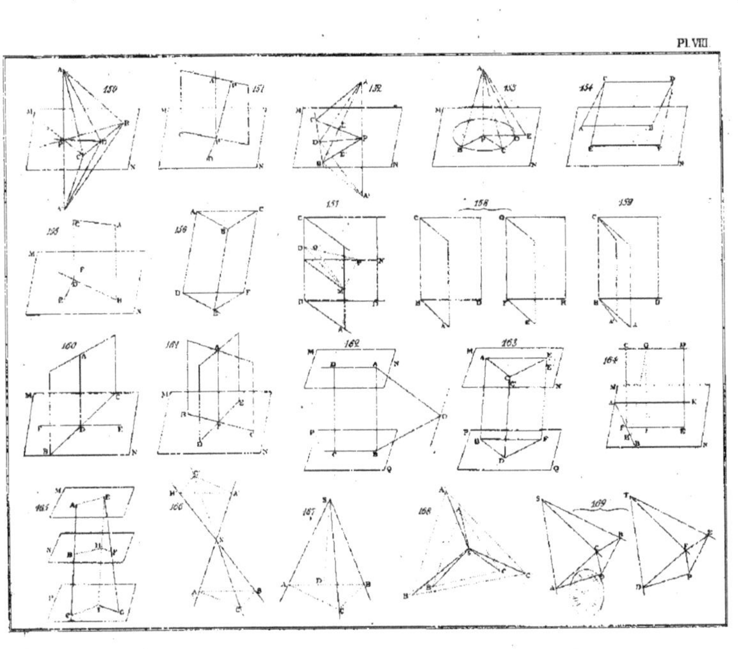

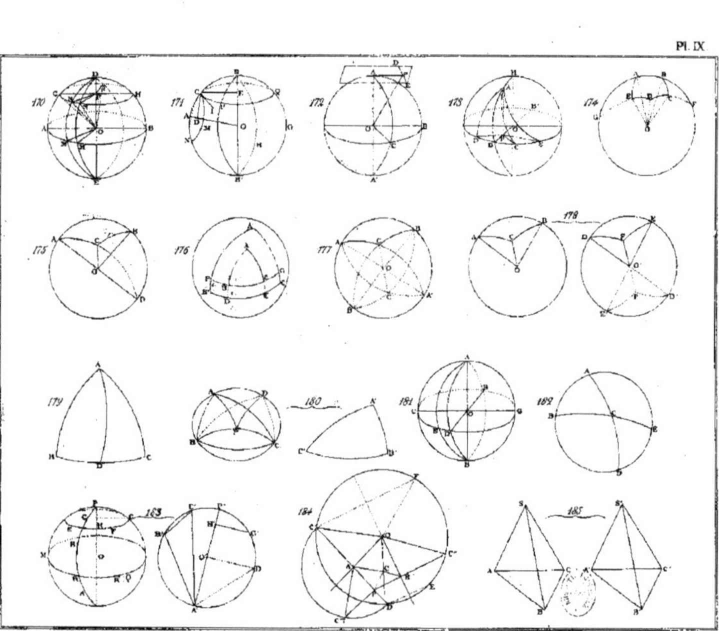

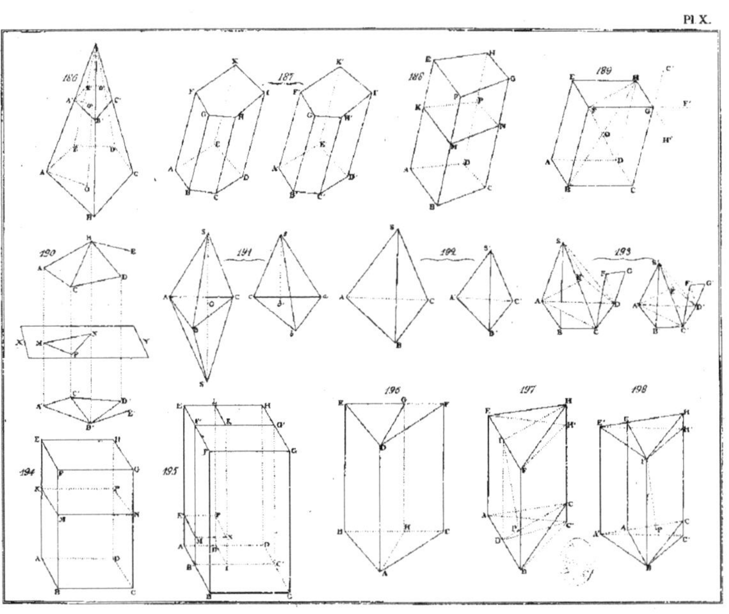

Pl. X.

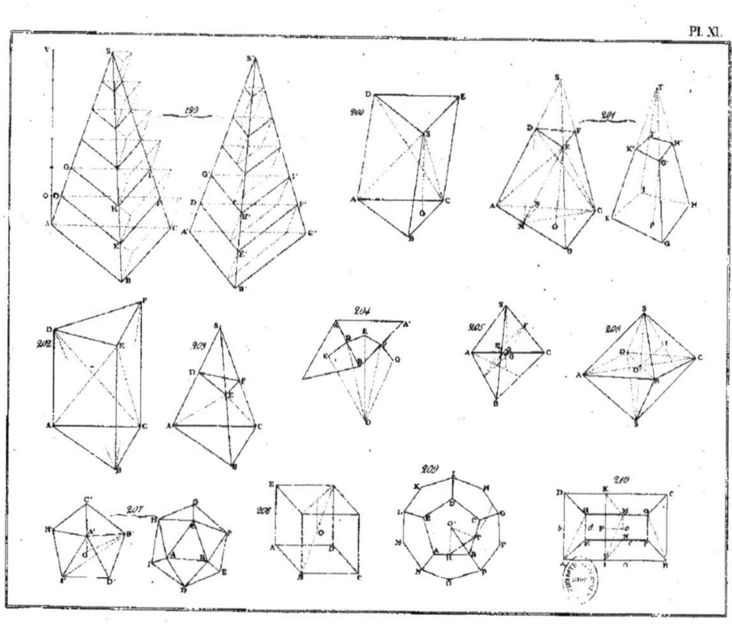

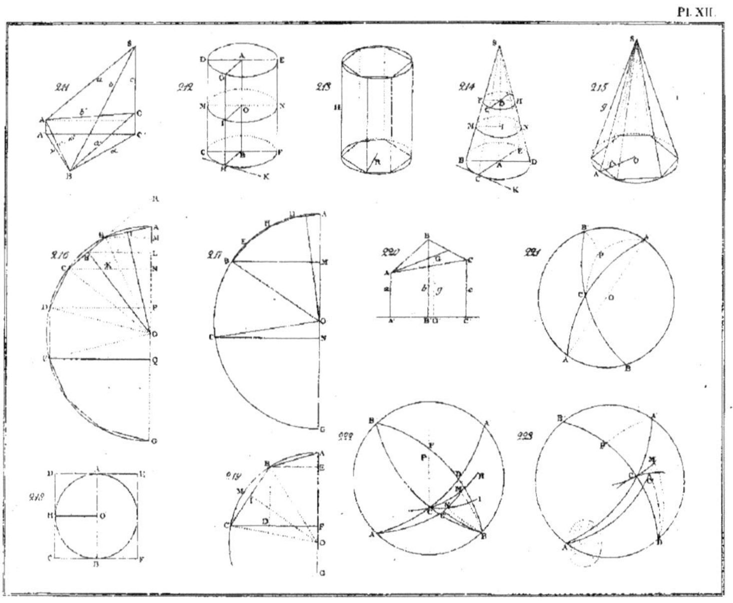

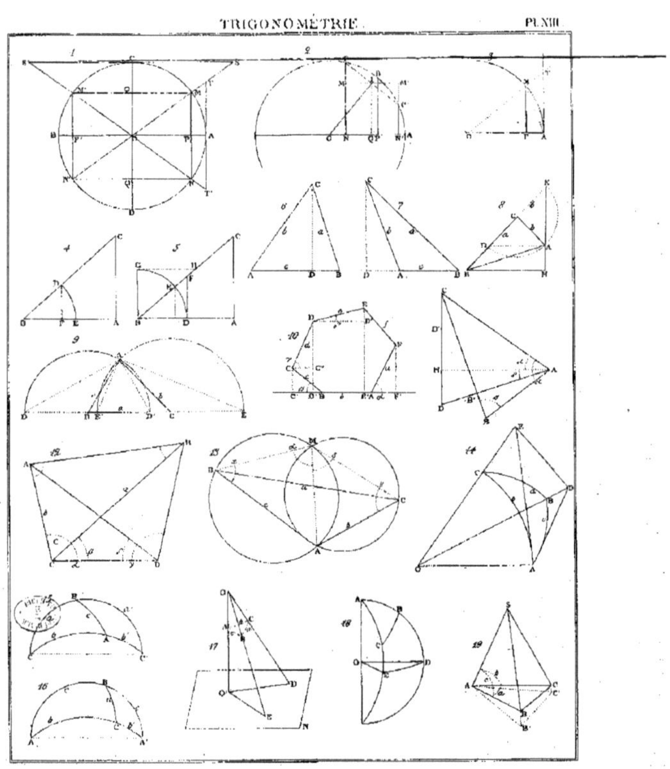

www.ingramcontent.com/pod-product-compliance
Ingram Content Group UK Ltd.
Pitfield, Milton Keynes, MK11 3LW, UK
UKHW022059120726
13694UKWH00001B/230